Martin Puntigam
und Hosea Ratschiller

Österreicher
erklären die Welt

W0083716

GOLDMANN

Viele Texte in diesem Buch sind unter dem Titel
»Der FM4 Ombudsmann beantwortet deine Fragen«
zuerst im Czernin Verlag, Wien, erschienen.

Verlagsgruppe Random House FSC® N001967
Das FSC®-zertifizierte Papier *Holmen Book Cream* für dieses Buch
liefert Holmen Paper, Hallstavik, Schweden.

1. Auflage
Überarbeitete und erweiterte Neuausgabe Mai 2014
Wilhelm Goldmann Verlag, München,
in der Verlagsgruppe Random House GmbH
Copyright © 2012 der Originalausgabe
by Czernin Verlags GmbH, Wien
Umschlaggestaltung: UNO Werbeagentur, München
Umschlagabbildung: Getty Images / Theresa Tibbetts;
FinePic®, München
Redaktionelle Bearbeitung: Antje Steinhäuser
KF · Herstellung: Str.
Satz: Uhl + Massopust, Aalen
Druck und Bindung: GGP Media GmbH, Pößneck
Printed in Germany
ISBN: 978-3-442-15791-4
www.goldmann-verlag.de

Besuchen Sie den Goldmann Verlag im Netz

MARTIN PUNTIGAM UND HOSEA RATSCHILLER

Österreicher erklären die Welt

GOLDMANN
Lesen erleben

Buch

Das Leben wird ja immer schwieriger und unverständlicher. Überall sollen wir uns auskennen und alles können. Unsere Möbel sollen wir selber zusammenbauen, unseren Job selber erfinden. In der Messe dürfen wir aber nur die Fürbitten mitgestalten, und nach unserer Meinung werden wir überhaupt nur alle Jubeljahre mal gefragt. Da braucht es einen verlässlichen Ansprechpartner. Täglich und geduldig setzt sich der FM4 Ombudsmann mit den Fragen seiner lieben Hörerinnen und Hörer auseinander. Vom richtigen Umgang mit Haustieren, dem eigenen Körper und skrupellosen Eliten – kein Thema, keine Frage lässt der erfahrenste Universalgelehrte des ORF unbeantwortet.

Autoren

MARTIN PUNTIGAM, geboren 1969, studierte mal Medizin und ist heute Kabarettist, Schauspieler und Autor. Seit fast 20 Jahren beim Radio, im ORF auf Ö1 (*Welt Ahoi!*), Ö3 (*Herr Martin empfiehlt*) und FM4 (*Ombudsmann* und *Science Busters*). Ausgezeichnet mit dem »Salzburger Stier«, dem »Prix Pantheon« und dem »Österreichischen Kleinkunstpreis«.

HOSEA RATSCHILLER, geboren 1981 in Klagenfurt, studierte Geschichte, Philosophie und Theaterwissenschaft mit mäßigem Erfolg. Heute ist er Schauspieler, Kabarettist und Autor. Seit über 16 Jahren beim Radio, im ORF auf FM4 (*Ombudsmann* und *Chance 08*) und Ö1 (*Welt Ahoi!* und *Club Karate*). Für seine Bühnen-Programme erhielt er den »Österreichischen Kabarettpreis«.

Dem deutschen Volke
zur Belehrung

Inhalt

Vorwort
von Matthias Egersdörfer

… ein brechmittel der linken,
ein juckpulver der rechten …
(aus: The Best of H. C. Artmann)

Ein Freund hat vor Jahren den verschworenen Kameradenkreis regelmäßig mit Aufnahmen vom Ombudsmann versorgt. Meine Ohren haben gebitzelt, als ich diese wohltuenden Gemeinheiten hören durfte. Anders als bei den seichten Harmlosigkeiten aus dem bundesdeutschen Schlaftablettenfunk ergriff mich sofort eine Art heilige Erregung. In geradezu barocker Üppigkeit wird hier aus dem Hadern über eine blödsinnige und gemeingefährliche Welt ein rächendes Feuerwerk abgeschossen. Es ist gut und richtig, dass man diese Radiogeschichten jetzt auch lesen kann. Zwischen Poesie und Blödsinn brennt hell die Flamme der Aufklärung, und das sollen die Augen auch erblicken dürfen. Mit liebevollem Neid habe ich seit jeher zu den österreichischen Nachbarn hinübergeschielt. Helmut Qualtingers Lesung aus »Mein Kampf« ist mein Altes Testament. Josef Haders Programm »Privat« hat mich bekehrt. Wenn Ludwig Hirsch die Vatermörder »Billy, Bobby und Jack« ohne Zungen am Galgen singen lässt, fröstelt es mich immer noch wohlig wie beim ersten Hören. Einmal sah ich österreichische Politiker im Fernsehen auf einer Vernissage, die vorgaben sich zu freuen, weil Manfred Deix sie als pralle Lustsklaven in Latexkostümen abgebildet hatte. Da stand mir mein Göscherl schön offen. Man sollte es auch gehört haben, wie der junge Ambros davon singt, dass er sich im warmen Wasser die Pulsadern aufschneidet, bevor man in Wien die Kapuzinergruft besucht. Es ist schlimm, wenn man vor dem Einschlafen Thomas Bernhard liest und sich sein Gesang im Hirn verselbstständigt. Es ist schön, wenn einem Leben und Werk von H. C. Artmann das Leben retten. Die Erfinder des Ombudsmannes gehören für mich in diese Reihe der aufrichtigen Kämpfer. Puntigam und Ratschiller antworten auch mir, wenn ich Rat und Trost suche im trüben Morast des Daseins. Wenn es nach mir ginge, sollten die Herren am Sonntagvormittag eine Radiosendung übereignet bekommen, auf dass von ihrem Gebell die Wohnstuben dröhnen und die Kleinherzigen und Lauen bibbern und ihnen die Zähne klappern. Im Übrigen kenne ich die beiden Herren gar nicht und habe auch keinerlei Verlangen, sie jemals kennenzulernen.

Hochachtungsvoll Matthias Egersdörfer

Vorbemerkung
des Ombudsmannes Erich Nowotny

Liebe Leserin! Lieber Leser!

Das Leben ist deutlich schwieriger und unverständlicher geworden. Wir sollen uns überall auskennen und alles können, und nie ist eine Ruhe! Unsere Möbel sollen wir selber zusammenbauen, unseren Job selber erfinden, aber in der Heiligen Messe dürfen wir nur die Fürbitten mitgestalten? Das versteht kein Mensch! Der drollige Kleinstaat Österreich hat sich entschlossen, schnell und unbürokratisch auf die prekäre Gesamtsituation zu reagieren, und schickt, so darf ich wohl sagen, ohne zu viel Eigenlob zu betreiben, seinen charmantesten Universalgelehrten auf Außendienst.

Gestatten, Erich Nowotny, sehr angenehm. In der Sondersitzung des Bundesrates vom 29.2.2014 wurde ich gemäß Ermächtigungsgesetz Artikel 15, Absatz 3 (per Akklamation!) zum hohen Repräsentanten für Mittel- und Westeuropa bestellt. Ab sofort soll und werde ich dafür Sorge tragen, dass der Beitrag Österreichs zum 21. Jahrhundert konstruktiver ausfällt als jener zu den letzten paar Tagen der Menschheit. Lassen Sie sich von den Namen »Puntigam und Ratschiller« auf dem Bucheinband bitte nicht in die Irre führen. Das hat zum einen steuerliche Gründe, und außerdem war der Goldmann Verlag nur unter folgender Bedingung für meine internationale Friedensmission zu gewinnen: Dieses Buch muss sich verkaufen wie geschnitten Brot. Die klingenden Namen zweier Publikumslieblinge aus dem leichten Unterhaltungsfach sollen als Zugpferde helfen, jenen unwiderstehlichen Kaufanreiz für die breite Masse zu schaffen, dem Sie,

liebe Leserin, lieber Leser, offenbar gerade im Begriffe sind nach-
zugeben oder bereits nachgegeben haben. Ich gratuliere! Erwer-
ben Sie am besten gleich noch ein zweites oder auch ein drittes
Exemplar. So helfen Sie mir dabei, an vorderster Front dafür zu
sorgen, dass der Mensch der einzig vernünftigen Idee, die er je
gehabt hat, also der Solidargemeinschaft, nicht gedankenlos den
Rücken kehrt.

Zum Dank erfahren Sie auf den folgenden Seiten prägnant
zusammengefasst alles, was für ein glückliches Leben im Abendland notwendig ist. Jede Ihrer Fragen wird beantwortet, Ängste
und Sorgen werden ein für alle Mal restlos beseitigt. Wer den
wohlmeinenden Anleitungen in diesem Buch gewissenhaft Folge
leistet, findet mühelos zu einem freudvolleren Umgang mit
Haustieren, dem eigenen Körper und skrupellosen Eliten. Um
die Benutzerfreundlichkeit noch weiter zu erhöhen, habe ich
meine Belehrungen für Sie uneitel alphabetisch geordnet. Von
der Oma zum Enkel, vom Tellerwäscher zum Millionär – da ist
für alle was dabei! So weit mein Beitrag zur Geschwindigkeit der
Warenrotation.

Und als Zeichen des guten Willens möchte ich Ihnen hiermit
zusätzlich noch das Du anbieten. Servus, ich bin's, der Erich. Falls
du wissen möchtest, wieso gerade ich dir die Welt erklären soll,
brauchst du nur wenig Zeit zu erübrigen, denn ich sage es dir
umgehend.

Lass mich nur rasch vorab ausführen: Vor circa fünfundsechzig Millionen Jahren sind die Dinosaurier ausgestorben, und erst
von diesem Zeitpunkt an hat der Mensch begonnen sein Gehirn
zu entwickeln, mit dem er heute beispielsweise sogenannte Bankenpakete schnürt oder weitsichtig Hartz IV einführt, damit er
die angesprochenen Bankenpakete überhaupt bezahlen kann.
Irgendwo muss das Geld ja herkommen, wenn man nicht alles
neu drucken, aber doch Exportweltmeister bleiben will. Gestartet

ist der Mensch bekanntlich als aasfressender, rattenartiger Schadnager, was sich heute noch etwa anhand eben geschilderter Umverteilungspraktik nachvollziehen lässt. Aus diesem Schadnager haben sich erst die Primaten entwickelt und schließlich auch so etwas wie der öffentlich-rechtliche Rundfunk.

Heute halten wir dessen Existenz für selbstverständlich. Längst ist vergessen, wie listenreich wir Rundfunkpioniere seinerzeit die volksbildnerischen Aspekte dieses Mammutprojektes der von Altnazis und Glücksrittern durchsetzten Verwaltung unterjubeln mussten. Zu seiner Hochblüte gelangte unser solidarischer Ansatz von Öffentlichkeit nach kurzem, verblüffend leichtem Kampfe schließlich dennoch. Und zwar unbestritten in den 60ern des vergangenen Jahrhunderts, jenem schmalen Zeitfenster also, das dereinst sogar unter dem modernsten Elektronenmikroskop der Kulturgeschichte nur mehr das geschulte Auge wird erkennen können, wenn man seine ersprießlicheren Errungenschaften nicht rechtzeitig mit neuem Leben erfüllt.

Der ORF, die öffentlich-rechtliche Sendeanstalt meiner leidgeprüften Heimat Österreich, zeigt, wie es geht. In Krisenzeiten muss man investieren! Getreu diesem Leitsatz wurde mit »Radio FM4« ein Jugendkultursender von Weltformat installiert, der sich entgegen dem medialen Mainstream keineswegs darin genügt alle fünfzehn Minuten durchzusagen, welche Konsumgüter aktuell in welcher Reihenfolge welchen Menschen welche Art von Linderung verschaffen. Als Veteran der fetten Jahre stelle ich mich in diesem fruchtbaren Umfeld seit 2006 jener Verpflichtung, die mein privilegiertes Dasein mit sich bringt. Als Radio-Ombudsmann lege ich Tag für Tag behutsam meinen Finger in das klaffende Loch in der Pulsader von Europas Jugend.

Diese schöne Aufgabe hat mir erlaubt, von einer unbestechlichen Schiedsperson und Beratungsstelle zu einem schillernden Vorbild zu wachsen, auch und vor allem für junge Menschen, die Orientierung im Leben suchen und bei mir Halt finden. Sie sind zu Tausenden zu mir gekommen, und ich habe ihnen zu essen gegeben. Deshalb weiß ich, es gibt viele junge Europäerinnen und Europäer, die sehr gut Fragen stellen können.

Die süßesten Früchte dieser Neugierde liegen dir hiermit gesammelt vor, zur Erbauung, Erhellung und ja, es darf auch geschmunzelt werden, hin und wieder. (*Aus dieser Aussicht bietenden Formulierung erwachsen keinerlei Rechtsansprüche. Und zwar niemandem und zu keinem Zeitpunkt. Anm. der Verlagsleitung.*)

Liebe Leserin, lieber Leser, ich möchte dich jetzt gerne einladen auf eine sinnliche Explosion, eine Geistesreise durch Sturm und Drang der Generation Praktikum. Lass dich ein auf die Protokolle meines generationenübergreifenden Dialoges mit der werberelevanten Zielgruppe. Denn fest steht: Wir werden auch in Zukunft nicht darum herumkommen, einander mit Interesse und Wohlwollen zu begegnen. Dafür stehe ich, dein FM4 Ombudsmann. Dafür gibt es dieses Buch.

Außerdem bin ich, wie du in meiner lose eingestreuten Autobiografie nachlesen wirst können, seit geraumer Zeit mit meiner Gattin Ilse verheiratet, was ich bisher, wenn überhaupt, nur sehr leise bereut habe, denn sie ist eine Bereicherung für mein Leben, und auch unsere Wohnung wäre sonst viel unbewohnter. Ich liebe sie somit im Rahmen dessen, was uns der Gesetzgeber bei der Trauung zugesichert hat, heiß und begehre sie immer wieder. Mir ist aber auch bewusst, dass sie mir nicht an zerbrochenem Herzen nachsterben wird, sollte ich als Erster von uns beiden aus dem Einwohnermelderegister ausgetragen werden, was ich grundsätzlich begrüßen würde, weil ich nur ungern trauere. Andererseits muss ich davon ausgehen, dass meine Ilse meinen umfangreichen Nachlass nach meinem Ableben ohne Federlesens restlos der Wiederverwertung bzw. Kompostierung zuführen wird, habe ich ihr doch immer wieder auseinandergesetzt,

dass unser Platz auf Erden nur von der nächsten Generation ge-
least ist – zu ausgesprochen günstigen Konditionen übrigens –
und dass es mir vollkommen gleichgültig ist, was nach meinem
Dahinscheiden auf dem Planeten Erde passiert. Ich meine das
nicht so, aber sie nimmt es für bare Münze, und jetzt kann ich
auch nicht mehr zurück, ohne das Gesicht zu verlieren.

Auch deshalb habe ich dieses Buch geschrieben. Ich will die
Hoffnung nicht verhehlen, dass bedingungsloser Einsatz und
günstige Umstände es zu einem Bestseller hochpeitschen, und
damit erwarte ich, meine Worte und Werke in so viele Haushalte
verteilt zu haben, dass es auch nach Beendigung meiner irdischen Wanderschaft noch Generationen dauern wird, bis wirklich das letzte Mal meines Wirkens von der Erdoberfläche verschwunden sein wird. Diese Laune des Schicksals spielt dir ein
Buch in die Hände, wie du es sonst vermutlich nie bekommen
hättest, auch nicht für deutlich mehr Geld. Mir selbst spendet
es Trost, wenn ich in der Nacht wieder einmal nicht einschlafen,
aber auch kein Licht aufdrehen kann, weil meine Ilse das nicht
verträgt. Es gehört nämlich nicht zu den geringsten Vorzügen,
die meine Ilse an mir schätzt, dass ich kein Licht aufdrehe, wenn
ich in der Nacht zur Toilette gehe und mich dort ein wenig der
Lektüre widme. Dass ich immer ohne Aufforderung die Zeitung
abbestelle, bevor wir in den Urlaub fahren, ist ein zweiter. Der
Hauptgrund, warum meine Ilse an meiner Seite bleibt (wenn-
gleich sie nicht mit mir tauschen möchte), ist aber vermutlich
der: Ich bin trotz aller Beschwingtheit in der öffentlichen Rede
im Kern meines Wesens ein todernster Mensch, der nur dann
schallend lacht, wenn es wirklich nicht mehr anders geht.

Bei der Aufgabe, das Eis zu brechen und uns noch enger zu-
sammenrücken zu lassen, möchte ich daher einen Topprofi zu-
rate ziehen und erteile hiermit reinen Gewissens meinem alten
Schulkameraden, dem Flirttrainer Florian Finster, das Wort.

Sinnliche Einstimmungshilfe
des Flirttrainers Florian Finster

So, da bin ich schon. Mein Name ist Florian Finster. Ich bin heute Ihr Flirttrainer. Ich habe gehört, Sie haben Kontaktschwierigkeiten. Damit ist nicht zu spaßen. Und wenigstens auf einen Ombudsmann sollten Sie sich einlassen können. Kurz zu meiner Person: Ich wollte immer Skilehrer werden, aber dieser Traum war für mich nicht erreichbar. Mein drittes Bein hat nie hineingepasst in einen Skischuh. Drum habe ich mich lange durchschlagen müssen als Saisonarbeiter. Ich habe als Krampus gearbeitet, als Osterhase und '89, rund um den Mauerfall, habe ich sogar einmal auf dem Hof von Verwandten ein Praktikum gemacht als Deckeber. Gelernt habe ich eigentlich Gendarm, aber Tirol war mir schnell zu eng, und so bin ich ausgewandert, hinüber in die USA, die Vereinigten Staaten von Amerika, zum Federal Bureau of Investigation, kurz FBI, und habe mich ausbilden lassen zum Flirttrainer.

In der Ausbildung zum FBI-Flirttrainer lernst du irrsinnig viel. Manchmal bis in den Abend hinein und teilweise am Wochenende. Du kriegst zum Beispiel Farbfotos, und die schaust du dir immer und immer wieder an, und dadurch kannst du dann ganz genau sagen: DIE IST ES! Das ist meine Zielperson! Schnell war ich ein erfahrener Flirttrainer, und heute ist meine Leidenschaft, allen einsamen Herzen ein paar Tipps zu geben, wie man das Eis brechen kann. Denn mein Motto lautet: Niemand muss alleine sterben.

Also halten wir uns nicht mit dem Siezen auf und fangen wir gleich an. »Time is money« sagen wir drüben in den Staaten. Das

heißt übersetzt ungefähr soviel wie: »Zeit ist Geld«. Die erste
Hürde auf dem inneren Pfad zum gelungenen Flirt bauen sich
die Menschen natürlich selber, indem sie sich fragen: »Wen kann
man denn überhaupt anflirten?« Das ist blanke Zeitverschwen-
dung, denn, und da wirst du jetzt staunen, pass gut auf: Es sind
alle Menschen. Alle Menschen sind exakt gleich. Alle Männer
haben einen Penis, alle Frauen haben eine Vagina, das sage ich
dir in dieser Deutlichkeit.

Also, kommen wir zum ersten Beispiel: Wie kann ich am Arbeitsplatz das Eis brechen, wenn eine spezifische Kollegin, ein
spezifischer Kollege mein Anforderungsprofil erfüllt? Das ist direkt aus dem Leben gegriffen. Die meisten Beziehungen auf der
Welt beginnen im Büro. Die Wissenschaft weiß heute längst:
Die Arterhaltung der gesamten Menschheit liegt in der Hand
des Dienstleistungsgewerbes! Aber wie stelle ich es an, dass die
Arbeit trotz meiner heißen Flirts nicht zu kurz kommt? Time is
money, du weißt es bereits. Es ist so: Oft laufen wir im Büro hun-
derttausendmillionenmal sinnlos aneinander vorbei und blicken
verschämt zur Seite, wie kleine Kinder. Und wenn der andere
dann vorbeigegangen ist, schauen wir erst recht zurück und glot-
zen ihm wo hin? Natürlich: auf den Hintern. Und wo spielt sich
das ab? In Afghanistan oder im Irak? In deutschen Büros spielt
sich das ab! Mitten unter uns! Rund um die Uhr! Da haben wir
Studien vorliegen. Und jetzt halt dich fest: Diese falsche Scham
kann auf lange Sicht zu starken internen Spannungen führen und
sich in der Jahresbilanz negativ niederschlagen. Ich sage immer
wieder zu Top-Managern, die ich zufällig in der Kirche treffe:
»Pass auf, lieber Freund. Obacht.«

Worum es geht, ist, dass wir endlich das Eis brechen müssen,
damit wir nicht vergletschern und ein warmes Betriebsklima
wachsen kann, sonst bringen wir uns am Ende des Tages alle
irgendwann einmal gegenseitig bestialisch um. Vielleicht ziehst

du schon morgen dem Schnuckel von der Buchhaltung mit einem rostigen Teppichmesser die Haut ab und baust dir einen Regenponcho daraus. Wer weiß? Kannst du das ausschließen? Ich frage dich: Kannst du einen Massenmord ausschließen? Wenn dir da so ein gut gebauter Mitmensch auffällt und der Primärinstinkt meldet sich? Du schluckst die ganze positive Energie herunter, das staut sich auf, und, tschinderassa, schon fliegt es in die Luft, das Frankfurter Bankenviertel! Nein danke!

Also, wie löse ich mich am besten aus der Anonymität des Großraumbüros und zeige der Zielperson, dass sie mich speziell interessiert? Ganz einfach. Meine Damen und Herren, ich empfehle, kauere dich hinter dem Kopiergerät zusammen und wenn die Kollegin oder der Kollege dann etwas fotokopieren will, springst du hervor, reißt ihr oder ihm die Hose herunter und schreist: »Hallo! Ich bin's!«

Ist ja völlig wurscht, was du genau sagst. Es ist ja nur ein Beispiel.

Im zweiten Präzedenzfall, den ich vorstellen möchte, geht es um den Special Interest »die gefügige Diplomkrankenschwester«. Wie gelingt mein Annäherungsversuch an das Spitalpersonal im Falle stationärer Behandlung? Davon träumen viele Menschen, und ich habe die Problematik in meiner Dissertation zum FBI-Flirttrainer axiomatisch herausgearbeitet. Leider ist meine Doktorarbeit auf Englisch, aber sinngemäß übersetzt handelt es sich um eine mächtige Fantasie im Schwerpunktfeld Uniformfetisch. Der internationale Topmenschenfresser Dr. Hannibal Lecter hat einmal gesagt. »Wir beginnen das zu begehren, was wir jeden Tag sehen.« Und da hat er recht, und zwar hundertprozentig. Auch im Spital fangen viele Leute an, die Schwester zu begehren. So ein Krankenhausaufenthalt ist im besten Fall langweilig, man ist ausgeschlafen und wird dauernd von fremden Frauen berührt, die es gut mit einem meinen. Das erleben viele ihr ganzes Leben

lang nicht. Und dann müssen sie ins Spital und sind ohne Ein-
schulung mit dieser Situation konfrontiert.

Was kann man jetzt aber tun, um der Stationsschwester doch
noch näherzukommen? Eine Möglichkeit ist, wenn die Schwester am Morgen fragt: »Haben wir heute schon Stuhl gehabt?«,
dass man schlagfertig antwortet: »Ich schon, bei Ihnen weiß ich
es nicht.« Dann ist oft das Eis schon gebrochen, weil es ist, das
wissen wir aus Langzeitstudien vom FBI, für viele Frauen das
Wichtigste in einer Beziehung, dass sie der Partner zum Lachen
bringen kann. Wir haben das im Labor auch experimentell nachweisen können. Wie macht man das? Ganz einfach: Man fesselt
die Partnerin an einen Sessel und kitzelt sie so lange an der Fußsohle, bis sie keine Luft mehr bekommt. Das funktioniert, aber
leider bislang nur unter Laborbedingungen. Vorsicht! Im echten
Leben wäre so ein Vorkommnis eher ein starkes Indiz für das
nahende Ende einer Beziehung.

Zurück ins Krankenhaus. Du wirst völlig verständlicherweise
fragen: Was mache ich, wenn ich mich in die Nachtschwester
verliebt habe? Da fällt die Frage nach dem morgendlichen Stuhl-
gang natürlich weg. Und wenn man die Sprache trotzdem auf
das Thema lenken will, so wirkt das mitten in der Nacht oft auf-
gesetzt. Die Situation ist überhaupt kniffliger. Erotische Gefäl-
ligkeiten von der Nachtschwester ohne Zusatzversicherung und
Einzelzimmer. Da steht die Forschung noch vor dem Durchbruch. Damit nämlich in einem, sagen wir, Vierbettzimmer die
Intimität und die knisternde Erotik erhalten bleiben, müssen die
anderen Patienten wirklich alle sehr tief schlafen. Wenn da nur
einer schnarcht oder vor Schmerzen stöhnt, ist das natürlich ein
absolutes No-Go. Und dann muss die Nachtschwester auch noch
von sich aus ein Interesse mitbringen, in der Arbeit sexuell initiativ zu werden. Das heißt, es muss wirklich alles passen, sonst
bleibt es, vom Standpunkt des Wissenschaftlers gesprochen, lei-

der eine Fantasie. Denn dass alle gut schlafen, keiner schnarcht, die Nachtschwester ansprechend aussieht und von sich aus will, so viel Glück ist selten. Auch in einem Sanatorium. Sodala, ich denke, das Eis ist gebrochen. Jetzt sind wir in der richtigen Stimmung, um unseren lieben Erich, den FM4 Ombudsmann, besser kennenzulernen.

Ombudsmann-Autobiografie – Teil 1:
»Trümmerjugend«

Wo junge Leute sind, ist Republik
Novalis

Liebe Leserin! Lieber Leser!

Ich erzähle dir jetzt, wer ich bin, nimm dir etwas Zeit dafür; wenn du beim ersten Mal genau hinhörst, dann sparst du dir später viel Arbeit, und außerdem gehört es zum Buch. Du brauchst dir aber auch keine Sorgen zu machen – wie einst für Caesar Gallien, so ist auch meine Autobiografie für dich omnis divisa in partes tres. Zuerst erzähle ich dir von meiner Herkunft, in der Mitte des Buches, wie ich zum FM4 Ombudsmann wurde, und schließlich gegen Ende, warum ich mich nach wie vor für die Welt interessiere. Naturgemäß schnelle auch ich nicht immer voller Tatendrang aus dem Bett.

Es kommt vor, dass ich morgens minutenlang mein Frühstücksei anstarre und an rein gar nichts denke. Ich brauche nämlich einen Kaffee, bevor ich anspringe. Freilich, ein bisschen frische Luft wäre genauso erquicklich. Wenn ich allerdings mein müdes Näschen aus dem Küchenfenster schiebe, wird es gewöhnlich sofort vom beißenden Duft aufkeimender Sexualität umspielt. Immerhin wohne ich mit meiner Gattin Ilse seit geraumer Zeit in direkter Nachbarschaft einer Mittelschule, deren Turnsaalabluft in den gemeinsamen Innenhof strömt. Eine aufdringliche Erinnerung an das eigene Alter, die reife Männer wie ich kurz nach dem Aufstehen schlecht gebrauchen können. Ich bleibe also meist beim Kaffee und delegiere die Frage nach dem Fortschreiten der Zeit an meine Armbanduhr. Tick, tack. Hallo, Uhr! Bin ich wirklich schon so alt? Sie antwortet nicht. Ich glaube, die Uhr weiß gar nicht, wie alt ich bin, sondern nur, wie spät es ist. Vielleicht ist Zeit ja überhaupt etwas, das nur dann vergeht, wenn wir es messen. Fest steht, dass eine genaue Altersangabe für den Moment nur dann möglich ist, wenn die Grenzen dieses Moments so weit ausgedehnt werden, dass nicht schon wieder der nächste Moment da ist, während man sie ausspricht. Sonst würde man sich ja immer selbst hinterherlaufen und in der Vergangenheit leben. Wobei Zweiteres einer entspannten Frühstücksatmosphäre durchaus zuträglich sein kann. Hierin liegt wohl eine mögliche Wurzel der Erfolgsgeschichte »Tageszeitungsabonnement«. Wer will schon andauernd einer angenommenen Zukunft entgegenhecheln, von der man als Einziges hoffen kann, dass man sie noch erreicht?

Geboren wurde ich am 30. April 1945 im Rahmen einer routiniert abgewickelten Hausgeburt im Mezzanin der Ungargasse 24 im 3. Gemeindebezirk der frisch aufgebackenen Hauptstadt Österreichs. Wie damals in den bürgerlichen Wiener Kreisen üblich, hielt das Kindermädchen, liebevoll »Kindsdirn« genannt, während des Geburtsvorganges gebührlichen Abstand zur Herrschaft, um dann im entscheidenden Moment jedoch initiativ an den Muttermund heranzutreten.

Die Nabelschnur wurde ohne viel Aufhebens durchtrennt, die Kindsdirn fing mich sicher auf, meine Eltern sprangen vom Kindbett empor und verabschiedeten sich Richtung Etablissement Ronacher. Vor dem Kriege hatten dort Kabarettisten wie Fritz Grünbaum und Weltstars wie Josephine Baker für gute Unterhaltung gesorgt. In den sogenannten dunklen Jahren war das Varieté, ähnlich übrigens wie das berühmte Riesenrad oder Sigmund Freuds Wohnhaus, arisiert worden.

Nach dem Ende der Kampfhandlungen hatte im Ronacher

das Ensemble des inzwischen ausgebombten Wiener Burgtheaters sein Ausweichquartier bezogen. Ausgerechnet am Abend meiner Geburt sollte die erste Vorstellung nach Kriegsende stattfinden. Man gab Grillparzers »Sappho«, ein Stück, das mit folgenden Zeilen zum Sprachrohr einer ganzen Generation werden sollte:

»Du schmückst mich von deinem eignen Reichtum. / Weh! nähmst du das Geliebte je zurück.«

Die Inszenierung stammte mangels Probenzeit freilich noch aus dem Jahre 1943. Regie führte Adolf Rott, der auch unter nationalsozialistischer Herrschaft demütig große Erfolge gefeiert hatte und 1955 schließlich als Direktor das Burgtheater an seinem angestammten Platz wiedereröffnen sollte. Im selben Jahr noch war es ihm übrigens beschieden, seinem Bundesbruder vom Kartellverband deutschsprachiger Bühnenangehöriger, Werner Krauß, vielen vielleicht noch bekannt als sämtliche jüdischen Nebenfiguren aus »Jud Süß«, den Iffland-Ring zuzusprechen. Jedenfalls wäre es ein unverzeihlicher Fauxpas gewesen, hätten ausgerechnet meine Eltern sich dieser Aufbruchsstimmung entzogen und bei der Wiedereröffnung des Burgtheaters nach den langen, entbehrungsreichen Kriegsjahren gefehlt! Ich erinnere mich an große Hektik. Unten auf der Gasse wartete bereits das Taxi. Und das kostete damals bekanntlich ein Vermögen. Meine frisch von mir entbundene Mutter wäre in dem Trubel fast noch über die Nabelschnur gestolpert, warf sie dann aber behände als Accessoire über die Schulter. Die Nachgeburt ließ sie sich einpacken und mitgeben, damit die Eltern in der Pause nicht zum teuren Buffet gehen mussten. Mama, oder, wie wir daheim sagten, Mutti, wusste immer schon genau, wie man spart. Vielleicht ist es doch zu früh, wenn wir sie dieses Jahr schon ins Heim geben. Aber das gehört nicht hierher.

Ich kann über meine Eltern generell wenig Schlechtes sagen.

Sie haben mich vielmehr meine gesamte Kindheit hindurch stets gefordert, aber auch gefördert. Besonders wichtig war den beiden, dass ich bereits im Säuglingsalter viel Bestätigung erfahre. Durch ihre guten Kontakte zur frisch erblühenden Wiener Nachkriegskulturszene konnten sie etwa vier entnazifizierte Waldhornisten günstig engagieren sowie einen Schlagwerker, die mir allesamt den ganzen Tag auf Schritt und Tritt folgten. Der Trommler spielte durchgehend einen sanften Wirbel, und wenn mir einmal etwas gelang, etwa ein Gaga oder ein Bäuerchen, dann bliesen die Waldhornisten eine erbauliche Fanfare.

Besonders profitiert habe ich von dieser Erziehung zu Demut und Bescheidenheit, als die Entscheidung über meinen Berufsweg anstand. Mein Vater verfügte über ausgezeichnete Kontakte zum Rundfunk, mir hatte aber bereits die Universität den Kopf verdreht. Namentlich meine Alma Mater, die Ludwig-Maximilians-Universität, der ich mich bis heute stark verbunden fühle. In München durfte ich turbulente Zeiten der Abnabelung vom Elternhaus erleben, und ich habe dort 1967 immerhin auch meine spätere Ehefrau Ilse kennengelernt, deren natürliche und doch atemberaubende Schönheit mich sofort überzeugen konnte. Sie selbst war damals sehr stark in der aufkeimenden Studentenbewegung engagiert, wobei in unserer Familienchronik der Terminus »Pariser Mai« durchaus vom gängigen Geschichtsbild etwas abweichend interpretiert ist, wenn du verstehst, was ich meine.

Hier endet Teil eins meiner Biografie, denn nun weißt du fürs Erste genug. Du kannst beginnen, an den Früchten meiner Arbeit zu naschen. Das Buch ist alphabetisch gegliedert und beginnt mit dem Eintrag »Absolvent«.

PS: Wenn du vor Beginn der Lektüre noch auf die Toilette musst, kannst du das Buch ohne Weiteres zur Zerstreuung mitnehmen, es befinden sich bereits so viele Bakterien auf dem

Buch, dass du bis an dein Lebensende nicht mit dem Zählen fertig würdest, du kannst den Überfluss höchstens noch vermehren.

Viel Vergnügen mit dem Buchstaben A und bis später.

– A–

Absolvent

Liebe Hörerin! Lieber Hörer![*]
Flashmaster geht in die Vollen.

> *Hallo Ombudsmann! Meine Alten sagen immer, ich soll endlich fertig werden mit dem Studium, weil es braucht dringend mehr Leute mit einem Abschluss, die fit sind für den Arbeitsmarkt. Das macht mir voll den Stress! Wie kann ich meinen Alten das Maul stopfen?*

Lieber Flashmaster, grundsätzlich empfehle ich dir, jenen »Alten« fundamental zu misstrauen, die dir einreden wollen, dass du fit werden sollst für einen Arbeitsmarkt, den ein Großteil von ihnen selber nur mithilfe hochwirksamer Psychopharmazeutika erträgt.

---

[*] Liebe Leserin! Lieber Leser! Du wunderst dich vielleicht, warum du mit »Liebe Hörerin! Lieber Hörer!« angesprochen wirst, obwohl du ein Buch in Händen hältst, das vielleicht als Hörbuch durchgeht, wenn man es mit voller Wucht in die Tonne wirft, grundsätzlich aber zum Lesen gedacht ist. Nun, es kommt schon teuer genug, meine durch die Bank frei improvisierten Radiobeiträge von Schriftstellertalenten für um die vier Euro die Stunde transkribieren zu lassen. Und überall die Anrede auszubessern, das ist schlicht unfinanzierbar. Ich setze allerdings bei dir so viel Abstraktionsvermögen voraus, dass du die Anrede im Geiste jedes Mal selber austauschst, wenn du das möchtest. Falls du dich dazu nicht imstande siehst, dann lege das Buch bitte umgehend zur Seite, es ist wohl zu kompliziert für dich.

Nichtsdestoweniger würde ein Universitätsabschluss deine irdische Wanderschaft naturgemäß deutlich freier gestalten, als wenn du deinen Alten das Maul stopfst, wozu ich gemäß § 131 Abs. 2 StGB ausdrücklich nicht aufrufe.

Fest steht: Der zentrale Beitrag von Universitäten zu demokratischen Volkswirtschaften besteht keineswegs in der Produktion von Absolventinnen und Absolventen, sondern in Forschung und Lehre durch und für mündige Bürgerinnen und Bürger. Ob die Welt automatisch sehr viel lebenswerter würde, wenn mehr Menschen einen Studienabschluss hätten, darf jedenfalls bezweifelt werden. Immerhin ist Bob Dylan ein Studienabbrecher und Dieter Bohlen Absolvent. Liebe Grüße an deine Alten und servus!

Abtreibungsgegner, militante

Liebe Hörerin! Lieber Hörer!
Die Sibylle freut sich schon aufs Wochenende.

> *Lieber Ombudsmann! Am Samstag treffe ich wieder den Goran. Er ist irre süß, und zwischen uns knistert es wie verrückt. Aber wir sind manchmal einfach komplett unterschiedlicher Meinung. Letztens hat er zum Beispiel so komisch geschaut, wo ich gesagt habe, dass ich militante Abtreibungsgegner zum Kotzen finde. Na ja, bis jetzt haben wir ja noch nie miteinander geschlafen, und ich bin echt nicht sicher, ob das eine gute Idee wäre. Was meinst du?*

Liebe Sibylle, bemerkenswert ist tatsächlich, dass oft dieselben Personen, die Abtreibungen von Keimlingen verwerflich finden, Abschiebungen von Sechsjährigen in die gemeingefährlichen Herkunftsländer ihrer Urahnen als notwendig propagieren. Dieses Konzept von schützenswertem Leben teile auch ich nicht.

Dennoch ist Abtreibung ein hochsensibles Thema, und oft schauen Leute komisch, wenn sensible Themen angesprochen werden. Das sagt aber noch wenig über ihre sexuellen Befähigungen aus, und deshalb rate ich dir: Gib dem Knistern durchaus – mit aller gebotenen Vorsicht – ein Stück weit nach. Unverwirklichtes Knistern kann mittelfristig nämlich jede Form von Beziehung zwischen zwei Menschen deutlich erschweren.

Und dann trefft ihr euch in fünfundzwanzig Jahren beim Badminton, spielt immer absichtlich den gemeinst möglichen Ball, sodass der andere irrsinnig laufen und seinen Körper so verbiegen muss, dass nur knapp keine Bandscheibe vorfällt. Und danach sitzt ihr an der Sportbar, trinkt gemeinsam Fruchtsaft mit Leitungswasser und schaut schuldbewusst aneinander vorbei, weil ihr euch eigentlich ja wirklich sehr gerne mögt. Derlei Unbill kann und soll nach Möglichkeit rechtzeitig vorgebeugt werden. In diesem Sinne: Gutes Gelingen, schönes Wochenende und servus!

Adventskranz

Liebe Hörerin! Lieber Hörer!
Die stille Zeit wirft ihre Schatten voraus.

> *Lieber Ombudsmann! Wieso werden die Adventskränze in den Geschäften von Jahr zu Jahr hässlicher? Gruß, bambule*

Liebe oder lieber bambule! Im Spätherbst des Jahres 1839 hat es dem norddeutschen Theologen und Erzieher Johann Hinrich Wichern endgültig gereicht. Andauernd sind die Zöglinge im Waisenhaus um ihn herumgehüpft und haben gezetert: »*Wann ist endlich Weihnachten? Wann ist endlich Weihnachten?*« Das ging nun wirklich nicht. Immerhin sollte man im »Rauhen Haus«

in Hamburg neun Stunden pro Tag schwere körperliche Arbeit verrichten und dann drei Stunden lernen und nicht blöde Fragen stellen. Zum Glück erinnerte sich Wichern rechtzeitig an sein pädagogisches Motto:

> *Wir schmieden unsere Ketten von inwendig und verschmähen die, so man von außen anlegt.*«

Der eifrige Visionär und spätere Gefängnisdirektor hatte einen Geistesblitz, stürmte in den Waisenhaushof, zog ein kaputtes Wagenrad aus dem Misthaufen und pappte dreiundzwanzig billige Kerzen drauf. Fortan sollten die Bälger gefälligst selbst die Tage bis Weihnachten abzählen. Die innere Kette war geschmiedet, die Arbeit konnte wiederaufgenommen werden.

Je mehr der Wohlstand über die Jahrhunderte anwuchs, desto weniger mussten die verwöhnten Fratzen arbeiten und desto schwieriger wurde es natürlich, sie ruhigzustellen. Plötzlich war das ekelige, alte Wagenrad nicht mehr gut genug. Man sah sich gezwungen, den Adventskranz mit allerlei Wunderbarem zu tarnen. Welche soziale Tendenz dadurch angezeigt wird, liebe oder lieber bambule, dass die Ausgestaltung des Ruhigstellers dieser Tage wieder schlampiger ausfallen darf, könnte wohl nur Johann Hinrich Wichern selbst beantworten. Servus!

Affenhitze

Liebe Hörerin! Lieber Hörer!

cuibonobo fragt besorgt:

> *Warum sagen meine Eltern dauernd Affenhitze? Respekt, cuibonobo*

Liebe oder lieber cuibonobo, solltest du morgens von deinen Eltern mit dem Ausruf »Affenhitze!« am Frühstückstisch begrüßt

werden, mit dem sie dich am Vorabend bereits ins Bett verab-
schiedet haben und der in wenigen Stunden wieder erklingen
wird, wenn das Mittagessen fertig ist, dann erinnere sie doch
liebevoll daran, dass dem Menschen, seit er seinen Wortschatz
erfolgreich um Dutzende Begriffe jenseits des artikulierten Er-
staunens ob diverser Naturphänomene erweitert hat, die Möglichkeit offensteht, sich auch an komplexeren Konversationen
jenseits der laienhaften Analyse aktueller Witterungsbedingun-
gen zu versuchen.

Man muss dieses Angebot der Zivilisation nicht nützen, aber
es macht den Alltag bunter.

Anregendere Konversation könntest du elegant mit einem
Hinweis darauf anstoßen, dass der Begriff *Affenhitze* auf die
hohen Temperaturen im Affenhaus des Berliner Tiergartens im
19. Jahrhundert zurückgeht, verbunden mit der Überlegung, wie
analog dazu ein Begriff wie *Affenschande* entstehen konnte. Im
Verlauf der folgenden Unterhaltung werden sich deine Eltern
entweder als unvermutet unterhaltsame Gesprächspartner herausstellen, oder sie trauen sich lange nicht, überhaupt irgendetwas zu dir zu sagen. Eine echte Win-win-Situation. Servus!

Alt werden, gemeinsam

Liebe Hörerin! Lieber Hörer!

In Liebesdingen helfe ich besonders gerne. Immerhin gilt, frei
nach Pascal: »*Ein Tropfen Liebe ist mehr als ein Ozean Verstand.*«
Karla bringt das Fass zum Überlaufen ...

Lieber Ombudsmann, ich bin jetzt schon zwei Jahre mit mei-
nem Freund zusammen. Wir erleben eine schöne Zeit, und ich
hab das Gefühl, es ist diesmal wirklich was Ernstes. Letzten

Samstag hat er mich aber erschreckt. Er hat gefragt: »Karla, willst du mit mir alt werden?« Was soll man auf so was antworten? Bitte hilf mir, K

Nun, Karla, sich in einer Beziehung eine gemeinsame Perspektive zu schaffen ist sehr wichtig. So umgeht man die Notwendigkeit der eingehenden Auseinandersetzung mit dem anderen und hat auf lange Sicht seine Ruhe, aber trotzdem regelmäßigen Verkehr.

Naturgemäß ist das gemeinsame Altern keine ähnlich prickelnde Perspektive wie etwa ein Nobelpreis oder ein solides Abschneiden bei der Weltmeisterschaft im Schnitzelessen. Die Vermutung liegt nahe, dein Lebenspartner will sich mit dir gemeinsam in einen Sarg legen, die Fernbedienung in der Rechten, ein Mobiltelefon in der Linken. Ich verstehe, dass dich das vorerst erschreckt.

Bedenke jedoch die Synergieeffekte, die ein geteilter Haushalt im Alter mit sich bringen kann. Wenn du etwa stürzt, ist jemand da, der dich auslachen oder den Sturz auf Video aufnehmen kann. Als Single wärest du nichts weiter als völlig unbemerkt gestürzt.

Zugegeben, die Frage deines Freundes ist etwas eskapistisch formuliert, wahrscheinlich aber lieb gemeint. Ich empfehle daher als Antwort auf »Willst du mit mir alt werden?« ein diplomatisches: »Ja gerne, aber nicht jetzt gleich«.

Servus!

Ananas

Liebe Hörerin! Lieber Hörer!

Bifidus Kulturkampf hat noch Respekt vor dem Alter ...

> *Hallo lieber Ombudsmann! Letztens stand irgendwo, es soll bald weiße Erdbeeren geben. Ich habe den Zeitungsausschnitt meiner Omi gezeigt, und sie hat ausgerufen: »A bleiche Ananas!« Ist meine Großmutter eine dumme Frau? lg. Bifidus Kulturkampf*

Liebe oder lieber Bifidus Kulturkampf, deine sensiblen Zeilen legen nahe, dass du deine Großmutter in den Fängen einer handfesten Altersdemenz wähnst. Solange sie dich aber nicht zum unschuldigen Gaudium der versammelten Verwandtschaft mit dem Namen des lastigen Haustiers anspricht, das sie vor Jahren schon einschläfern hat lassen, bevor sie – deiner mehrfachen Warnung trotzend – nur durch einen Hauch von Seide verhüllt hinunter in den Drogeriemarkt wackelt und die perplexe Kassiererin gütig in die Wange kneift, um ihr mit den Worten »Du warst schon immer mein Lieblingspullover« das Familiensilber zu überreichen, darfst du beruhigt davon ausgehen, dass deine Altvordere die Erdbeere nicht aus einer Verwirrtheit heraus als Ananas bezeichnet. Sie tut es wohl vielmehr aufgrund der strengen Erziehung, die sie wahrscheinlich, wenn überhaupt, nur heimlich genossen hat und in deren Verlauf sie bestimmt mehr als einmal mit dem Rohrstock ordentlich eines auf die Finger bekommen hat, wenn sie die korrekte botanische Bezeichnung der Gartenerdbeere nicht präsent hatte: Fragaria Ananassa.

Inzwischen sind die Erziehungsmethoden evaluiert, was dir die Chance einräumt, den Anschluss an die Realität weniger schnell zu verlieren und Darstellungen von Früchten stets laut und deutlich, mit einem Lächeln im Gesicht, korrekt einzuordnen: Ethyl-Methylphenylglycidat, 2,3-Epoxy-3- methyl-3-phenyl-propansäure-ethylester. Das ist nämlich nach derzeitigem Stand der Pädagogik meist enthalten, wenn auf der Verpackung eine saftige, herzförmige Sammelnussfrucht abgebildet ist. Die Hautfarbe spielt in diesem Zusammenhang eine untergeordnete Rolle. Servus!

Arm

Liebe Hörerin! Lieber Hörer!

Ich möchte heute einmal eine Ausnahme machen und einen Brief ungekürzt vorlesen. Folgende Zeilen haben mich sehr gerührt, leider war auf dem Kuvert jedoch kein Absender ausgewiesen. Bitte hör genau hin. Vielleicht bist es ja du:

Lieber Ombudsmann! Seit ich ein Kind war, beschäftigt mich ein Problem, das in letzter Zeit drängender wird und mich langsam so sehr zu beherrschen beginnt, dass ich keinen klaren Gedanken mehr fassen kann. Mir ist wohl bewusst, wie belanglos und überwindbar die Wurzel meiner Qual erscheinen muss. Ich bestehe auch nicht auf Einzigartigkeit meines Martyriums. Alles, worum ich dich bitte, ist eine Antwort, denn ich kann mir nicht länger selbst erklären, wozu ich zu dem einen zusätzlich noch einen zweiten Arm besitze. Er ist mir im Weg und raubt mir die Konzentration! Wann immer ich am Fenster sitze, um mit meinen Augen nach Menschen Ausschau zu halten, und mir der Kopf schwer wird, weil so lange Zeit schon nichts zu sehen ist, stütze ich den müden Schädel mit dem einen Arm ab. Der andere Arm liegt in meinem Schoß, und ich fühle, dass er etwas anfangen könnte.

Doch er liegt da einfach nur tatenlos herum. Damit nicht ge-
nug, ist mir prompt nur mehr der Gedanke an diesen tatenlo-
sen Arm möglich, jeder andere Gedanke wird von dem taten-
losen Arm verunmöglicht. Warum tut er nichts? Was könnte
er tun? Er könnte winken, doch da ist nichts, dem man win-
ken könnte. Außerdem: Wäre da etwas, dem man winken
könnte, wäre das ebensogut von nur einem Arm bewältigbar.
Es gibt auch nichts zu beklatschen, ich will in keinem Reigen
herumhopsen, ich möchte keine Trommeln schlagen und auch
keine Räder. Ich möchte einfach nur am Fenster sitzen und
nach Menschen Ausschau halten, bis mir der Kopf schwer
wird. Dann möchte ich ihn aufstützen und weiter Ausschau
halten können, ohne dass ein überflüssiger Arm mich unauf-
merksam werden lässt.

HIer endet der Brief. Sachdienliche Hinweise bitte an mich. Wer
immer du sein magst, fühl dich umarmt. Servus!

Aroma

Liebe Horerin! Lieber Hörer!

Heute kostet der Martin die süßen Früchte meines Kunden-
service:

Lieber Ombudsmann! Wenn ich etwas esse, reichen mir ei-
gentlich Salz und Pfeffer als Gewürze. Meine Freundin will
aber, dass wir fancy kochen lernen. Was habe ich davon, wenn
mein Essen nach Lavendel, Kiefernnadeln und Rosenblüten
schmeckt?

Lieber Martin, du hast ganz recht, dein Essen kann gar nicht
nach Lavendel schmecken, denn dabei handelt es sich um ein

Aroma, genauer um eine komplexe Molekülgruppe aus der Familie der Sesquiterpene, wahrscheinlich tief florale, zitrusartige Farnesen, jedenfalls nicht um einen Geschmack. Unsere Zunge ist nämlich kein besonderer Feinschmecker. Neben Schmerzreizen wie scharf, heiß oder kalt kann die nur süß, sauer, bitter und salzig bzw. eine fünfte Geschmacksqualität, die der japanische Chemiker Kikunae Ikeda als Erster beschrieben hat: umami, fleischig, der Geschmack von Parmesan, Frauenmilch oder eben Fleisch, der proteinreiche Nahrungsmittel anzeigt.

Dafür ist unser Geschmackssinn nämlich da. Er hilft dem Menschen zu erkennen, welche Nahrung er brauchen kann und welche unbekömmlich für ihn ist. Allerdings meint unser Geschmackssinn einen Menschen, der noch keine Zeit für Facebook hat, weil er den ganzen Tag damit beschäftigt ist, sich Nahrung zu suchen und ihre Wirkung auf seinen Körper im Feldversuch zu testen. Heute, wo Salz und Proteine in jedem Supermarkt vergleichsweise mühelos zu finden sind, sollte man sich bei der Auswahl der Nahrung nicht mehr rein auf seinen Geschmackssinn verlassen. Sonst übertreibt man es mit dem Fleisch, Käse oder Salz, ernährt sich sehr einseitig und stirbt eines langsamen, qualvollen Todes.

Lieber Martin, du bemerkst, kulinarische Bildung ist auch Gesundheitsvorsorge. Außerdem gibt es doch kaum etwas Reizvolleres, als mit dem Lebenspartner in die Welt der Aromen einzutauchen. Falls ihr den Lavendel also schon im Haus habt: Meine Ilse und ich schmoren den Lauch immer leicht in Butter und etwas Gemüsefond an, dann die Lavendelblüten dazu und über dem Fisch verteilen. Und danach werden wir ein bisschen fancy miteinander. Mahlzeit und servus!

Atemgeräusche

Liebe Hörerin! Lieber Hörer!

Benjamin M. Malik hat sich schon immer gefragt, und jetzt fragt er endlich auch jemand anderen …

> … *warum in sehr vielen Liedern die Atemgeräusche (zum Bei-spiel das Einatmen) zu hören sind. Zu heutigen Zeiten sollte es wirklich kein Problem sein, diese zu entfernen. Hat das nun einen tieferen Sinn – oder weshalb sind sie noch immer in vie-len Liedern vorhanden?*

Lieber Benni, du hast prinzipiell recht. Den Toningenieuren die-ser Welt wäre es ein Leichtes, mithilfe der modernen Compu-tertechnik die von dir kritisierten Atemgeräusche eines Sängers unhörbar zu machen. Warum tun sie das nicht? Wir Menschen tun ja sonst auch so ziemlich alles, was geht. Wir erfinden Ma-schinen, die uns die Arbeit abnehmen und gleichzeitig den Er-trag optimieren. Wir beuten gewissenhaft und mit zunehmender Effizienz unseren Lebensraum aus. Kunstfertig und mit ausge-feiltem technischen Know-how stellen wir Gewehre und Ka-nonen her, mit deren Hilfe wir imstande wären, uns innerhalb kürzester Zeit selbst sauber und spurlos aus dem Universum zu subtrahieren. Und hier und da erleichtern wir uns spätnachts so-gar in unser eigenes Waschbecken.

Lieber Benjamin, ich bemerke gerade, wir sind insgesamt auf keinem guten Weg. Bald werden wir alle elendiglich an dem er-sticken, was heutzutage eigentlich kein Problem mehr sein sollte. Vielleicht wollen uns die Sänger in den von dir beschriebenen Tonaufnahmen durch ihr ostentatives Atmen ja genau darauf aufmerksam machen.

Servus!

Aufklärung

Liebe Hörerin! Lieber Hörer!

Leider komme ich auch heuer, wie jedes Jahr, um die abendländische Betäubungsmittelfolklore rund um Weihnachten nicht herum. Nämlich fragt mich egg alert 2010:

> *Lieber Ombudsmann! Ich war gestern meinen ersten Punsch des Jahres trinken, und es war super. Wem ist das mit der Traubenvergärung nur eingefallen, das war ein Genie! Prost, egg alert 2010*

Liebe oder lieber egg alert 2010, wer die alkoholische Gärung entdeckt hat, lässt sich heute nicht mehr sagen, die Menschheit kennt den Vorgang schon sehr lange. Naturgemäß war der Sinn geraume Zeit nicht nur, die eigene Vergänglichkeit eine Zeit lang wegen Gehirnvergiftung aus den Augen zu verlieren, sondern nicht an Infektionskrankheiten zu sterben. Tatsächlich hat der Alkohol vermutlich mehr Menschen beim Über- als beim Ableben geholfen.

Wie du weißt, können heute nur 0,3 Prozent des Süßwassers auf der Erde als Trinkwasser genutzt werden. Das war wie so vieles früher keineswegs besser, sondern noch deutlich schlimmer. In der guten alten Zeit war das Wasser in bewohnten Gebieten nicht kristallklar, sondern vor allem mit Fäkalien verseucht. Um es genießbar zu machen, ist in Asien aus abgekochtem Wasser Tee entstanden, in Europa hat man sich für die Nutzbarmachung durch Vergärung entschieden. Auf diesem kulturellen Humus sind bekanntlich einigermaßen unterschiedliche Philosophien gewachsen.

In Europa begann der Tag für viele Menschen bis ins 19. Jahrhundert so, wie er ebendort mittlerweile für Besucher von

Adventsmärkten gewöhnlich endet: mit einem Rausch. Sie waren also zwar stets angetrunken, aber immerhin nicht todkrank! Das macht natürlich Anblick, Geräusch und Geruch der zahllosen Punschstände nicht erträglicher, aber unter diesen Auspizien lässt sich auch sagen, dass die Aufklärung mehrheitlich von Spiegeltrinkern erdacht wurde. Eine Leistung, die man heutzutage allerdings nicht zu erwarten braucht, wenn man einen Weihnachtsmarkt besucht. Servus!

– B –

Barbarazweigerl

Liebe Hörerin! Lieber Hörer!

Die Inge möchte vorbereitet sein:

> *Lieber Ombudsmann! Meine Mama sagt, bald ist Barbara.*
> *Und sie tut so, wie wenn das was Besonderes wäre. Ist das was*
> *Besonderes? Was heißt denn das? Danke, deine Inge*

Liebe Inge, in den apokryphen Protokollen des aramäischen Geheimdienstes findet sich folgender Aktenvermerk:

> *»Wenn wieder die stade Zeit ist und der Himmelvater die Baumwipferl anzuckern lasst vom Petrus Menschenfischer, wenn die Barbarazweigerl zum Einfrischen wären, damit sie zum Christtag schön Blüten tragen möchten, und das Mensch, das was sie eingefrischet hat, die Bruchasterl, im Jahr drauf zum Heiraten kommt...«* usw. usw.

Nüchtern betrachtet wurzelt das Brauchtum zum Hochfest der Heiligen Barbara darin, dass es früher noch keine Straßenbeleuchtung gab und die Familie im Winter viel Zeit gemeinsam im Haus verbringen musste, was naturgemäß zu Reibereien führt. Daher haben sich die Eltern allerhand Schabernack ausgedacht wie zum Beispiel das Barbarazweigerl-Einfrischen, um den Töchtern mit dem Zaunpfahl zu bedeuten, dass Essen und Trinken für eine Person weniger im Haushalt erheblich billiger käme. Diese Folklore gewordene Maßnahme ist heute noch in der Wirtschaftswelt üblich und wird dort »Sanierung« oder

»Standortsicherung« genannt. Das klingt zwar sehr blumig, da wie dort geht es aber lediglich ums Leutehinausschmeißen. Servus!

Berufsberatung

Liebe Hörerin! Lieber Hörer!

Der Hubert bittet um eine job description ...

> *Lieber Ombudsmann! Leider hab ich keine Berufsausbildung, aber die Mutti sagt, dass ich gut mit Leuten kann. Ich möchte eigentlich so wenig wie möglich arbeiten, aber trotzdem viel Geld verdienen. Was wäre der richtige Job für mich?*

Lieber Hubert, die Mutti hat bereits den entscheidenden Hinweis geliefert. Er lautet: »Du kannst gut mit Leuten.« Wende dich mit diesem soft skill also umgehend an Leute – am besten an solche, die dir auch etwas bezahlen werden können, nachdem du gut mit ihnen gekonnt haben wirst. In der Regel werden das wahrscheinlich etwas ältere Semester sein, mit solider Ausbildung. – Aber welchen Service sollst du uns denn konkret anbieten?

Unser Hauptproblem ist: Wir sind ziemlich auseinandergegangen. Und wir sind nicht nur immer dicker geworden mit den Jahren, wir sind in den Sechzigern, Siebzigern und Achtzigern fast überall ausgetreten. Aus Parteien, Kirchen, Gewerkschaften, aus unserer ersten Ehe, aus allem. Seinerzeit war nämlich modern: Selbstverwirklichung. Wenn du das heute einem Jugendlichen vorschlägst, dann zündet der dir den Mercedes an.

Ja, so ändern sich die Zeiten. Ach, Selbstverwirklichung! Wir wären nicht die geistige Elite, hätten wir nicht längst bemerkt, dass das im Fall des Menschen bedeutet: von Asche zu Asche. Unentrinnbar. Wir werden einfach genauso sterben wie unsere katholischen Nazieltern, nur ein bisschen einsamer, weil wir ja aus allen Trostvereinen ausgetreten sind. Zur Beruhigung geben wir jetzt einen Haufen Geld aus für Kultur, die uns nicht herausfordert, sondern sanft ein bisschen am Hintern streichelt.

Und wenn wir dann immer noch unsicher sind, ob es insgesamt eine gute Idee war, sich von allem Materiellen loszusagen, fahren wir auf ein Kuschelwochenende in die Therme und lassen uns für zweihundertfünfzig Euro unser eigenes Fleckchen Erde ins Gesicht schmieren. Oder wir überweisen das Geld gleich dem Schamanen, von dem wir keinerlei sinnvolle Gegenleistung verlangen. Und das entspricht eigentlich recht exakt dem Berufswunsch, den du in deinem Schreiben formulierst, lieber Hubert. Ich wünsche viel Erfolg bei der Erweckung deines magischen Selbst – und: Namaste!

Beziehung, offene

Liebe Hörerin! Lieber Hörer!
Der Frühling mischt tröpfchenweise Sehnsucht zwischen Ljubomirs Zeilen:

> *Lieber Ombudsmann! Es gibt da dieses Hammermädel. Ich bin schwer verknallt, und wir haben auch beim Fortgehen schon etwas miteinander gehabt. Aber wenn ich sie frage, ob wir ein Paar sind, sagt sie, sie will eine offene Beziehung. Was meint sie damit? Ljubomir*

Lieber Ljubo, deine Bekanntschaft mit dem Hammer meint damit, dass sie dich gern hat. Gratuliere! Lust hat fast immer etwas mit Freiheit zu tun, und Freiheit wird oft als Risiko erlebt. Vor allem von Menschen mit großen Verlustängsten. Davon erzählen nicht nur die Stacheldrahtzäune an den unmenschlich exekutierten Außengrenzen der Europäischen Union, sondern auch unsere jämmerlichen Versuche, verantwortliches Handeln im zwischenmenschlichen Bereich durch absurde Treueschwüre zu ersetzen.

Kurz gesagt, unter Menschen kann es nur offene Beziehungen geben. Alles andere ist bestenfalls eine Dienstleistung. Abgeschlossen kann eine Beziehung eigentlich nur dann werden, wenn man ihren Wert genau definiert und das Gegenüber entsprechend auszahlt. Amerikas Ureinwohner kannten diese Art der Transaktion übrigens noch nicht, als die Conquistadores erstmals bei ihnen vorbeigeschaut haben. Und das war der Hauptgrund, weshalb sie so sicher waren, es mit Fabelwesen zu tun zu haben. Menschen würden einem doch niemals für Essen, Kleidung oder Hilfe irgendein Tauschgeschäft anbieten, nur um dir anschließend eiskalt den Rücken zu kehren. Da waren sie sicher und bauten ihre Kultstädten ab sofort immer in unmittelbarer Nähe der sich entwickelnden Marktplätze, um vor den neuen Dämonen sicher zu sein.

Mit diesem soziologischen Exkurs wollte ich selbstverständlich nicht andeuten, dass deine Hammerfrau eine Fremde mit rückständiger Kultur sei. Keine Angst, sie ist schon im selben inhumanen kapitalistischen Irrtum gefangen wie du. Und da hält man sich eben eher an Menschen, die eine gewisse Bestimmtheit ausstrahlen. Vielleicht fragst du sie das nächste Mal beim Fortgehen also nicht, ob ihr ein Paar seid, sondern sagst, dass du es schön fändest, wenn es so wäre. Servus!

Bienchen/Blümchen

Liebe Hörerin! Lieber Hörer!

David Zotlöterer schreibt mir ein kurzes E-Mail mit folgender Frage:

Wie war das noch mal mit den Bienchen und den Blümchen?

Lieber David, das ist auf jeder gut sortierten Blumenwiese beobachtbar. Da deine Frage allerdings auf einen gefährlichen zwischenmenschlichen Irrtum zusteuert, möchte ich sie dennoch beamtshandeln. Es ist nämlich folgendermaßen mit den Bienchen und den Blümchen:

Die Blume bildet eine reizvoll gestaltete Blüte aus, in deren Zentrum sie süßen Nektar versteckt, den die Biene haben will. Die Biene kommt also und steckt ihren langen Rüssel in den Nektarkelch, um sich an der Köstlichkeit zu laben. Was die Biene dabei nicht bemerkt, ist, dass auf ihren Füßen Pollen hängen bleiben. Das nämlich ist es, was die hinterlistige Blume mit ihren Verlockungen eigentlich bezweckt. Wenn die nichtsahnende, vom Hunger nach dem süßen Saft blind getriebene Biene nun zur nächsten Blume aufbricht, um zu tun, was in ihrer Natur liegt, nimmt sie die Pollen mit. So verhilft das Insekt, gleichsam als Ermöglicher, der Blume zu ihrer einzig wahren Bestimmung: der eigenen Fortpflanzung. Andernfalls würde die zarte Pflanze austrocknen und unverrichteter Dinge verwelken.

Ich komme nun zu eingangs erwähntem zwischenmenschlichen Aspekt. Lieber David, liebe Jugend, Obacht! Immer wieder versuchen Leute dir weiszumachen, der beschriebene Vorgang hätte irgendetwas mit dem Menschen zu tun. Diese Leute sind gemeingefährlich! Halte dich möglichst von ihnen fern. Servus!

Bienchen/zertreten

Liebe Hörerin! Lieber Hörer!

Wie du weißt, bin ich der Meinung, dass nur Solidarität die Menschheit mittelfristig vor einem erneuten Rückfall in die Barbarei, die unter anderem das 20. Jahrhundert so farbenprächtig gemacht hat, retten kann. zwergengel kommt zu einem ähnlichen Schluss...

> *Lieber Ombudsmann! Ich habe das Gefühl, jeder schaut nur mehr auf sich. Wie kann man die Menschen zu mehr Zusammenhalt bringen? Peace, zwergengel*

Liebe oder lieber zwergengel, an dieser Frage beißen sich momentan weltweit kluge und äußerst kluge Menschen sämtliche Zähne aus. Dein Ombudsmann hingegen versagt niemals.

Die Frage war: Wie können wir die Menschen zu mehr Zusammenhalt bewegen? Die Antwort lautet: indem wir noch diesen Frühling im Sinne des Gemeinwohls möglichst viele Bienen zertreten. Jössas, denkst du, das ist aber ziemlich hart, die Biene ist doch weit mehr als nur der Selbstmordattentäter unter den Tieren! Und du hast völlig recht. Die Biene schenkt uns Honig, bzw. nehmen wir ihn ihr weg, und darauf folgen dann ihre Selbstmordattentate. Das emsige Tier bestäubt außerdem bekanntlich alles Mögliche, und das kann dann blühen und Früchte tragen. Wenn das keiner tun würde, gäbe es eine Zeit lang noch Algen und Sushi zu essen, wachsen würde aber nichts mehr. Irgendwer muss also bestäuben. Ob das jetzt die Bienen machen oder sonst jemand ist genau genommen belanglos. Maja und Willi erledigen diesen mühseligen Job derzeit vor allem, weil sie nicht intelligent genug sind, das Bestäuben zu delegieren, und alle anderen sind froh, wenn sie es nicht machen müssen, und wenn sie der

Biene im Büro auf dem Flur begegnen, versuchen sie, ihr möglichst nicht aufzufallen. Im Sinne des Gemeinwohls ist diese unvornehme Zurückhaltung allerdings kontraproduktiv. Richtig wäre, wie gesagt: zertreten. Wenn nämlich die Bienen aussterben, muss erst einmal der Mensch übernehmen, wenn er seinen Lebensstandard halten will. Die Weltbevölkerung wäre schlagartig jenseits sozialer Klassen rund um die Uhr mit Bestäuben beschäftigt. Eine Welle der Resolidarisierung wäre die Folge, wie sie nur durch flächendeckendes Bienenbashing erzwungen werden kann. Liebe oder lieber zwergengel, ich sehe momentan keinerlei Alternativen. Servus!

Blätter

Liebe Hörerin! Lieber Hörer!

Captain Jerk schreibt:

> *Lieber Ombudsmann, ich liebe den Winter, weil die Bäume ohne Blätter viel ästhetischer sind. Findest du nicht? Könnte man das nicht so lassen? Liebe Grüße, Captain Jerk*

Lieber Captain, hast du denn gar nichts übrig für flüchtige Blicke in von sanftem Wind erfasste, glitzernde Laubbaumkronen? Also ich stehe oft stundenlang da und staune, wie die Blätter eines sind und gleichzeitig viele. Wie sich jedes einzelne bewegt und wie dazwischen die eigentliche Bewegung ist, wie man durchsehen kann und doch niemals vorbei.

Wenn ich dann seelenruhig nach hinten kippe und schleichend mein Bewusstsein verliere, fühle ich mich daran erinnert, wie mein Neffe Otto den Diavortrag über seine Polynesienreise gehalten hat und uns getrocknete Pilze hat kosten lassen, eine raffinierte hawaiianische Spezialität. Die hat man erst einspei-

cheln müssen und im Mund behalten und dann herunterschlu-
cken. Der Otto dürfte die Pilze allerdings nicht korrekt gelagert
haben, und offensichtlich sind sie während des Transkontinen-
talfluges verdorben. Jedenfalls begannen meine Gattin Ilse und
ich etwa fünfundvierzig Minuten nach Konsum der exotischen
Leckerbissen an albernen Vergiftungserscheinungen zu leiden.

Ich kann mich heute nur mehr bruchstückhaft erinnern.
Fest steht, dass ich mich mehrere Stunden mit der Fernbedienung des Diaprojektors über die Frage unterhalten habe, ob das
Mitsummen des Klaviervirtuosen Glenn Goulds und das Stöh-
nen des Tennishandwerkers Thomas Muster beides Manifesta-
tionen der menschlichen Sehnsucht nach Selbstauflösung in der
zweiten Hälfte des 20. Jahrhunderts und damit ähnlichen Ur-
sprungs seien. Als die Fernbedienung sich bald in einer Dualis-
mus Spirale verfing, habe ich aber lieber raus in den Hof auf den
Kastanienbaum geschaut – und da waren sie, diese flirrend tan-
zenden grellgrünen Röckchen. Um deine Frage zu beantworten,
lieber Captain Jerk, Blättchen sind jedenfalls besser als Nadeln.
Servus!

Bonzen

Liebe Hörerin! Lieber Hörer!
Die Anita ist sehr zornig. Sie schreibt:

> *Lieber Ombudsmann! Trotz Krise und allem geht es einfach
> so weiter wie vorher. Wer nicht mit goldenem Löffel im Mund
> geboren wurde, muss sein Leben lang kämpfen, während sich
> die Bonzen rücksichtslos die Taschen vollstopfen. Warum be-
> seitigen wir die Schweine nicht einfach? Weil freiwillig schlei-
> chen sie sich ja offenbar nicht.*

Liebe Anita, die Wiege unserer mitteleuropäischen Version von Demokratie steht bekanntlich keineswegs in Athen, sondern in Paris. Und die Geburt unserer aufgeklärten Solidargemeinschaft ist tatsächlich einigermaßen blutig abgelaufen. Aus bequemer Distanz stellt man sich so eine Abschaffung des feudalabsolutistischen Ständestaates ganz einfach vor. Es läutet morgens an der Bastille:

> *»Palim, Palim! Nous sommes les agriculteurs français. Wir sind die französischen Bauern. Wir sind gekommen wegen Freiheit, Gleichheit, Brüderlichkeit. Können wir in friedliche Verhandlungen eintreten, s'il vous plaît?«*

> *»Einmal Freiheit, Gleichheit, Brüderlichkeit kommt sofort. Wollen Sie Pommes frites dazu? Haben Sie eine Kundenkarte? Oh! Ich sehe, Sie haben heute Geburtstag, liebe Demokratie. Herzlichen Glückwunsch! Auf das Eau de Toilette kann ich Ihnen fünfzehn Prozent geben.«*

So gemütlich war die Französische Revolution keineswegs. Ihre Mütter und Väter waren zu allem bereit. Naturgemäß haben sie dabei auch einiges übersehen. Zum Beispiel wurde die Religion viel zu überstürzt abgeschafft. Heute weiß jedes Kind, das christliche Märchen hatte der herrschenden Klasse entscheidend dabei geholfen, ihre absolute Machtstellung zu naturalisieren. Zu Beginn der Revolution war aber noch keine stabile Mehrheit der Menschen aufgeklärt genug, um das begreifen zu können. Die Revolutionäre mussten einen Rückzieher machen, und man veranstaltete zur Besänftigung des Volkszorns absurde Feste zu Ehren eines »höchsten Wesens«, wodurch wiederum in den eigenen Reihen Vertrauen verspielt wurde und man zum Machterhalt zahlreiche Mitstreiter beseitigen musste, nur um schlussendlich selbst beseitigt zu werden. Da gehen wir progressiven Kräfte heute schon deutlich zivilisierter miteinander um, und ich schlage vor, wir bleiben vorerst dabei und lassen die Guillotinen noch im Museum. Servus!

Brav sein

Liebe Hörerin! Lieber Hörer!
Die Paula ist schon acht Jahre alt und will jetzt endlich wissen:

> *Lieber Herr Ombudsmann! Haben mich meine Eltern mehr lieb, wenn ich brav bin? Deine Paula*

Liebe Paula, brav sein kann sehr viel Verschiedenes bedeuten. Zum Beispiel kann es heißen, dass du ehrlich bist oder verlässlich. Das ist eigentlich immer gut. Mit »brav« kann aber auch gemeint sein, dass du gehorsam bist, also immer das machst, was dir deine Eltern oder sonst jemand befiehlt. Dann heißt es zum Beispiel »Bring den Mülleimer runter!« oder »Mach deine Hausaufgaben!«, ganz ohne Erklärung und ohne bitte zu sagen. Und wenn man es dann nicht gleich macht, werden sie stinkesauer. Und wenn man dann den Müll runtergebracht oder die Hausaufgaben gemacht hat, dann befehlen sie gleich das Nächste. Ich glaube aber nicht, dass sie das so machen, weil sie böse sind oder einen nicht lieb haben, sondern weil sie es nicht besser können.

Deshalb ist es manchmal ganz gut, wenn man ein bisschen ungezogen ist und die Sachen nicht genau so macht, wie sie einem befohlen werden. Wenn die Eltern nachher nämlich fragen, warum man das jetzt nicht gemacht hat, und man ihnen ruhig erklärt, dass man die Sachen durchaus gerne machen würde, wenn sie bitte sagen und höflich bleiben und vielleicht auch noch erklären würden, warum sie wollen, dass man den Müll runterbringt oder Hausaufgaben macht, dann bemerkt man gut, wie lieb sie einen wirklich haben. Nämlich schon relativ. Servus!

Bussi links/Bussi rechts

Liebe Hörerin! Lieber Hörer!

Frau Magister Helga Kalthuber hat buchstäblich die Schnauze voll:

> *Lieber Ombudsmann! Mich nervt dieses ewige Bussi links/ Bussi rechts enorm. Wo kommt das eigentlich her? Und wieso reicht nicht ein Bussi auf eine Wange?*

Liebe Helga, der Ursprung des Kusses auf den Mund ist ein durchaus profaner und doch intimer. Die Eltern zerkauen das Essen für ihr Kind und erleichtern ihm so die Nahrungsaufnahme. Von Mund zu Mund findet die Mahlzeit ihren Weg in den Stoffwechsel des Nachwuchses. Im Laufe der Zeit entwickelte sich aus diesem Vorgang eine Geste des Vertrauens und der geteilten Wertschöpfung. Rudimente ihrer Provenienz kannst du nachempfinden, wenn ein Adressat deiner Zungenküsse die Zahnpflege vernachlässigt.

Das Bussi auf die Wange hingegen drückt diametral Gegenteiliges aus. Wir prüfen nach: Wie viel Nahrung ist in den Backen des Gegenübers gespeichert? Würde es sich lohnen, seinen Schädel zu spalten, um Brot darin vorzufinden? Eine Geste also von Misstrauen und Neid, die schnell und unbürokratisch zum tätlichen Angriff verdichtet werden kann. Bleibt die Frage, weshalb wir so bereitwillig beide Wangen zur Evaluierung bereitstellen. Lass mich in diesem Zusammenhang den Evangelisten Lukas zitieren: »Liebt eure Feinde; tut wohl denen, die euch hassen; segnet, die euch verfluchen; bittet für die, die euch beleidigen. Und wer dich auf eine Backe schlägt, dem biete die andere auch dar.«

Servus!

– C –

Casablanca

Liebe Hörerin! Lieber Hörer!

»*Play it again, Ombudsmann!*«, sagt der Thom aus Eisenstadt, wobei – nein, er sagt es doch nicht, weil der Satz kommt ja in »Casablanca« gar nicht vor, und er möchte aber wissen, warum es ausgerechnet vom besten Film aller Zeiten noch nie ein Remake gegeben hat.

Nun, lieber Thom, meine These ist einfach und bestechend: In »Casablanca« wird andauernd geraucht. Und die omnipräsenten Rauchschwaden haben durchaus Symbolcharakter. Liebeskummer und Gewissenskonflikte schwelen und wabern in den Rauchwolken genauso mit wie der innere Aufruhr, in dem sich sämtliche wesentlichen Figuren befinden. Heute würden diese Leute vom Psychiater eingestellt werden, und »Casablanca« wäre ein Drei-Minuten-Kurzfilm. Das lohnt sich dann für keinen Verleih mehr.

Andererseits: Man wird ja noch träumen dürfen. Als Ilsa Lund kommt statt Ingrid Bergman für das Remake eigentlich nur eine in Frage: Scarlett Johansson mit Sonnenhut, weil ihre Haut ganz angegriffen ist wegen der Psychopharmaka, und ihr Mann ist nicht mehr ungarischer Widerstandskämpfer auf der Flucht vor den Nazis, sondern eher der Typ Julian Assange mit stark von den Tabletten beeinträchtigter Wahrnehmung, gespielt von David Beckham in seiner ersten großen Kinorolle. Die Turteltäubchen interessieren sich für den arabischen Frühling und kommen nach Casablanca in den Club von Humphrey Bogart bzw. natürlich George Clooney. Dort herrscht selbstverständlich striktes Rauchverbot, und Scarlett Johansson bittet die Black Eyed Peas, dass sie noch einmal *ihr Lied* spielen, »wegen der alten Zeiten«. Es folgt eine A-cappella-Version von »I gotta Feeling, tonight' s gonna be a good night«, der Laden kocht, George Clooney stürzt herbei: »Will.i.am, I told you never to play… – Oh! Das ist doch…«

Nach Sperrstunde, beim Grübeln, ob er seinem Nebenbuhler David Beckham eine Aufenthaltsgenehmigung besorgen soll, übertreibt George Clooney es mit den Tranquilizern und übergibt sich. Da weiß man dann auch erst, wieso sich Wim Wenders für 3D entschieden hat! Man kann die Bröckerl fast angreifen.

In dieser Version bleibt Scarlett Johansson am Schluss in Casablanca und beteiligt sich an vorderster Front an der grünen Energiewende. Und David Beckham darf auch bleiben, allerdings mit elektronischer Fußfessel. Der Beginn einer wunderbaren Freundschaft. Servus!

Crash, der ganz große

Liebe Hörerin! Lieber Hörer!
Die Maja fürchtet sich vor dem kommenden Untergang.

Lieber Ombudsmann! Mein Cousin sagt, bald kommt der ganz große Crash, unser Wirtschaftssystem bricht zusammen, und dann wird alles anders. Stimmt das und wie wird es danach? lg, Maja

Liebe Maja, äh, ja.

Und was war noch? Richtig! Für die Zeit nach dem ganz großen Crash kursieren auf den internationalen Ombudsmänner-Konferenzen im Wesentlichen zwei Szenarien:

Szenario 1 geht davon aus, dass die Politik sich ihrer Verantwortung besinnt, endlich die Karten auf den Tisch legt und die Bevölkerung darüber in Kenntnis setzt, dass sämtliche Euromünzen aus feinster Alpenmilchschokolade bestehen und alles nur ein groß angelegter Faschingsscherz war, den die Bilderberger jahrzehntelang auf ihren Geheimtreffen ausgebrütet haben.

Szenario 2 malt in deutlich dunkleren Farben. Hier zerbricht nach dem ganz großen Crash die bereits genannte, einzige vernünftige Idee, die der Mensch je gehabt hat: die Solidargemeinschaft. Endlich versteht auch »slow Joe in the last row«, dass eine deregulierte Wirtschaft zwar durchaus Chancengleichheit und Freiheit erhöhen kann, aber nur, wenn vor dem Deregulieren alles, was es gibt, gerecht unter allen Menschen verteilt wird. Wenn man diesen wichtigen Schritt auslässt, profitieren naturgemäß vor allem diejenigen vom freien, deregulierten Markt, die sich vorher schon, in einem strengst möglich regulierten System, wie etwa der Feudalwirtschaft, mittels Sklavenarbeit etc. eine gute Ausgangsposition geschaffen haben.

Das verstehen also laut Szenario 2 plötzlich alle – sogar unmittelbar nach dem ganz großen Crash –, aber es ist trotzdem zu spät. Die hundert reichsten Menschen der Welt steigen zusammen mit den tausend Klügsten und den fünfhunderttausend Stärksten in ein gewaltiges Raumschiff und verlassen die Erde Richtung Mars, wo längst eine fertige Wellness-Oase auf sie wartet mit einem goldenen Fernrohr, durch das sie schmunzelnd den Untergang der alten Erde beobachten, während Elvis Presley einen Aperitif serviert.

Also, liebe Maja, wenn du mich fragst, Szenario 1 ist wesentlich realistischer. Servus!

– D –

Dalai Lama

Liebe Hörerin! Lieber Hörer!
Wolfbagger aus dem Internet macht sich Sorgen um seine Heiligkeit…

> *Lieber Ombudsmann! Ich habe gehört, der Dalai Lama will seinen Job aufgeben. Jetzt habe ich mich gefragt, wovon der lebt, wenn er nicht mehr Dalai Lama ist. Bitte hilf mir, wolfbagger*

Liebe oder lieber wolfbagger, vielleicht geht er in die Kundün-Beratung. Spaß beiseite! Der unfreiwillige Wahlinder Lhamo Dhondrub hat seine Funktion als politischer Führer der Exil-Tibeter längst aufgegeben. Einen neuen Job hat er bisher nicht gefunden. Wenn er in Lhasa zum Arbeitsamt kommt, wird ihm an der Jobbörse wohl das Stigma des schwer Vermittelbaren anhaften. Ein überfreundlicher Greis, der es von Kindesbeinen an gewöhnt ist, mit »Seine Heiligkeit« bzw. »Ozeangleicher Lehrer« angeredet zu werden, da bleibt vermeintlich nur Kaufhausweihnachtsmann oder Special-Interest-Edelescort.

Mir fällt momentan offen gestanden nur eine weitere Funktion ein, in der ein separatistisch erfahrener, volksnaher Reinkarnationsprofi mit Vorliebe für die Farbe Orange punkten könnte. Dass der 14. Dalai Lama aber bei der kommenden Nationalratswahl als Jörg-Haider-Double ins Rennen geht, darf als ähnlich unwahrscheinlich gelten wie dass er ein Chinarestaurant eröffnet.

Für beides wäre der Friedensnobelpreisträger nicht nur deutlich überqualifiziert, auch sein Sinn für Humor dürfte ihm dabei eher im Weg stehen. Mit den Worten des baldigen verdienten Ruheständlers gesprochen: »Wenn Leute lachen, sind sie fähig zu denken.« In diesem Sinne, einen fröhlichen Start in die Arbeitswoche und servus!

Darklord3

Liebe Hörerin! Lieber Hörer!
Der Dominik ist auf Alderaan und in Aufruhr...

> *Lieber Ombudsmann, mein Arschloch-Vater nervt mich jeden Tag, ich soll nicht so viel Darklord3 spielen, sondern hinaus gehen in die echte Natur. Was kann ich dem Opfa sagen, damit er mich endlich in Ruhe lässt? Dominik*

Lieber Dominik, so altbacken und bieder die Definition deines Vaters von Virtualität auch sein mag, deine wenig subtile Reaktion ist kontraproduktiv. Die barocken Ausfälligkeiten werden dir im Ernstfall ja doch nur als feiger Ausdruck vermeintlicher Sehnsucht nach seiner Liebe und Aufmerksamkeit zurückgeschnalzt. Wenn du dir etwas Freiraum verschaffen willst, geht das viel eleganter mit folgendem, trocken vorgetragenem Monolog:

> *»Der Begriff Natur wird doch heute in erster Linie angewendet, um die traurigen Ergebnisse dessen zu benennen, was Hunderte Jahre Kultivierung und Zivilisation aus jener Welt gemacht haben, die wir in taumelnder Hybris die unsrige nennen und die im Übrigen natürlich niemand gefragt hat, ob sie überhaupt kultiviert und zivilisiert werden möchte.«*

An dieser Stelle darfst du den Blick keinesfalls vom Bildschirm abwenden, sondern solltest, um die gewünschte Wirkung zu erzielen, wie nebenbei fortfahren:

»*Jeder Spaziergang in Mitteleuropa ist insofern nichts anderes als ein ignorantes Lustwandeln durch die Resultate einer Vergewaltigung.*«

Ich bin sicher, dein Vater wird sich spätestens an dieser Stelle bemühen, die Tür zu deinem Jugendzimmer möglichst behutsam von außen zu schließen, sodass du kein Level verlierst, und wird von nun an geduldig deine Volljährigkeit abwarten, ohne weiter zu stören. Ich hoffe, ich habe helfen können. Grüße an die Eltern und servus!

Dax

Liebe Hörerin! Lieber Hörer!

Der Sagmeister Uschi ist etwas aufgefallen. Sie schreibt:

> *Lieber Ombudsmann! Jeden Tag sagen sie in den Nachrichten, dass es den Finanzmärkten schlecht geht und wir sie retten müssen. Warum sagt nicht jeden Tag wer, dass es der Umwelt schlecht geht und wir sie retten müssen oder einem Drittel der Bevölkerung? lg, Uschi*

Lustig, dass du das ansprichst, liebe Uschi! Meine Ilse und ich, wir denken uns in letzter Zeit auch oft beim Nachrichtenhören: Von zehn Leuten in unserem Bekanntenkreis besitzen zehn keine Aktien. Worüber werden wir also gerade informiert, wenn uns der Dax und seine lustigen Freunde vorgestellt werden?

Ich weiß es wirklich nicht genau. Und das ist selten.

Grundsätzlich möchte ich in unserer Gesellschaft eine große Diskrepanz diagnostizieren zwischen dem, was man in der Öffentlichkeit darstellt, und dem, was die Öffentlichkeit betrifft.

Immer mehr Jugendliche sind heute zum Beispiel akut armuts-
gefährdet, aber gleichzeitig sehr modisch gekleidet, weil ihre Leibchen von chinesischen Altersgenossen hergestellt werden. Die
jungen Menschen verkleiden sich also mit inhuman produzier-
ten Discounttextilien, damit sie ihre eigenen prekären Lebens-
umstände nicht wahrnehmen müssen, und verlieren so kontinu-
ierlich ihre Interessenslagen aus den Augen. So wird das Prinzip
Mode mehr und mehr zum politischen Programm.

Die Mächtigen machen sich unsichtbar, indem sie uns nur
mehr in Form eines zeitgemäß inszenierten Index gegenübertreten, an dem wir uns unreflektiert orientieren sollen. Aber
Herrschaft hat immer schon stark über Bilder und Zeichen funktioniert, mit denen sich der Untertan identifizieren kann. Wenn
ihr nicht bald etwas Neues einfällt, zerstört die derzeitige Elite
sich also gerade selbst. Immerhin schrumpft die Gruppe von
Menschen, die bereit sind, sich vor einem Dax zu verbeugen,
meinen Recherchen zufolge von Tag zu Tag. Das Wetter.

Delfin

Liebe Hörerin! Lieber Hörer!
oliversackshardy303 möchte sich verändern. Er schreibt:

> *Jetzt bin ich schon siebzehn Jahre auf dieser Welt. Seit zwei
> Jahren denke ich auch sehr viel über mich und meine Zukunft
> nach. Ich glaube nicht, dass ich ein Mensch werden will. Was
> könnte ich stattdessen werden, und wie schwierig wird es?
> Respect! oliversackshardy303*

Lieber oliversackshardy303! Ich habe eine schlechte Nachricht
für dich: Du bist mit relativ hoher Wahrscheinlichkeit bereits ein
Mensch. Oder du bist ein kurioser Wunderdelfin aus Amerika

und hast besinnungslos mit der Schwanzflosse auf die Laptop-Tastatur deines Pflegers eingedroschen, dabei einen sensationellen Glückstreffer nach dem anderen gelandet und so eine mehr oder minder sinnvolle E-Mail verfasst.

Gegen zweitere These spricht, dass du von Selbstreflexion berichtest, was Delfine ausnahmslos nicht betreiben, und auch ihre Zukunft planen diese Tiere nicht sehr weit voraus. Die meiste Zeit schwimmen sie auf gut Glück großen Kreuzfahrtschiffen hinterher und fressen deren gedankenlos in den Ozean entsorgte Küchenabfälle. Und sie stören sich auch nicht daran, wenn hin und wieder ein paar Exkremente dabei sind. Die Wahrnehmung eines Delfins ist nämlich wenig differenziert und dient nicht etwa der Herstellung spannender Zusammenhänge. Sie läuft größtenteils über Ultraschallwellen ab und soll in erster Linie verhindern, dass er gegen einen Felsen prallt. Alle zwei Stunden schuppt sich der Delfin, um den Strömungswiderstand zu verringern und so schneller an das heranzukommen, was eine Gruppe Rentnerinnen nicht mehr hinuntergekriegt hat, bevor sie zur Informationsveranstaltung ins Oberdeck aufgebrochen sind. Eines nicht allzu fernen Tages schließlich verendet der Delfin qualvoll als Beifang in einem Thunfischtreibnetz.

Lieber oliversackshardy303, der langen Rede kurzer Sinn: Du bist wahrscheinlich eher kein Delfin, sondern ein Mensch, und das ist gar nicht so übel. Wenn du trotzdem noch auf Delfin umschulen willst, rate ich dir, dich langsam an dein neues Selbst heranzutasten. Du kannst ja für den Anfang einmal im Sommer am Wörthersee mit offenem Mund den Tretbooten nachschwimmen. Viel Glück für deine Zukunft und servus!

Die neuen Zeiten

Liebe Hörerin! Lieber Hörer!

Die Julia möchte wissen:

Lieber Ombudsmann! Was sind die neuen Zeiten?

Liebe Julia, ich danke dir für diese poetische Frage. Was sind die
neuen Zeiten? Lass mich ein wenig ausholen. Bzw. muss ich ja gar
nicht um Erlaubnis fragen, denn es ist meine Sendung, und hier
mache ich, was ich will. Also: Am Südwestende des Toten Mee-
res, auf einem frei stehenden Tafelberg Namens Masada, kann
man eine wunderschöne Ruine aus der Zeit des Königs Herodes
besichtigen. Das ist der mit dem Kindermord von Bethlehem.
Der Kindermord steht allerdings nur in der Bibel.

In seriöseren Publikationen ist nachzulesen, dass auf der
Festung Masada 73 nach Christus neunhundertdreiundsiebzig
Freiheitskämpfer, aber auch Frauen und Kinder – die hat man
allerdings nicht so genau abgezählt –, von fünfzehntausend römi-
schen Soldaten belagert wurden. Als die Lage aussichtslos geworden war, beschlossen die Belagerten, lieber in Freiheit zu sterben,
als den Römern in die Hände zu fallen. Dann wurde ausgelost,
wer die anderen umbringen muss und dann natürlich auch sich
selber, und als die Römer die Festung schließlich stürmten, fan
den sie nur mehr Leichen vor. Masada ist seither ein wichtiges
Symbol für den Selbstbehauptungswillen Israels.

Nachdem die ganze Anlage mitten in der Wüste steht, lohnt es
sich für die israelischen Mobilfunkbetreiber jedoch nicht, dort
für Netzabdeckung zu sorgen. Die nächste jordanische Stadt wiederum liegt so nahe, dass sich mitgebrachte Mobiltelefone automatisch in die dortigen Netze einwählen. Wenn man also heutzutage zu einer Bar-Mizwa auf die Festung Masada geht, wird man

begrüßt mit folgender SMS: »Willkommen in Jordanien«. Das, liebe Julia, sind die neuen Zeiten. Servus!

Drogen

Liebe Hörerin! Lieber Hörer!

Der Pascal schreibt:

> *Lieber Ombudsmann, ich möchte demnächst Drogen aus-*
> *probieren. Was soll mir schon Schlimmes passieren. Das*
> *Schlimmste ist mir ja schon passiert: Ich bin auf dieser Welt,*
> *die so durchschaubar und einsam ist.*

Lieber Pascal, wenn man so wie du offenbar die Welt völlig durch-schaut hat, bleiben einem nur drei Möglichkeiten, sein Leben un-verzagt weiterzuführen: 1. Du nutzt den Durchblick zu deinem Vorteil, 2. Du versuchst etwas zum Positiven zu verändern, oder du schaust 3., dass immer genug Drogen im Haus sind.

Die legale Spanne reicht hier von Schokolade über Facebook bis zum Alkohol. Oder, wenn es etwas Ausgefalleneres sein darf: Bilsenkraut, Engelstrompete, Stechapfel oder Fliegenpilz. Die Wirkstoffe, die aus kulturellen Gründen bei uns verboten sind, kann ich nicht empfehlen, weil sonst kommst du ins Gefängnis und ich auch. Wobei wir nach den puritanischen Nullerjahren derzeit durchaus wieder auf eine solide Verherrlichung bewusst-seinserweiternder Substanzen zusteuern.

Ein Revival erleben vor allem jene Wirkstoffe, die verborgene Aspekte unserer Persönlichkeit zutage fördern. Wir Menschen erkennen einander ja, wie du weißt, in erster Linie an dem, was wir voreinander zu verstecken versuchen. Der Wunsch, erkannt zu werden, der Wunsch nach Transparenz und Vereinigung wird dringlicher, je mehr wir das, was wir unsere Welt nennen, vereinfachen und dadurch durchschaut zu haben glauben, woraufhin wir vereinsamen, wie du richtig schreibst, lieber Pascal.

Wenn es schon unbedingt sein muss, rate ich dir im Sinne des Rundfunkgesetzes noch einmal, bleib bei den legalen Drogen, lass dir deinen Durchblick aber ruhig manchmal ein wenig verrücken und schau dir dann gute Kunst an. Eine der Qualitäten von guter Kunst ist nämlich: Auf Drogen behält sie ihre Relevanz, ihre Bedeutung dehnt sich, anstatt in sich zusammenzusacken. Sie bietet Einblick in ungeahnte Möglichkeitsräume. *Trotz* der Drogen. Je schlauer du bist, desto schneller fällt dir dieses *trotzdem* auf, und du lässt dann die Drogen weg, wirst hundertfünfzig Jahre alt und bleibst dabei gespannt auf unsere wunderschöne einzige Welt. Servus!

– E –

Eigentlich

Liebe Hörerin! Lieber Hörer!
Heute möchte ich der sehr grundsätzlichen Frage eines jungen Germanisten aus Leipzig den nötigen Raum geben...

Hallo Sie, wieso eigentlich? Björn

Lieber Björn. Eine sehr gute Frage. Wieso eigentlich? Nun, deshalb: Die Konstruktion der Eigentlichkeit ermöglicht es den größten Verbrechern unserer Zeit, ihre niederträchtigen Ziele zu verfolgen, ohne sofort verhaftet zu werden.

Die Behauptung der Eigentlichkeit befähigt sie sogar, faktisches Unheil umzukehren und als Heil darzustellen. Das Böse ist eigentlich gut. Das Uninteressante ist eigentlich spannend. Das Ungerechte eigentlich gerecht. Du bemerkst: Hier wird behauptet, es gäbe einen Ursprung, eine Wirklichkeit, die du irgendwann kennenlernen wirst, wenn du den Gangstern nur ausreichend vertraust und ihnen regelmäßig große Teile deiner Freiheit einräumst. Das ist natürlich eine glatte Lüge, die man schnell durchschaut hat.

Deshalb brauchen die Verbrecher zum Zeitgewinn dieses Wörtchen »eigentlich«. Bevor du dich jetzt aber fieberfröstelnd nach authentischen Ursprung Buam, die dich nicht belügen, zu sehnen beginnst, lass mich dir versichern, dass es eine spannendere und weniger lieblose Frage gibt als das verzweifelte »Wieso eigentlich?«, und die lautet: »Wieso eigentlich nicht?«

Servus!

Einkaufszentrum

Liebe Hörerin! Lieber Hörer!

Kathy aus Innsbruck is looking for freedom…

> *fm4 ombudsmissgeburt! jetzt kannsch di endlich amal nütz-*
> *lich machen. sag amal meine eltern, dass sie sicher nit bestim-*
> *men werden, dass i ins Z6 gehen soll. i geh in sillpark wann i*
> *will. i bin a freier mensch und lass mir mei freiheit sicher nit*
> *nehmen!*

Liebe Kathy, die fordernde Eröffnung deiner Nachricht führt hinein in die entmutigende Welt einer jungen Frau, die Tag für Tag
in der beengten Atmosphäre Innsbrucks erwachen muss und mit
einem heißhungrigen Hilfeschrei nach Frischluft versucht, ihr
Kinderzimmerfenster aufzureißen, was aber wieder und wieder
misslingt, weil der Berg so nahe am Fenster anfängt.

Warum du dir allerdings von einem Jugendzentrum wie dem
Z6 weniger Befreiung erhoffst als ausgerechnet vom Besuch einer Shopping Mall, will mir nicht klar werden. Moderne Ein-
kaufszentren dienen dem Menschen weniger als Brücken in
die Freiheit denn vielmehr als lebensbegleitende Selbstjustiz-
zentralen. Zu besänftigenden Klängen von André Rieu oder
Kruder&Dorfmeister werden wir dort Schritt für Schritt dazu
erzogen, uns selbst für jedes noch so leise Aufkeimen unseres
Freiheitsdranges zu bestrafen: Schon als Kleinkinder baden wir
vermeintlich vergnügt in vergitterten Bällchenpools, bevor wir
uns als Jugendliche im ersten Stock Stahlstifte ins Fleisch jagen
lassen. Endlich erwachsen, erstehen wir schließlich ganz hinten
im Erotikshop dürstend diverse Folterwerkzeuge, bevor dann jemand für uns Greise im Keller schmucklosere Gurte einkaufen
geht, die uns endgültig ans Bett fesseln. Es ist natürlich nicht in

Ordnung, liebe Kathy, dass deine Eltern dir zu wenig Freiraum
gewähren, aber so sehr einsperren wie ein Einkaufszentrum können sie dich gar nicht. Und wenn sie es doch einmal versuchen
sollten, wissen die Leute im Z6 bestimmt, wie du dich dagegen
am besten wehrst. Servus!

Einparken

Liebe Hörerin! Lieber Hörer!

Seit nunmehr sechs Jahren darf ich von dir und deinen Anfragen
lernen. Zum Beispiel, dass die Sprache der Liebe sich seit meiner
Jugendzeit merklich verändert hat. Vor allem ist sie deutlich kon-
kreter und lösungsorientierter geworden. Die Jolanda schreibt:

> *Folgendes: Mein Freund kann nicht einparken. Soll ich ihn
> erschießen? Bussi, Jolanda*

Liebe Jolanda, nachdem dein Schreiben ein gewisses Indiz für
einen Vorsatz darstellt und ich es soeben circa dreihunderttausend Menschen vorgelesen habe, wirst du vor Gericht wohl allen-
falls dann mit Totschlag im Affekt durchkommen, wenn du die
richtigen Leute kennst.

Vor diesem Hintergrund empfehle ich eine gründliche Evaluierung deiner Kosten-Nutzen-Rechnung. Ich weiß, du bist bewaffnet, und es steht mir nicht zu, dich unsanft aus befreienden
Träumen zu wecken, aber dein Lebensgefährte wäre nach dem
Erschießen tot. Zusätzlich zur Unbill einer Freiheitsstrafe wäre
also auch noch der Verlust eines lieben Menschen zu verkraf-
ten. Nimm dir nicht zu viel auf einmal vor. Alleine aus Selbst-
schutz.

Mein Tipp für dich: Passe deine Sanktionen der Schwere der
jeweiligen Vergehen deines Freundes an. Man muss ihm nicht

gleich einen Finger abschneiden, wenn dem Partner ein Tön-
chen entweicht, ein Bauchstich löst nicht jeden Shoppingstreit,
und auch der abgetrennte Pferdekopf unter der Bettdecke ist nur
vermeintlich eine Garantie für mehr Ausdauer beim Liebesspiel.
Versuch es einmal mit zwicken oder reden. Eines davon wird
schon helfen. Und wenn dein Freund nicht einparken kann, dann
lass ihn eben nicht mehr ans Steuer. Servus!

Eisheilige

Liebe Hörerin! Lieber Hörer!
Der Branco will etwas hinterfragt wissen und schreibt:

> *Lieber Ombudsmann! Jedes Jahr um diese Zeit wird behaup-*
> *tet, es kommen die Eisheiligen. Aber wer war zum Beispiel*
> *eigentlich dieser Pankratius, und warum nimmt er sich so*
> *wichtig? CU Branco*

Lieber Branco, die Eisheiligen sind erfunden worden, damit man
jemandem die Schuld geben kann, wenn im Mai schon alle mit
der kurzen Hose in der Wiese sitzen wollen und es aber nicht
geht, weil es zu kalt ist. Zufällig enden die Namen von drei hin-
tereinander im Kalender eingeteilten Heiligen auf -us, derlei
Kuriosa mag der Abendländer und erfindet sich dann irgendetwas rundherum.
    Pankratius selber war Phryger c/o Kleinasien, ein Landsmann
des berühmten Königs Midas, des sogenannten Goldmidas,
der nach einem Missgeschick mit den Göttern mit Eselsohren
herumrennen musste, die er unter einer sogenannten Phrygischen Mütze verbarg, einem gegerbten Stier-Hodensack samt
umliegender Fellpartie. Warum setzt sich jemand den Beutel eines Nutzviehs auf? Nun, nach der mythischen Vorstellung der

Phryger sollen so die besonderen Fähigkeiten des Stieres auf den Träger der Mütze übertragen werden.

Ich nehme an, unter »besondere Fähigkeiten« wurden folgende positive Eigenschaften subsumiert: Kraft, Ungestümheit bzw. Potenz und nicht Sabbern oder Beim-Fressen-im-eigenen-Kot-Stehen geschweige denn Nicht-bemerken-wenn-man-statt-in-eine-Kuh-in-einen-Plastikschlauch-vom-Tierarzt-ejakuliert.

Lieber Branco, es ist mit dem heiligen Pankratius und seiner Phrygischen Mütze also ein wenig so, wie wenn jemand regelmäßig im Fernsehen die Börsen-News verfolgt und hofft, sein Geld verliert dadurch langsamer an Wert.

Servus!

Elite

Liebe Hörerin! Lieber Hörer!

Bevor wir jener bereits mehrfach genannten, einzig vernünftigen Idee, die wir jemals gehabt haben, der Solidargemeinschaft, endgültig gedankenlos den Rücken kehren, wollen wir unser Ohr freundlicherweise noch kurz der Hilde leihen:

Lieber Ombudsmann! Ich bin im siebten Monat schwanger. Dazu zwei Fragen: Soll ich mein Kind eher in den Elite-Privatkindergarten geben – nur einheimische Kinder – oder in den städtischen, wo ein Drittel von woanders her kommt, und muss *dieses beschissene Hohlkreuz wirklich sein? Danke, Hilde*

Liebe Hilde, bis vor Kurzem haben Frauen noch einen Großteil ihres Lebens schwanger verbracht, und während dieser Zeiten nimmt das Gewicht im Bauchbereich so stark zu, dass eine Frau sich unmöglich auf zwei Beinen halten könnte, wenn sie sich nicht extrem stark nach hinten beugte. Den Schwangeren zuliebe hat die weibliche Rückenstruktur vor allem im Bereich der unteren Lendenwirbel evolutionär eine Entwicklung genommen, die ihr erlaubt, sich stark zu verformen. Alle anderen Spezies, auch die, die sich sonst auf zwei Beinen fortbewegen, gehen in der Schwangerschaft nämlich auf mindestens vieren. Das Hohlkreuz darf also als Symbol der Emanzipation gelten. Trage es mit Stolz.

Was die Wahl des Kindergartens betrifft, wäre ich nicht allzu sicher, ob sich eine Einrichtung zu Recht als Hort der Elite empfindet, in der die Kinder alle sehr ähnlich aussehen und dieselbe Sprache zu sprechen anfangen. Ein solches Umfeld bereitet wohl eher auf eine Welt vor, in der die einen Frauen den Großteil ihres Lebens schwanger verbringen und die anderen sogar auf allen vieren, und die ist, wie gesagt, evolutionär weitestgehend überwunden. Servus!

Ende der Geschichte

Liebe Hörerin! Lieber Hörer!
Die Trude ist in Endzeitstimmung ...

> *Lieber Ombudsmann! Bei uns im Viertel gibt es jetzt wieder einen Metzger. Darüber freue ich mich sehr. Er selber kommt mir nicht so glücklich vor. Letztens habe ich Huckfleisch gekauft für eine Bolognese, und beim Verabschieden hat der Metzger gemeint, wir sind am Ende der Geschichte. Stimmt das? Schöne Grüße, Trude*

Liebe Trude, ich möchte dir aufrichtig gratulieren. Offensichtlich lebst du in einem jener wenigen Stadtviertel, deren Bewohner nicht darauf angewiesen sind, ihr Fleisch im Discounter-Supermarkt zu kaufen, wo es sehr billig ist, weil es in einer Fabrik bratfertig gemacht wurde, in der Menschen arbeiten, die durch die inhumanen Einwanderungsgesetze der selbsternannten Ersten Welt in die Fänge von Menschenhändlern geraten sind und dann von denen als Sklaven an den Fabrikbesitzer verkauft wurden, wodurch immer mehr Menschen, die beim Staat angemeldet sind, keine Aussicht auf einen anständig bezahlten Job haben, aber dafür auf ein billiges Schnitzel, und für den Discounter zahlt es sich auch aus, weil die Menge macht's.

Wo war ich? Richtig!

Liebe Trude, meine Ilse und ich, wir wohnen auch recht schön, und unser Metzger hat ebenfalls Geschichte studiert. Er meint, vor gar nicht allzu langer Zeit haben Archäologen noch irgendein Skelett ausgegraben und wenn es lange Haare gehabt und einen Rock getragen hat, haben sie freudig notiert: »Heureka! Schon wieder eine Frau gefunden! Hier muss der private Bereich der Siedlung gewesen sein.« Da hat die Wissenschaft heute schon ganz andere Arbeitsmethoden. Deshalb meint er, also unser Metzger meint, wir sind nicht am Ende der Geschichte, weil die Historiker fangen gerade erst an, seriös zu arbeiten … – und er schneidet die Kalbsschnitzerl hauchdünn, ich sage dir, ein Traum. Servus!

Energie

Liebe Hörerin! Lieber Hörer!

Die Winterferien laufen auf Hochtouren, das heißt, viele Menschen investieren einen beträchtlichen Teil ihres Einkommens in Inlandsaufenthalte, um bei niedrigen Außentemperaturen in unvorteilhafter Kleidung auf präparierten Bergwiesen eine fragwürdige Figur zu machen. Meine Ilse und ich schwänzen diese Verhaltensoriginalität dieses Jahr zum wiederholten Male. Einerseits ist ein Ombudsmann immer im Dienst, andererseits kann man es sich auch zu Hause schön machen.

Wie machen wir es uns schön?

Ganz einfach. Wir verwöhnen uns wieder so richtig, wie in den ersten Tagen unserer Liebe. Das war zumindest der Plan für gestern Abend. Wir waren beide auch schon geduscht, aber dann ist es doch nicht gelungen, weil einer immer hinter dem anderen das Licht abschalten muss, oder die eine dreht dauernd die Heizung höher, weil ihr kalt ist, der andere stöhnt, reißt das Fenster auf, und schließlich landet man statt im Bett oder auf dem Fellersatz vor dem digitalen Kaminfeuer bei einer Diskussion übers Haushaltsbudget wegen der Energiekosten. Meine Ilse unterschätzt das leider gerne.

Aber laut einer neuesten Studie vom Obersten Rechnungshof in Den Haag werden weltweit sieben Prozent aller Ehen geschieden wegen steigender Betriebskosten. Man muss sich das einmal auf der Zunge zergehen lassen! Und um fast fünfzehn Prozent zum Vergleichszeitraum des Vorjahres ist jeder Privathaushalt stärker belastet durch die hohen Rohölpreise, die schwache Konjunktur, die enorme Endverbrauchersteuer. Da macht es schon Sinn, sich, meinetwegen auch gemeinsam, einmal hinzusetzen und zu überlegen, ob sich da nicht wo etwas sparen ließe, weil – das weiß man heute – das größte Einsparungspotenzial liegt in den eigenen vier Wänden. Die günstigste Energie ist immer die, die man spart!

Und das wenigstens wird gelingen, denn bis meine Ilse wieder von ihrer Mutter zurückkommt, habe ich in ihrem Schlafzimmer die Heizung abgedreht und auch in dem Zimmer, wo die Meerschweinchen des Nachbarn die Ferien über geparkt sind. Servus!

Enthaarung

Liebe Hörerin! Lieber Hörer!

Dingdong-the-witch-is-dead plagt ein Pelzproblem ...

> *Lieber Ombudsmann! Brazilian Waxing tut sehr weh, ist aber*
> *notwendig. Jetzt hat mir mein Freund von »Body Sugaring«*
> *erzählt. Ist das besser und darf man das überhaupt: Lebens-*
> *mittel für kosmetische Zwecke entfremden? Dein Dingdong-*
> *the-witch-is-dead*

Liebe oder lieber Dingdong-the-witch-is-dead, die Geschichte
des Lebensmittelmissbrauchs in der Säugetierbehübschung ist
lange und alt. Nicht nur die Gurkenmaske entfremdet eine er-
frischende Gemüsespeise dem Beilagenteller, sondern auch ein
Ölwickel aus Olivenöl und Honig für einen faltenfreien Hals ver-
höhnt die im Winter abgestorbene Imme postum.

Hier kannst du gar nichts mehr schlimmer machen. Body
Sugaring ist nur eine weitere Möglichkeit, ungleich verteilte Ressourcen sinnlos zu vergeuden. Das Naheliegende wäre natürlich
zu sagen, der Mensch hat nun einmal Körperhaare im Intimbe-
reich und im Übrigen deutlich größere Probleme, als jene regelmäßig zu entfernen. Allein der Zeitverlust dabei ist enorm!

Wer jedenfalls bereit ist, sich der angesprochenen Ungleich-
verteilung der Ressourcen entgegenzustellen, hat in jedem Fall
meinen Segen, gleichgültig ob gewaxt, gesugart oder mit vollem
Buschbestand.

Mir persönlich ist übrigens ein Landing Strip am liebsten, ich
werde mir das auch wieder zum Namenstag wünschen, bin allerdings auch dieses Jahr nicht sehr zuversichtlich, dass ich es bekommen werde. Aber ich lasse mich überraschen. Servus!

Erwachsen werden

Liebe Hörerin! Lieber Hörer!

Aus dem rundum lebenswerten Schwanenstadt im historischen Hausruck erreicht mich ein süßlich duftendes Brieflein vom Peter. Nachdem er mich im ersten Teil seines Schreibens in grob unsachlicher Weise seiner Zuneigung versichert, kommt er auf Seite sieben endlich zur Sache:

> *... und weil ich ja weiß, dass das immer ein Traum bleiben muss, möchte ich dir zumindest eine Frage stellen: Habe seit Längerem Zores mit meiner Mutter. Von wegen Zimmer auf-räumen und so. Letztens hat sie gemeint, ich soll endlich er-wachsen werden. Ich will aber nicht. Was soll ich tun?*

Nun, Peter. Für eine treffsichere Analyse deiner Alternativen fehlt es mir an ausreichender Information zu eurer genauen Le-benssituation. Solltest du kurz vor der Vollendung deines fünf-zigsten Lebensjahres stehen, noch bei deiner Mutter leben und nur widerwillig eine Faszination für Josef Goebbels unterdrü-cken, kann ich nur zustimmen: Werde erwachsen! Solltest du das einundzwanzigste Lebensjahr noch nicht erreicht haben und den FM4 Ombudsmann irgendwie total cool finden, weil er so süß ist und irgendwie oft total recht hat, hoffe ich meinerseits, du bleibst für immer jung, und schlage dir im selben Atemzug vor, du lernst die folgenden Sätze auswendig:

Erwachsen werden bedeutet einen langen, mühseligen Kampf um das eigene Ich, an dessen Ende der Verlust jeder Fähigkeit zu wahrhaftigem Glück steht. Dafür gibt es als Belohnung die Erkennt-nis der eigenen Vergänglichkeit und deren Unausweichlichkeit.

Konfrontiere deine Mutter in einer günstigen Situation mit diesen Worten – eventuell, wenn sie an einem föhnigen Mittwochabend nach der Arbeit gerade das dreckige Frühstücksgeschirr aus deinem Jugendzimmer holt. Wenn du sie dann fertig getröstet hast, sag ihr, dass du dich schon auf Weihnachten freust. Ich garantiere dir, sie wird wollen, dass du immer Kind bleibst. Servus!

Ombudsmann-Autobiografie – Teil 2:
»Lebenslieben«

»Ein Tropfen Liebe ist mehr als ein Ozean Verstand.«
Blaise Pascal

Liebe Leserin! Lieber Leser!

Im ersten Teil meiner Autobiografie habe ich dir die Umstände geschildert, die mich die Welt haben betreten lassen. Seither hast du dich vermutlich schon mehrmals gefragt, wie ich der FM4 Ombudsmann wurde. Vielleicht beneidest du mich, weil du nicht ich sein kannst. Dazu hättest du allen Grund, denn wie ich wurde, was ich heute bin, das erzähle ich dir jetzt. Wie du dich gewiss noch erinnern kannst, oder sonst schlage noch einmal auf Seite 28 nach, habe ich in München studiert und dort auch meine Ilse kennengelernt. Alles war gut, warum bin ich also trotzdem wieder nach Wien zurückgekehrt? Nur weil mein Vater es von mir verlangt hat? Nicht nur.

Lange widersetzte ich mich erfolgreich den Beschwörungen meiner Eltern, mich doch endlich ins gemachte Nest zu setzen. Aber lange ist nicht ewig (auch wenn manche Menschen das Wort ewig gern synonym für lange verwenden), weshalb ich schließlich doch nach Wien zurückkehren sollte, wo sich der öffentlich-rechtliche Rundfunk nach einigen turbulenten Irrwegen schließlich als großer Glücksfall meines Lebens erwies.

Wie dankbar bin ich heute meinem seligen Vater und der ersten Regierung des endlich freien Österreich, dass sie damals die Versuche zahlreicher Industrieller unterbunden haben, den US-Militärsender »Radio Rot-Weiß-Rot« im Juli 1955 nicht einzustellen, sondern als Privatsender weiterzuführen. Nur so konnten nämlich die Voraussetzungen für vierzig Jahre unbehelligte und konkurrenzlose Aufbauarbeit geschaffen werden, die wir Rundfunkpioniere unermüdlich und unter widrigsten Bedingungen leisteten. Gerade einmal zwanzig Jahre alt, wurde ich eingeteilt, ein Archiv aufzubauen, dessen Leiter ich bei einem Einstiegsgehalt von sechzigtausend Schilling (umgerechnet etwa achttausendfünfhundert Deutsche Mark) schnell wurde. Das klingt nach viel Geld, es war aber einerseits brutto, und andererseits blieb auch netto damals kaum etwas übrig. Dennoch erlaubte mir dieses Gehalt, endlich meine Ilse nachzuholen und am 1. Mai 1973 schließlich sogar zu heiraten. Schnell kamen wir überein, keine Kinder in diese Hektomatikwelt zu setzen, weil die immer den Dreck von draußen hereintragen. Wenn ich heute allerdings Zeuge sein muss, wie die Söhne und Töchter von Bekannten brav im Haushalt mithelfen, zweifle ich manchmal an unserem damaligen Idealismus.

Über vierzig Jahre lang entwickelte sich mein Leben im Dienste des staatlichen Rundfunks unverdächtig, bis der Europäische Gerichtshof für Menschenrechte bemerkte, dass es so etwas wie Österreich gibt, und die junge Republik 1993 wegen Verstoßes gegen das Recht auf freie Meinungsäußerung verurteilte. Wenig später schossen endlich auch private Rundfunkanbieter rücksichtslos aus dem Boden, und die staatliche Sendeanstalt musste sparen. Aufgrund meines wasserdichten Anstellungsverhältnisses sah ich mich mit zunehmendem Neid und konstanter Missgunst konfrontiert. Mir wurden im Büro mehr als ein Mal die Straßenschuhe versteckt, in der Kantine wurde ich geschnitten. Je mehr ich mich bemühte, auf die Kolleginnen und Kollegen zuzugehen, desto schlagartiger wurde es still, wenn ich den Raum betrat. Ernstliche psychische Ungereimtheiten waren die logische Folge. So ernst, dass mir meine Gattin Ilse von Zeit zu

Zeit, wenn ich nach Dienstschluss aufgewühlt heimkehrte, eine Spritze geben musste, damit ich die nötige Gelassenheit für das Hauptabendprogramm entwickeln konnte. Zu Hause lag ich im Bett und hatte das Gefühl, die Zimmerdecke würde mich jeden Moment erdrücken. Das Essen schmeckte mir nicht mehr. Das ging dann so lange dahin, bis meine Gattin auf Zeit zurück zu ihren Eltern zog und ich ein formloses Schreiben auf dem Nierentisch vorfand: »Meld' dich, wenn du wieder normal bist. Ilse.« Nicht mehr. Und das nach fünfundzwanzig guten Ehejahren. Und weil ich dann ein einziges Mal im Büro den Herrn Magister Gfrerer mit einer Schere, die bis heute nicht vorgelegt werden konnte, angeblich »bedroht« habe, hat man mit den schmutzigsten Mitteln, die das Arbeitsrecht vorsieht, versucht, mich aus dem Archiv zu entfernen. Diese unangenehme Wahrheit muss hier einmal in aller Klarheit ausgesprochen werden!

Wie konnte ich aber meine Haut vor dem Sparstift retten? Nun, mein Dienstvertrag ist nicht von schlechten Eltern. Er sieht vor, dass ich im Falle einer vorzeitigen Kündigung zumindest Anspruch auf einen Ministerposten hätte. Und so schob mich die Geschäftsführung im März 2006, kurz vor meinem einundsechzigsten Geburtstag, zum hauseigenen Jugendkultur-Spartensender Radio FM4 ab, um meinen Willen zu brechen.

Erst befürchtete ich, dort würde mich die Gesellschaft verwöhnter Mittelstandskinder erwarten, die in der Vorstellung lebten, zwei Proseminare Publizistik würden ihre Hochnäsigkeit rechtfertigen, denen andererseits jedoch faustgroße Schweißperlen auf der Stirne stünden, wenn ihnen einmal nicht gleich einfiele, wie sie den neuesten Schlager zum Thema »Mir ist so langweilig, weil ich ohnehin schon alles habe« von irgend so einem dahergelaufenen debilen Teeniestar aus Großbritannien ansagen sollten. Weit gefehlt!

Bei Radio FM4 bereitete man mir einen warmen und herzlichen Empfang und begegnete mir mit viel kollegialer Zuneigung. Acht unvergessliche Jahre später würde ich den Sender am ehesten als eine große Familie beschreiben. Man behält seine Sorgen und Nöte für sich, wägt ununterbrochen Fluchtvarianten ab, lebt jedoch gleichzeitig in ständiger Angst davor, dass einem jemand den Platz im Familienverbund streitig machen könnte. Das hält jung! Vor allem aber stellte sich jene Verantwortung, die man mir vonseiten der Sendeleitung überantwortete, als Jungbrunnen heraus.

Mir wurde klar, dass das Leben in unserem Kulturkreis in den letzten Jahren zunehmend schwieriger und unverständlicher geworden ist. Die Gesellschaft verlangt vom Einzelnen nicht weniger, als dass er sich überall auskennt und alles kann. Vor allem junge Menschen kennen sich jedoch, wie ich bald feststellen durfte, häufig mal nicht aus, oder sie wissen etwas nicht oder können es nicht. Gleichzeitig kennen sie immer weniger Menschen so gut, dass sie es wagen, ihnen Fragen zu stellen, ohne dass der Gedanke »Na, der hält mich jetzt bestimmt für einen Vollidioten, wenn ich das nicht weiß« in ihrem Hinterkopf rumort.

Eine Möglichkeit, schnell zu Lösungen für derlei Problemstellungen zu gelangen, durfte ich ebenfalls kennenlernen. Sie heißt »Computer«. Dieser kann die allermeisten Dinge sehr schnell ausrechnen. Besonders wenn das WorldWideWeb installiert ist. Die Suchmaschinen, die uns hier zur Verfügung gestellt werden, sind tatsächlich beeindruckend und bestimmt gewissenhaft programmiert. Allerdings habe ich auch entdeckt, dass das Internet – und das ist mittlerweile gesellschaftlicher Konsens – der Vorhof zur Hölle der Einsamkeit und der sozialen Inkompetenz ist.

Genau hier setzt meine Tätigkeit beim Jugendsender an. Als Ombudsmann stehe ich den Hörerinnen und Hörern der FM4 Morningshow, Melpomene gleich, bei ihren ungelenken Versuchen bei, der Unbill des Lebens aufrecht zu begegnen. Wenn du jetzt argwöhnisch vermutest, ich wäre einer von jenen bestens gelaunten Erfüllungsgehilfen, die Tag für Tag frohgemut die milliardenschwere Infrastruktur des öffentlich-rechtlichen Rundfunks nutzen, um sich und ihr Publikum heiter einzureihen in die besinnungslosen Heere der Stabilisierten und mit ein wenig pfiffigem Edutainment jenes System der leistungsgerechten Desolidarisierung stützen helfen, das uns Sicherheit für Freiheit halten lässt und Streben für Glück – wenn du das also tatsächlich vermutest –, dann betrachte uns als geschiedene Leute!

Meine Tätigkeit gleicht nämlich vielmehr einem ständigen Katz-und-Maus-Spiel mit der Obrigkeit. Und jedes Mal, wenn ich versuche, den Mächtigen in ihrem Streben nach totaler Kontrolle durch Volksaufklärung ein Bein zu stellen, bin auch ich durchaus nicht frei von Existenzangst und fange an, stark zu schwitzen. Doch dieser Kampf muss geführt werden! Das ist mir klar. Außerdem zahlt Radio FM4 deutlich besser als das Rundfunkarchiv, und ich kann mir die modernsten Herzmittel leisten, die momentan am Markt zu bekommen sind.

Je mehr junge Menschen sich mir über die Jahre anvertraut haben, desto klarer wurde mir: Es ist nicht leicht. Im Dialog mit meinen Hörerinnen und Hörern durfte ich in den vergangenen fünf Jahren die härter werdenden Bedingungen kennenlernen, unter denen sich diese Einzelschicksale durch ihr Leben kämpfen müssen.

Sie lassen dabei nichts unversucht: Sie erscheinen pünktlich zur Nachtschicht in der Fun Factory, lassen sich in Castingshows von geifernden Zynikern demütigen, ertragen geduldig die Handauflegungen bizarr kostümierter Sagengestalten – Autoritätsperchten, wischen als Fuchs das Erbrochene der Alten Herren weg, beschäftigen sich still in Kellerverliesen, und hin und wieder lassen sie sich sogar im Hauptabendprogramm von ihren Vätern mit dem Auto über den Haufen fahren.

Über und über von einer übelriechenden Emulsion aus Talg und Schweiß bedeckt, von Stimmungsschwankungen gebeutelt, mit wenig Selbstvertrauen und kaum Aussichten auf eine gesicherte berufliche Zukunft ausgestattet sowie latent alkoholabhängig, werden Europas Jugendliche heute alleine gelassen in ihrem diffusen Zweifel, ob sie trotz der vielen entzündeten Hauterhebungen »total smooth rüberkommen«. Doch wie entfährt es bereits dem großen Theologie-Studienabbrecher Friedrich Nietzsche in seinem Aphorismen-Blockbuster »Menschliches, Allzumenschliches«:

»*Die Scham existiert überall, wo es ein Mysterium gibt.*«

Ohne Nietzsche korrigieren zu wollen, möchte ich hinzufügen: Erwachsen werden bedeutet einen langen, mühseligen Kampf um das eigene Ich, an dessen Ende der Verlust jeglicher Fähigkeit zu wahrhaftigem Glück steht. Dafür gibt es als Belohnung die Erkenntnis der eigenen Vergänglichkeit und deren Unausweichlichkeit. Der junge Mensch kann die Freuden der Erkenntnis an sich noch nicht ausreichend würdigen. Er weiß noch nicht um das Vergnügen, von einem Problem beseelt durch Gärten zu lustwandeln, das selbst gebastelte Geschenk des Intellekts für einen Moment nicht an Nahrungsaufnahme oder Arterhalt verschwendend.

Dabei kann die Begegnung mit einem nicht auf Anhieb sich erschließenden Umstand weit erfrischender wirken als ein ausgiebiges Vollbad in mit Eiswürfeln versetzter Eselsmilch.

Wer davon Kenntnis hat, gibt bald den Gedanken auf, das Leben würde mit zunehmendem Alter bloß langweiliger – auch wenn die Vermutung naheliegen mag, trifft doch der Adoleszierende ältere Menschen sehr häufig schlafend an. Woher soll er wissen, dass das in allererster Linie daran liegt, dass sie müde sind, und weniger daran, dass sie ihr Dasein als unoriginell empfinden? Nun, selbstredend verlieren Teilaspekte des Lebens an

Reiz, wenn ihnen der Nimbus des Neuen, des Unerklärlichen ab-
handenkommt. Wäre das Leben eine der vielen »Gameshows«,
wie es auf Neudeutsch heißt, mit denen das Privatfernsehen den
jungen Menschen täglich konfrontiert, es trüge den Titel »Der
Preis ist kalt«, und alle Kandidatinnen und Kandidaten würden
stets gewinnen, weil die Antwort die unausweichlich immer glei-
che ist. Wenn man da tatenlos zusieht, gehen die Quoten in den
Keller, der Sendeplatz wird schlechter, Krisensitzungen werden
einberufen. Mit ein bisschen Glück hat jedoch ein findiger Re-
dakteur rechtzeitig die zündende Idee: Wenn die Antwort immer
dieselbe ist, kannst du deine Show auf Dauer nur dann abwechs-
lungsreich gestalten, wenn du den Fokus auf die Fragen selbst
legst. Hierzu habe ich die Jugend Europas im März 2006 aufgeru-
fen, und mein Appell wurde allgemein gut angenommen.

Wie aber sicht mein Arbeitsalltag aus, fragst du dich wohl. Auf
diese Antwort musst du natürlich nicht ewig warten, aber ich
gebe sie dir erst ein wenig später. Bis dahin beschäftige dich still
mit den Buchstaben F bis N.

– F –

Faschingsdienstag

Liebe Hörerin! Lieber Hörer!

Die zivile Morgendämmerung ist in vollem Gange. Ich möchte diese gerade aufgrund ihrer Flüchtigkeit so besonnene Stimmung nützen und dich gleich zu Beginn des heutigen, in mancherlei Hinsicht aufwühlenden Tages beruhigen, vor allem, wenn du nur kurz in Österreich zu Besuch bist und noch nicht oft da warst: Ja, auch bei uns ist der Raubtierkapitalismus sehr weit fortgeschritten, ja, im Wirtschaftsaufschwung gewährte demokratische Reformen und Arbeitnehmerinnenrechte werden auch hierzulande nach und nach wieder zurückgenommen. Aber nein, die Kassenkräfte im Supermarkt, die Bankangestellten, Radiomoderatoren und sonstigen Dienstleisterinnen und Dienstleister Österreichs müssen ihrer Kundschaft noch nicht *jeden* Tag als Clown oder Katze geschminkt oder in sonst einer entwürdigenden Kostümierung gegenübertreten. Es ist nur Faschingsdienstag.

Bitte frag mich nicht warum. Das hilft in diesem Fall nicht. Ich habe es heute Morgen schon bei meiner Ilse versucht, die auch in diesem Jahr wieder, ohne Rücksprache zu halten, unsere sogenannten Freunde zur Kostümparty geladen hat. Damit es für mich auch ein bisschen interessant wird, habe ich als Partymotto vorgeschlagen: »Van Gogh, der Selbstmörder durch die Gesellschaft«. Aber beim Fasching, da versteht meine Ilse überhaupt keinen Spaß : *»Wenn wir Van Gogh als Partymotto nehmen, dann kommen alle im gleichen Kostüm, und außerdem kriegt man* *die Kunstblutflecken irrsinnig schwer wieder raus aus den Ohren-sesseln.«*

Von einem kleinen Teilerfolg kann ich aber doch berichten. Nach zähen Verhandlungen muss ich mich jetzt doch nicht als nonchalanter Weißclown mit feiner Klinge verkleiden und gehe somit auch in diesem Jahr wieder als »richtiges Leben im fal-schen«. Da spare ich wenigstens das Geld für ein Kostüm.

Für alle, die die närrische Zeit nicht mehr verblüfft, aber trotz-dem noch schreckt, und die heute damit anfangen wollen, ihre Auswanderung aus einem Land zu planen, in dem über die Reduktion der Parlamentsabgeordnetenzahl nachgedacht wird, während der öffentlich-rechtliche Rundfunk stolz verkündet, er wird weiterhin Jahr für Jahr Narrensitzungen im Hauptabend-programm übertragen, möchte ich entgegenhalten: Besser ge-wisse Leute dürfen sich einmal im Jahr verkleiden und Prinz, Kanzler und Minister spielen, als es werden regelmäßig Men-schen krankenhausreif geprügelt, weil sie ein bisschen anders aussehen als die Mehrheit. Servus!

Faschistoid

Liebe Hörerin! Lieber Hörer!
Am Ende der Arbeitswoche möchte der Kevin noch etwas wis-sen:

> *Lieber Ombudsmann! Brauchen wir wirklich neue Regeln? Ist das nicht faschistoid? Peace, Kevin*

Lieber Kevin, weißt du, ich zähle mich zum älteren Teil einer Generation, die seinerzeit mühsam alles kaputtgeschlagen hat, was es in unserer Gesellschaft an verstaubten, faschistoiden Regeln und Kriterien gab. Allerdings haben wir nach dem Kaputtschlagen eines vergessen: neue, bessere Regeln aufzustellen. Stattdessen haben wir uns einfach den Laden unter den Nagel gerissen und ein paar Jahrzehnte getan, was wir wollten. Das war sehr lustig, und es hat ein paar recht originelle Ergebnisse gezeitigt. Zum Beispiel das Hundertwasserhaus oder RTL.

Unter anderem hat unsere Selbstverwirklichung aber auch dazu geführt, dass du, lieber Kevin, als Teil der nachfolgenden Generationen vor einem gewaltigen Scherbenhaufen stehst und oft nur dann eine Chance auf Aufstieg hast, wenn du genau das machst, was den willkürlichen Launen deiner Eltern und sonstigen Vorgesetzten entspricht, diesen Endverbrauchern ihrer Lebenschancen.

Es ist kein Zufall, dass heute andauernd die Rede davon ist, der Letzte seiner Art wäre gegangen und es sei »Kein Nachfolger in Sicht«, selbst wenn nur irgendein Volksliedsänger verstorben ist. Nachfolge muss nämlich geregelt werden. Und wenn das einzige Nachfolgekriterium nicht die Geburt oder die Gewalt sein soll, dann braucht es ein differenziertes Regelwerk. Wenn es das nicht gibt, dann müssen die, die schon viel haben, nichts mehr hergeben, wenn sie nicht wollen, und sich nur an Regeln halten, die sie je nach Laune ununterbrochen ändern können. Dieser kleinteilige Faschismus, den muss deine Generation jetzt kaputtschlagen und dann endlich neue, bessere Regeln aufstellen. Tut mir leid. Wir wussten nicht, was wir tun. Servus!

Faulheitsgene

Liebe Hörerin! Lieber Hörer!

Post aus Deutschland! Gangsterpigeon erzählt von den Abenteuern in seinem Kopf…

*Ich habe gelesen, Deutschland schafft sich ab. In hundert
Jahren sollen wir nur mehr 25 Millionen Einwohner haben,
davon 69 Prozent dumme Migranten mit Faulheitsgenen.
Bitte hilf mir, ich habe Angst.* Gangsterpigeon

Liebe oder lieber Gangsterpigeon, dein Literaturtipp hat mich
neugierig gemacht. Ich lese auch gerne Science-Fiction und habe
versucht, das Buch, das dich so berührt hat, zu besorgen. Es war
aber offenbar sehr viel Werbung dafür im Fernsehen, und deshalb war es fast überall ausverkauft. Was man so lesen konnte,
ist die Geschichte aber tatsächlich meisterhaft konstruiert: Der
größte neoliberale Thinktank Europas, die Bertelsmann-Stiftung,
hängt in Zusammenarbeit mit dem Axel Springer Verlag die
rachsüchtigen, verdrehten Stellungnahmen eines in seiner beruf-
lichen Entwicklung gehemmten Sozialdemokraten an die große
Glocke, damit die Opposition etwas zu diskutieren hat, während
eine liberal-kapitalistische Regierung am Vorabend der größten Sparmaßnahmen in der Geschichte des europäischen Wohl-
fahrtsstaats ungestört dem Druck diverser Wirtschaftslobbys
nachgeben und diese quasi aus dem Gesellschaftsvertrag entlas-
sen kann.

Für mich klingt dieser Plot eher danach, als müsste man sich
weniger Sorgen über genetisch manipulierte Mutanten, pardon,
Migranten, machen als über eine skrupellose Elite, die beim
Machterhalt ungestört zu bleiben versucht, indem sie die Gesellschaft mit pseudowissenschaftlicher Folklore entsolidarisiert.
Vielleicht liest du noch einmal nach. Ich selbst werde erst bei Teil 2
einsteigen, der erscheint am 1. November und handelt davon,
dass in Deutschland der Personalausweis mit kontaktlosem Chip
eingeführt wird, während gleichzeitig Gerhard Schröder eine
HipHop-Single herausbringt, in der er behauptet, alle Christen
seien genetisch bedingt pädophil. Servus!

Fernsehen

Liebe Hörerin! Lieber Hörer!

Gerade dieser Tage, aber eigentlich immer, kann man sich zu Recht fragen, was der Gernot auch fragt ...

Wieso schauen so viele Menschen fern?

Lieber Gernot, eine wirklich schwierige Frage, die du mir da stellst. Weder Zeit noch Ressourcenlage erlauben mir, so viele Menschen zu befragen, wieso sie fernsehen. Deshalb muss ich mir mit folgender, zugegebenermaßen an der Grenze zur Tautologie balancierender Antwort behelfen: Es sehen so viele Menschen fern, weil so viele Menschen fernsehen.

Immerhin muss man sich im Büro oder in der großen Pause über irgendetwas unterhalten können, von dem man ausgehen kann, dass es alle kennen. Und weil man nicht der Einzige sein möchte, der nicht mitreden kann, schaut man sich dann sogar irgendeine Meisterschaft im Herrenfußball an. Das ist ähnlich wie beim Rauchen. Niemandem schmeckt es, man wird davon krank, aber bevor man sich mit dem Kopf voraus ins Klo stecken lässt, ergibt man sich dem Gruppenzwang. Und ehe man sich's versieht, ist man süchtig. Ja, jetzt bin ich fast vom Thema abgekommen, aber ich kann es wiedergutmachen, weil, lieber Gernot, ich weiß jetzt doch die richtige Antwort: Es schauen so viele Menschen fern, weil man dazu nichts können muss.

Viele schlafen sogar beim Fernsehen, ohne disqualifiziert zu werden. Wir wissen, dass mindestens die Hälfte der Quote nach 22 Uhr aus Schlafenden besteht, die nicht rechtzeitig abgeschaltet haben. Die machen also etwas, obwohl sie es gar nicht machen. Und das leuchtet in einer Zeit, in der alle immer alles haben möchten, und zwar am besten gratis, natürlich vielen ein. Servus.

Feuerbestattung

Liebe Hörerin! Lieber Hörer!

megadieter90210 aus Leipzig lässt die Funken sprühen!

> *Lieber Ombudsmann! Ich habe gelesen, in Wien werden im-*
> *mer weniger Leichen verbrannt. Was hat die österreichische*
> *Jugend gegen Feuerbestattung?*

Lieber megadieter90210, mit circa zwanzig Prozent ist der Anteil der Einäscherungen am Gesamtbestattungsvolumen in Österreichs Bundeshauptstadt tatsächlich signifikant niedriger als in jeder anderen westlichen Metropole. Der Großteil der schönen Leichen wird nach wie vor in separaten Erdgräbern bestattet, was Tausende Quadratmeter wertvolles Bauland blockiert und Wien bei gleichzeitiger Überalterung seiner Bevölkerung mittelfristig die stadtplanerische Perspektive »Gräberfeld« aufzwingt.

Von Feuerbestattungsverdrossenheit kann trotzdem keine Rede sein. Die Jugend ist durchaus interessiert, aber sie stellt unbequeme Fragen, wie etwa: »Ist der Friedhofszwang nicht längst überholt?« Siebzig Prozent der Vierzehn- bis Einundzwanzigjährigen identifizieren sich mit keinem unserer traditionellen Friedhöfe mehr zu hundert Prozent. Das konservative System von »Stein oder Metall« hält ein Großteil der werberelevanten Zielgruppe für »schon ziemlich altmodisch« bis »völlig antiquiert«. Es spricht aber auch wirklich kaum etwas gegen eine Urne aus Stein mit Metallfassung. In Zukunft wird sich jeder Todgeweihte seine Feuerbestattung selbst zusammenbasteln. Junge Menschen wollen sich nicht mehr einfach genauso verbrennen lassen wie ihre Eltern und deren Eltern davor. Die neue Generation sucht unideologisch ihren eigenen Weg, und wir Altvorderen haben den Auftrag, sie auf dieser Suche zu begleiten, ihr zu helfen, klarer zu sehen: Wo beginnt Feuerbestattung und was ist zum Beispiel Mord oder Sachbeschädigung?

Wenn uns diese Gratwanderung gelingt, bin ich sicher, das Zeitalter der Urne ist noch nicht abgelaufen. Servus!

Firmenweihnachtsfeier

Liebe Hörerin! Lieber Hörer!

Bitte verzeih mir die Selbstunterbietung, aber die Sozialpartner haben sich darauf geeinigt, dass jeder Radio-Ombudsmann weltweit verpflichtet ist, jährlich am 1. Dezember schmunzelnd zu verkünden: »Weihnachten steht vor der Tür.« Viele werden jetzt sagen: »Da soll es auch bleiben«, aber ich bin kein Freund davon, Tatsachen zu leugnen, so unangenehm sie auch sein mögen. Sehen wir der Gefahr also besonnen ins lachende Kinderauge. Zum Thema Advent werden ohnehin jedes Jahr ähnliche Fragen gestellt. Beginnen wir gleich mit der häufigsten. Sechsunddreißig verschiedene Rechtssubjekte erkundigen sich auch in diesem Jahr wieder bei mir, wie sie die Einladungen für ihre Firmenweihnachtsfeier besonders lässig gestalten könnten. Und ich werde nicht müde, den einzig lässigen Einladungstext für Firmenweihnachtsfeiern zu diktieren. Obacht:

»Liebe Kollegin! Lieber Kollege! Die diesjährige Weihnachtsfeier ist abgesagt. Wer nicht darauf verzichten möchte, sich einmal pro Jahr auch von alkoholisierten Vorgesetzten abschätzig behandeln zu lassen, der sei auf die Charity-Punschaktion am 9.12. verwiesen (Anwesenheitspflicht!). Selbstverständlich muss aber auch heuer niemand den unbestreitbaren Verlockungen der Firmenweihnachtsfeier entsagen. Ein billiges italienisches Buffet sowie unbefriedigender, betäubter Geschlechtsverkehr finden sich in durchaus ebenbürtiger Qualität im sehr sauberen Swingerclub ›Zum

goldenen Stab«. Die Marketingabteilung hat sich bereiterklärt, den für die Weihnachtsfeier vorgesehenen Etat in diesbezüglichen Gutscheinen anzulegen. Diese sind bis einschließlich 9.12. im Chefsekretariat einzuwichteln (Barablöse nicht möglich).«

In diesem Sinne: Frohe Festtage und servus!

Floh

Liebe Hörerin! Lieber Hörer!

Tifoso schickt Fragen über Fragen, unter anderem diese:

> *Sehr geehrter Ombudsmann, wieso juckt der Floh? In der Hoffnung auf die durch Sie herbeigeführte befreiende Erleuchtung verbleibt sich empfehlend, hochachtungsvoll verehrend Ihr Tifoso*

Lieber Tifoso! Bei aller Anerkennung für deine Umgangsformen, diese Frage ist, wie so viele, sehr unpräzise gestellt und legt die Vermutung nahe, sie wurde nur vorgebracht, um des beschwingten Reimes willen. Ich will sie dennoch gerne beantworten, weil das viele nicht wissen. Der Floh selber juckt überhaupt nicht! Er hat gar keine Ahnung, wie das geht. Man kann von einem Floh vieles verlangen, beispielsweise dass er im Flohzirkus ein Tor schießt oder eine Silberkutsche zieht, aber wenn das Gespräch aufs Jucken kommt, dann wendet er sich ab und liest etwas oder checkt seine E-Mails, weil Jucken, das ist nicht sein Fachgebiet.

Das Jucken macht der Körper selber, es handelt sich dabei um eine feingliedrige Komposition von oberflächlichen Hautnervenfasern, Histamin, Haptenen, dem Gefäßsystem, der Hirnrinde und der Psyche. Der Floh kann aber durchaus mithelfen, ein solches Jucken herzustellen. Dabei benimmt er sich wie ein rabiater

Zecher. Er setzt sich beim Wirt fest, öffnet ein Gefäß und säuft, während gleichzeitig Speichel ins Gefäß rinnt. Im Wirtshaus ergibt das ein schmutziges Glas, das abgeräumt wird, im Körper eine Immunantwort, die der Mensch als Jucken empfindet. So ein Jucken ist wie ein Rohdiamant, daraus kann der Mensch vieles machen. Durch Aufkratzen der Hautstelle etwa ist eine Sekundärinfektion möglich mit anschließender Entzündung, und mit etwas Glück und Umsicht wird daraus eine Blutvergiftung mit Option auf Ableben. Lieber Tifoso, floh weit, floh gut! Hahahaha! Servus.

Fluss

Liebe Hörerin! Lieber Hörer!

Die Elke aus Bregenz ist nicht ganz sicher …

> *Lieber Ombudsmann! Mein Cousin behauptet, man kann nicht zweimal in denselben Fluss steigen. Ist er jetzt komplett deppert geworden? Peace, Elke*

Liebe Elke, ja und nein. Die Logik legt uns nahe, dass man, ist man einmal in einen Fluss gestiegen, unmöglich noch einmal hineinsteigen kann, es sei denn, man steigt erst einmal wieder heraus. Dann könnte man, wenn man genug Zeit hat, vermeintlich noch einmal hineinsteigen. Allerdings hat sich inzwischen vieles in dem Fluss verändert: Steinchen wurden herumgetragen, Fische sind gekommen, Krebse gegangen, das Wasser hat eine Autobatterie angespült … Wir können also nicht davon ausgehen, dass es sich noch um denselben Fluss handelt – den es gar nicht gibt, weil er sich andauernd verändert. Vor allem junge, gesunde Menschen genießen diesen Umstand sehr und wissen genau, dass auch ihr eigenes Leben ein ständiges aufregendes

Werden ist. Natürlich wissen wir Älteren das auch, aber viele von uns sind nicht mutig genug für diesen Gedanken, weil es mehr und mehr zwickt und zwackt und wir schon sehr genau spüren, dass es nicht ewig so weitergehen kann. Darum tun die meisten Erwachsenen so, als gäbe es etwas, das unveränderlich ist, und halten sich daran fest. Sie geben dem Fluss einen Namen und bilden sich ein, er bleibt dadurch immer derselbe, damit sie nicht ganz deppert werden vor Todesangst.

Ich persönlich bemühe mich nach Kräften, das Werden nicht zu verdrängen, bin auch ein großer Verehrer des Erfinders des angesprochenen Bildes mit dem Fluss, des Philosophen Heraklit. Nicht nur, aber auch weil ich finde, dass prinzipiell jeder großen Respekt verdient, der sein Leben in hohem Alter selbstbestimmt beendet, indem er sich seelenruhig mit Kuhdung einschmiert und anzündet. Servus!

Flüssigpräparat

Liebe Hörerin! Lieber Hörer!
Auch der Paul konsultiert mich in Beziehungsdingen…

Lieber Ombudsmann! Irgendwie habe ich das Gefühl, meine Freundin braucht mich nur als Statussymbol für ihren nervigen Freundeskreis. Kann das sein und was soll ich dagegen tun? Paul

Lieber Paul! Alles kann sein, gleichzeitig muss aber nichts sein. Sonst wäre unsere Welt ein wesentlich bunterer Ort, was aber wiederum womöglich zusätzlich dadurch verhindert wird, dass vieles auch nicht sein darf.

Teilweise ist die Regulierung an sich aber recht günstig. Zum Beispiel wäre es sehr unvorteilhaft, wenn der Partner ohne jede behördliche Auflage ein Flüssigpräparat aus einem machen dürfte. Ich selbst habe mich lange Zeit davor gefürchtet, dass meine Ilse mich nur deshalb noch nicht ausgestopft und, Arme und Nacken zu einer freundlichen Geste arrangiert, in den Eingangsbereich unserer Wohnung gestellt hat, weil sie mich dann regelmäßig abstauben müsste. Nach ungefähr fünfzehn Ehejahren habe ich aber schrittweise begonnen, meine Skepsis ihr gegenüber abzubauen und bin dahintergekommen, dass sie mich einfach gut leiden kann. Warum auch immer. Ich bin ja auch nur ein Mensch.

Ähnlich wird es bei dir sein. Es warten also zwei Aufgaben auf dich. Erstens: Finde heraus, warum deine Freundin dich gut leiden kann. Zweitens: Benutze diese Erkenntnis als Druckmittel, um nicht mehr mitgehen zu müssen, wenn sie sich mit ihrem nervigen Freundeskreis trifft. So steht einem langjährigen Zusammenleben in Ruhe und Harmonie nichts mehr im Wege. Servus!

Formen, weibliche

Liebe Hörerin! Lieber Hörer!

SuperGAU hat Schwierigkeiten mit der Flussregulierung…

Hallo lieber Ombudsmann, beziehungsweise liebe Ombudsmännin! In wichtigen Schreiben oder in Schreiben, die wichtig wirken wollen, steht immerzu eine weibliche Anrede bzw. Anredin zur normalen Anrede dazugeklotzt. Diese ganzen Slashes, Beziehungsweisen und Hinzufügnisse stören meinen auch so schon schwachen Lesefluss gehörigst! Wieso gibt's das? Wen nervt's nicht? Und, vor allem, wie kann ich's abschalten?? In innigster Verzweiflung, dein SuperGAU

Lieber SuperGAU, die Antwort ist ganz einfach, und du hättest
sie dir trotz deines womöglich ebenso schwachen Redeflusses
auch selber geben können: Die sogenannte weibliche Anrede
wird verwendet, um in ebender Anrede auch anwesende Frauen
zu berücksichtigen. Das ist weiter keine große Sache und nun
schon länger üblich, ohne dass sich die gängigen Hierarchien
wesentlich verändert haben. Wenn keine Frauen im Raum sind,
dann erübrigt sich diese verlängerte Adresse genauso wie beim
Fehlen von Männern.

Es gäbe natürlich eine sehr einfache Möglichkeit, die nicht
bei allen Menschen gern gesehene Doppelform zu vermeiden,
nämlich indem fürder nur noch die weibliche Form verwendet
würde.

Ob das deinem schwachen Lese- und Redefluss allerdings
maßgeblicher weiterhilft als der Besuch einer Optikerin oder
Logopädin, sei dahingestellt. Wenn du ganz sichergehen willst,
dass du nicht mehr so durcheinandergewirbelt wirst von der Gegenwart, dann empfehle ich den Besuch eines Parteitages der
sogenannten Freiheitlichen Partei. Dort bezeichnen sich selbst
Österreicherinnen gern als Österreicher, und das, obwohl sie
eigentlich lieber Deutsche wären.

Serva!

Freiwilligkeit

Liebe Hörerin! Lieber Hörer!

Der Otmar ist empört:

> *Wenn das Berufsheer kommt und irgendein freiwilliger
> Sozialdienst, dann fallen die Wehrpflicht und auch der Zivil-
> dienst. Ich muss aber gerade Zivildienst machen und finde*

es voll unfair, wenn die jungen Männer das bald nicht mehr
machen müssen. Ich hätte mir das auch gern freiwillig er-
spart. Otmar

Lieber Oti, nicht erst seit der damalige Innenminister Ernst
Strasser im Jahre 2003 für die umgehende Abschiebung von
Asylwerbern den originellen Euphemismus, er werde sie »einladen zurückzukehren«, erfunden hat, ist Freiwilligkeit bei den
Regierenden hoch im Kurs. 2011 ist als europäisches Jahr der
Freiwilligentätigkeit und des Ehrenamtes gebrandet, die Jahre
2010 und auch 2011 als internationales Jahr der Jugend, und 2012
wird internationales Jahr der Genossenschaften – um den Beitrag
der Genossenschaften hervorzuheben, den sie für die soziale und
wirtschaftliche Entwicklung leisten: besonders ihren Beitrag, Armut zu verringern, Beschäftigungsmöglichkeiten zu bieten und
soziale Integration zu fördern.

Es müsste also schon mit dem Teufel zugehen, wenn nicht
schon 2015 gute Chancen hat, als Jahr des Arbeitsdienstes in die
Geschichte einzugehen. Du siehst, lieber Otmar, irgendwas wird
sich bestimmt finden, um junge und alte Menschen zur gemein-
nützigen Freiwilligkeit zu verpflichten, ob es bis 2016 schon für
einen Volkssturm reicht, lässt sich allerdings heute noch nicht
mit Bestimmtheit voraussagen.

Servus!

Freude

Liebe Hörerin! Lieber Hörer!

»Schenkt mehr Blumen während des Lebens, denn auf den
Gräbern sind sie vergebens.« (Franz Grillparzer oder Thomas
Brezina, einer von den beiden, und wie recht er hatte.)

Oft ist mein Tagwerk schwierig, und die Fragen sind verzwickt; manches Mal denke ich mir, ach, hätte ich doch nur reich geheiratet, dann müsste ich nicht immer ins Funkhaus. Aber dann kommt wieder ein Bund roter Rosen daher, und ich bin frisch verliebt in meine Arbeit.

Martin schreibt im Betreff: keine Wünsche oder Kreativvorschläge

:) – Alles gut so. Schönen Guten Morgen, Ombudsmann, mag deinen Humor und deine Sendung am Morgen :) Weiter so und schönen Tag!

Lieber Martin, das hast du sehr gut gesagt, ich wünsche dir auch nur das Allerbeste, du bist ein toller Mensch. Servus!

Vielleicht gehe ich heute etwas früher nach Hause und bringe meiner Ilse etwas mit, das sie gerne mag. Zum Beispiel… nein, das hat sie gesagt, das mag sie nicht mehr, und das Dings, da hat sie noch genug davon, ja, was könnte ich dann? Das ist schon verrückt. Wenn man jemandem länger keine Freude macht, da kann man direkt aus der Übung kommen. Na ja, komme ich halt erst später heim und tu so, als ob nichts wäre, dann merkt sie vielleicht gar nichts.

Fußball

Liebe Hörerin! Lieber Hörer!

Das Thema Fußball macht mir ähnlich viel Lust auf ein weiteres Gespräch wie ein Gegenüber, das in den Aschenbecher hustet. Der Yuri möchte trotzdem wissen:

Worum geht es eigentlich beim Fußball?

Lieber Yuri, ich habe mich bei fußballbegeisterten Kolleginnen und Kollegen erkundigt, und die behaupten, beim Fußball ginge es um Fußball. Es ist also, was es ist. Fußball steht synonym für die Liebe im poetisch weltabgewandten nihilistischen Sinne.

Den Spielaufbau etwa könnte man durchaus als Metapher für das Leben als sinnloses Unterfangen deuten. Es beginnt schon beim Tormann, dem einzigen Spieler, der uns, also den Ball, mütterlich in seine Arme schließt und ihn nur widerwillig auswirft. Es folgt die Kindheit. Wir lernen die Welt kennen, in die wir geboren wurden. Aus der fragilen Sicherheit der eigenen Hälfte loten wir Möglichkeiten der Weiterentwicklung aus. Bis zu dem Tag, an dem wir aufbegehren und damit sofort auf erbitterten Widerstand stoßen. Wir treffen auf das andere. Die Räume werden enger. Eine wichtige Entscheidung steht an. Bedienen wir uns der einstudierten Laufwege oder wagen wir den Alleingang? Wiederholtes Scheitern, fehlgeschlagene Doppelpassversuche führen zur Mittelfeld-Crisis, und selbst Standardsituationen bringen nichts mehr ein, bis wir bemerken: Jetzt muss etwas geschehen, sonst war unser Leben umsonst.

Verzweifelt und unter Zugzwang blicken wir auf. Der letzte Pass in die Tiefe. Ein Schuss. Der Unparteiische stellt den Tod fest. Ein Leichenzug zur Mittellinie folgt. Wer von unserem Leben profitiert hat, freut sich, wer keinen Nutzen von uns hatte, ist niedergeschlagen. Was hat unser Leben verändert? Im besten Fall den Spielstand. Das Spiel selbst läuft weiter. Auch ohne uns. Wir sind ein Staubkorn im Universum. Der Fußball erinnert uns daran. Die Sau!

– G –

Gandhi

Liebe Hörerin! Lieber Hörer!

teutobörger traut seinen Augen nicht…

> *Lieber Ombudsmann, ich habe gelesen, Gandhi war schwul.
> Angeblich steht das in der neuen Biografie. Ist das wahr?
> Peace, teutobörger*

Liebe oder lieber teutobörger, wie du weißt, betreibe ich seit vielen Jahren Recherche mit äußerster Akkuratesse. Zur Vorbereitung auf komplexere Antworten lebe ich zusätzlich einige Tage in das Themengebiet hinein, fokussiere mich und meine Körperfunktionen optimal. Im konkreten Fall habe ich also nicht nur die aktuellste Gandhi-Biografie im Original und in ihrer indischen Übersetzung studiert, sondern auch meiner Ilse tagelang verboten, mich zu berühren, weil ich wie die große Seele selbst sexuelle Askese üben wollte, um keinen Tropfen meines wertvollen Lebenselixiers gottlos zu verschwenden und Moksha zu erreichen, was mir aber nicht gelungen ist. Darüber hinaus trage ich seit einer Woche eine runde, viel zu starke Brille, wodurch meine Augen höllisch brennen und ich kaum entziffern kann, was ich mir bezüglich deiner Frage notiert habe. Na bravo.

Wenn ich mich recht entsinne, steht in dem Buch nichts von Homosexualität, das interpretieren Medien hinein, die eher nicht wegen ihrer lückenlosen Recherchen so gerne gekauft werden. Warum schreiben die das? Nun, in Zeiten der Entdemokratisierung und Remilitarisierung der Weltpolitik hegen gewisse Kräfte wohl ein Interesse daran, die Gewaltlosigkeit zu diskreditieren, und in unserer Kultur gilt Homosexualität vielen nach wie vor als Zeichen der Schwäche und Charakterlosigkeit. In bizarrem Gegensatz übrigens zu skrupellos eigennützigem Streben, das in denselben unseriösen Medien oft mit Stärke und Führungsqualität konnotiert wird.

»Das Volk ergreift man nicht mit dem Verstand, sondern mit dem Herzen«, hat Gandhi gesagt, und ich muss jetzt wirklich diese Brille heruntertun, sonst entzündet sich meine Netzhaut. Servus!

Gender

Liebe Hörerin! Lieber Hörer!

Mein Arbeitgeber, dein bevorzugter Radiosender FM4, setzt in dieser Woche einen inhaltlichen Schwerpunkt. Thema soll der Begriff Gender sein. Dein Ombudsmann wurde von allerhöchster Stelle aufgefordert, sich tatkräftig zu beteiligen und quasi eine Art Startschuss abzugeben. Nun. Bitte sehr. Wagen wir eine Begriffsklärung.

Gender, was ist das? Haben das nicht nur die Drogensüchtigen? Ist es ansteckend, gibt es schon einen Impfstoff, oder wie kann ich mich am besten schützen? Ist es durch Küssen übertragbar, und muss ich mir die Hände waschen, wenn ich jemanden mit Gender berührt habe?

Nun, Folgendes habe ich mir herausgeschrieben: Gender bezeichnet alles, was in einer Kultur als typisch für ein bestimmtes Geschlecht angesehen wird. Es erwartet dich aber keineswegs, wie du jetzt eventuell annehmen oder auch hoffen wirst, eine Woche voller dreckiger Herrenwitze, denn Obacht: Gender verweist nicht unmittelbar auf die körperlichen Geschlechts-merkmale. Sprich: Wir alle haben bereits Gender, du musst dich also nicht genieren. Aber bitte, lass dich deshalb jetzt nicht zu sehr gehen. Auch wenn Gender weder juckt noch stinkt, lohnt es natürlich trotzdem weiterhin, sich regelmäßig zu waschen. Und du kannst mit deinem Gender sogar recht viel unternehmen. Du kannst dich damit abfinden, es bekämpfen, dehnen, versuchen, es zu verändern, oder ein bisschen damit spielen. Ich bin sicher, die jungen Kolleginnen und Kollegen haben uns in den nächs-ten Tagen diesbezüglich einige crazy Vorschläge zu machen. Also viel Vergnügen mit dem Genderschwerpunkt, keep it real und servus!

Genie

Liebe Hörerin! Lieber Hörer!

Die Monika kaut noch immer am Wahlergebnis:

> *Lieber Ombudsmann! Warum bringt Ausländerfeindlichkeit noch immer so viele Wählerstimmen? Mittlerweile weiß doch jeder, dass wir Genies aus dem Ausland brauchen, wenn un-sere Wirtschaft nicht völlig den Bach runtergehen soll.*

Liebe Monika, im Juli des vergangenen Jahres brach von einem Moment auf den anderen für 650 Millionen Menschen die Strom-versorgung zusammen. Für zwei ganze Tage. Und zwar in einem Land, in dem die Hälfte der Menschen keinen Zugang zu Sani-tätseinrichtungen hat, 50 Prozent der Kinder unterernährt sind, 300 Millionen Menschen in extremer Armut leben und der Staat heuer mit 1,3 Milliarden Dollar für sein Weltraumprogramm doppelt so viel Geld ausgibt wie für die gesamte restliche For-schung.

Ich spreche von Indien, einem Land, auf dessen Fachkräfte unsere Wirtschaft spitzt. Diese Spezialistinnen und Spezialisten könnten mühelos Indiens Stromversorgung stabilisieren, medizinische Versorgung verbessern, Bildungsstandards heben und Armut bekämpfen. Damit diese Berufsfelder weiterhin schlechter bezahlt bleiben als Weltraumforschung, rufen Industrielobbys heute den internationalen Wettstreit um Begabungen aus. Die Welthandelsorganisation WTO verlangt bereits nach liberaleren »Import- und Exportregeln« für Fachkräfte, der britische Premier fantasiert von einem Ausstieg aus der europäischen Menschenrechtskonvention, und aus Katar erreichen uns erste Meldungen von Sklavenarbeit auf WM-Stadien-Baustellen.

Liebe Monika, du hast sicher recht, die Ausländerfeinde kümmern sich nicht ernsthaft um die steigende Zahl an Verlierern des globalen Zusammenbruchs der sozialen Idee. Aber sie tun so als ob, und das ist mehr, als alle anderen tun, und deshalb bekommen sie so viele Stimmen.

Servus!

Geschenke

Liebe Hörerin! Lieber Hörer!

Heute ist der erste Werktag nach Weihnachten, und wenn einst Außerirdische mit modernen Zeitmaschinen in unsere Gegenwart zurückschauen werden, dann werden sie nicht glauben können, dass eine Menschheit, die in der Lage war, eine Sonde ans Ende des Sonnensystems zu schicken, mit ihrer Zeit nichts Besseres anzufangen wusste, als Geschenke umzutauschen.

Dein Ombudsmann macht seine Weihnachtsgeschenke deshalb immer erst nach dem Stephanitag auf, damit er die vielen geschäftstüchtigen Gesichter in den Einkaufsstraßen nicht sehen

muss, die versuchen, aus ihren ungeliebten Weihnachtsgeschenken durch geschicktes Verhandeln beim Umtausch noch einen
zusätzlichen Gewinn zu schlagen.

Außerdem sind es meistens nur zwei Geschenke, die ich bekomme, eines beim Wichteln auf der FM4-Weihnachtsfeier, und
das andere von meiner Ilse, das sich traditionell mit dem Ver-
schleißzustand meiner Fußbekleidung beschäftigt und sich in
Gestalt eines Paares neuer Stutzenstrümpfe materialisiert. Rundherum haben meine Ilse und ich ein putziges Ritual entwickelt.
Wenn ich meine neuen Stutzen ausgepackt habe, dann ziehe
ich die alten umgehend von den Füßen ab, halte sie mir jeweils
links und rechts ans Ohr und galoppiere hechelnd im Hopser-
lauf wiehernd auf meine Ilse zu. Sie versucht sofort, das Aus-
maß ihrer Zuneigung zu kanalisieren, und kickt mir routiniert
einen Sessel in den Lauf, ich stolpere, und nachdem ich das Bewusstsein wiedererlangt habe, werfe ich die alten Stutzen meistens in den Mülleimer, wische die Blutflecken vom Boden, ver-
sorge die Platzwunde am Kinn und schaue mir dann allein den
Videomitschnitt meines Auftritts in »Stars in der Manege« aus
dem Jahr 1973 an, wo ich nach Ende der Fernsehaufzeichnung in
einer Holzkiste versperrt in der Manege vergessen und nur deshalb nach zwei Tagen entdeckt wurde, weil in der Kiste normalerweise die Aasknochen der Wildtiere transportiert wurden und
sie deshalb abgängig war. Irgendwann kommt dann meine Ilse
von ihrer Mutter zurück, ich mache ihr Vorwürfe, sie verspot-
tet mich, wirft die Türe zu und geht ins Bett. Du bemerkst, wenn
man sich rund um Weihnachten Rituale schafft, dann ist alles
halb so schlimm. Servus!

Glas

Liebe Hörerin! Lieber Hörer!

Lange Zeit wurde Glas von vielen Menschen für eine Flüssigkeit gehalten, unter anderem weil in alten Kirchen die Fenstergläser unten breiter waren als oben. Längst weiß man aber, dass Glas ein Festkörper ist ...

> *Hallo Ombudsmann, wir haben vor kurzer Zeit ein neues Bad einbauen lassen, das ist auch sehr schön und alles, allerdings haben wir gleichzeitig eine neue Glastüre bekommen für das Bad. Nun passiert es mir immer öfter, dass ich in der Früh nach dem Aufstehen, noch im Halbschlaf, voll gegen diese zugemachte Türe renne. Was habe ich nun für Möglichkeiten? Meine Nase würde sich für eine Antwort bedanken. Dein Parakary!*

Lieber Parakary, dir stehen zahlreiche Möglichkeiten offen, den Fehlentwicklungen in deiner Lebensumgebung gegenzusteuern. Wohnungswechsel, Bettlägerigkeit oder Suizid sind nur drei davon. Du könntest auch Schattenbilder von Vögeln auf das Glas kleben, um eine Kollision zu vermeiden, das funktioniert bei unseren gefiederten Freunden sehr gut. Mein Rat als Praktiker lautet allerdings: Gewöhne dich an die Türe. Du wirst noch zwei-, dreimal dagegenrennen, das tut vielleicht ein bisschen weh, aber dann wirst du es dir gemerkt haben und immer sehr herzlich lachen können, wenn jemand zu Gast ist, der die Türe noch nicht so gut kennt.

Menschen können sehr vieles nicht so gut, etwa friedlich zusammenleben oder wissen, wann es genug ist, aber sie können sich hervorragend anpassen und Gegebenheiten unterordnen. Im Büro, in der Beziehung und eben auch im Bad. Außerdem ist das Wasser in fast allen Gegenden Österreichs sehr kalkhaltig und die in ihnen lebenden Menschen im Grunde faul. Das heißt, schon nach kurzer Zeit wird die neue Glastüre durch Kalkablagerungen so verschmutzt sein, dass durchsichtig kein Adjektiv mehr ist, das zu ihrer Beschreibung taugt. Vielleicht kommt auch noch der in Nassräumen beliebte Schwarzschimmel dazu, und dann bist du überhaupt aus dem Schneider. Wasser marsch und servus!

Gott

Liebe Hörerin! Lieber Hörer!

Die warme Jahreszeit schreibt dem Radiokolumnisten Leichtigkeit in der Themenwahl bei gleichzeitiger Prägnanz vor. Trotzdem mochte ich mich heute dem Anliegen von Peter aus dem Raum Kapfenberg widmen. Immerhin hat er zumindest einen der beiden Parameter des Prinzips Sommerradio unaufgefordert berücksichtigt und fragt in aller Prägnanz:

Lieber FM4 Ombudsmann, gibt es einen Gott?

Lieber Peter! Die Frage nach der Existenz einer transzendenten Macht, die das Leben in der für uns erfahrbaren Welt beeinflusst, ja geradezu lenkt, ist für einen Menschen, der annähernd, verzeih die deutlichen Worte, alle Tassen im Schrank hat, beim besten Willen nicht eindeutig zu beantworten.

Am besten wird sein, du fragst ihn selber. Seine Anschrift lautet: Reich der Vermutungen, Tür 7. Vielleicht bist du ja sogar selber Gott. Zumindest ist das eine der einschlägigen Vermutungen, die uns durchaus gelegentlich beschleichen. Etwa wenn wir es während der Fernsehübertragung eines Fußballspiels nicht wagen, die Toilette aufzusuchen, weil wir vermuten, der Gegner würde unsere Abwesenheit für einen Torschuss nützen. Je schlechter der Fußballverein abschneidet, zu dessen Anhängerschaft man sich zählt, desto schneller begreift man, dass Gott ein anderer sein muss, und hat beim Klogehen nicht mehr so beißende Schuldgefühle. Wobei, es gibt natürlich besonders hartnäckige Fälle, die sich mit Fragen quälen wie etwa: Wenn ich nicht selbst Gott bin, ist dieser üble Geruch gerechtfertigt? Was, wenn jemand anderes, womöglich mein Lebenspartner, der mein Geschick in Händen hält, das riecht? Wird er mich mit Plagen strafen? Ist er oder sie womöglich Gott?

Darauf folgt gewöhnlich bald die Trennung. Man fragt: »Warum hast du mich verlassen?«, bekommt aber nicht die erwartete Antwort: »Hinter dir stinkt's immer so«, und alles geht von vorne los. Lieber Peter, du bemerkst: Gott ist bestenfalls eine Suche. Ich hoffe, ich habe dir trotzdem helfen können – zumindest dabei, das Unvermeidliche in aller Ruhe und Gelassenheit zu verrichten. Schönen Sommer und servus!

Großstadt

Liebe Hörerin! Lieber Hörer!
Der Andi steht der modernen Technik kritisch gegenüber:

Hallo Ombudsmann! Ich bin erst vor Kurzem aus der Ucker-mark nach Berlin gezogen. Überall piepst und blinkt es, und an die Fußgängerampeln werde ich mich wohl auch nie gewöhnen. Was soll ich tun? Up Weedersehn, Andi

Lieber Andi, ich verstehe ja, dass man sich im Tempo der Groß-stadt leicht verliert. Wir alteingesessenen Städter können trotz-dem oft nur staunend zusehen, wenn rotwangige Trachtenpär-chen der U-Bahn weit in den Schacht hinein nachlaufen oder dem Irrtum erliegen, im Tiergarten würde das Rotwild in winzig kleinen Gattern gehalten, um die Chancen auf einen Blattschuss zu erhöhen. Manch Zugezogener bekommt schon im ersten Jahr ziemlich Zores, wenn er im Grunewald für seine Ziegen brandroden geht. Der Bürgermeister bringt in der Regel auch wenig Verständnis dafür auf, wenn du in einem schlechten Erntejahr den Fahrradraum anzündest. Ja, aller Anfang ist schwer.

Was aber verlässlich hilft, ist, wenn du bei jeder Gelegenheit überdeutlich auf deine Herkunft hinweist und um Hilfe bittest. Solltest du etwa wieder einmal eine Straße mit Fußgängerampel überqueren müssen, setze dein freundlichstes Lächeln auf und schieb zärtlich deine rechte Hand in die linke eines gut gebauten Kampfhund-Herrchens. Dann stell dich auf die Zehenspitzen und flüstere in dessen fleischiges Ohr: »Gott zum Gruße! Ich bin's, der Andi aus der Uckermark. Du bist ein sympathischer Bursche. Sei so gut und bring mich sicher über die Straße!«

Spätestens nach dem zweiten Versuch wirst du den Beitrag zu schätzen gelernt haben, den elektronische Hilfsmittel, die keinen Dank erwarten, tagtäglich im urbanen Nahverkehr leisten. Servus!

Großzügigkeit

Liebe Hörerin! Lieber Hörer!

Meine Ilse und ich sind, obwohl wir uns wirklich schon lange kennen und Überraschungen dadurch äußerst schwer gelingen... wiewohl, jetzt, wo ich es erwähne, manchmal gelingt doch eine Überraschung, und dann schauen alle. Doch der Reihe nach. Unlängst habe ich gedacht, es wäre keine schlechte Idee, wenn schon der Winter nicht aufhört, etwas Wärme in unser Leben zu bringen, indem ich meine Ilse mit einer Flasche Champagner überrasche. Gesagt, getan. Wie ich vor dem Regal stehe, denke ich noch, eigentlich reicht auch der im Angebot, aber nein, ausnahmsweise lasse ich mich nicht lumpen und kaufe den besten. Voller Vorfreude stehe ich schließlich vor der Haustüre und klingele, in Erwartung einer von Gegenliebe durchdrungenen Gattin, aber es tut sich nichts.

Vielleicht hat sie den Schlüssel vergessen und dreht eine Runde, scherze ich für mich, aber nur leise, weil es ohnedies niemand hören kann. Minuten später habe ich mich selbst hineingelassen und stehe in der Wohnung, und da fällt es mir wie Schuppen von den Augen: Meine Ilse ist ja bei ihrer Mutter. Wie eigentlich immer um die Zeit rund um Ostern, da fährt sie für etwa zwei Wochen weg, und das seit Jahren. Du kannst dir vorstellen, da war meine Überraschung groß.

Mit der Champagnerflasche in der Hand stehe ich da, und das Letzte, an das ich mich erinnern kann, war, dass ich denke, ich muss das Beweisstück vernichten, weil wenn meine Ilse dahinterkommt, dass ich sie überraschen wollte, nachdem sie schon mehrere Tage verreist war, könnte sie das falsch interpretieren, und das möchte ich ihr eigentlich ersparen. Kurzum, da hat es sich doch rentiert, dass ich nicht geizig war beim Einkauf, der Schampus war vorzüglich, und auf nüchternen Magen hat er mich vollständig überwältigt. Du bemerkst, Großzügigkeit kann sich lohnen, auch wenn man schon sehr lange verheiratet ist. Servus!

Gummistiefel

Liebe Hörerin! Lieber Hörer!
Rund um die ausufernde Entwässerungstätigkeit der großen und kleineren Zu- und Abflüsse Zentraleuropas ist ein grundsätzlich nicht besonders beliebtes Schuhwerk wieder einmal prominent

ins Auge gestochen, der Gummistiefel. Was du nicht weißt, er hat auch das Trauungszeremoniell von meiner Ilse und mir maßgeblich beeinflusst. Wie das, fragst du dich? Haben wir in einem Reisfeld geheiratet oder war das Standesamt so feucht, dass wir aus Isolationsgründen dieses unelegante Schuhwerk angelegt hatten? Keineswegs, würde ich dir beim Raten mit kalt/warm helfen, es wäre weit unter dem Gefrierpunkt.

Was sich zu jener Zeit begab, war, dass ich eine nennenswerte Nagelbettvereiterung am großen Zeh mit zur Trauung brachte, allerdings unsichtbar in meinem Schuh verborgen. Und wie habe ich mir die Vereiterung zugezogen? Ich war in der Woche vor meiner Vermählung eine Zeit lang mit Gummistiefeln unterwegs, aus Gründen, die mir zwar entfallen sind, ein Tragen dieser unschicklichen Fußummantelung aber gerechtfertigt haben dürften, und danach waren die Zehennägel ganz weich vom Schwitzen.

Das kennst du sicher, und wie ich damals wirst auch du schon oft gedacht haben, man soll das Horn schmieden, solange es weich ist. Und so habe ich der Verlockung nicht widerstehen können und mir die Zehennägel abgerissen. Leider war ich beim großen Zeh zu ehrgeizig, was in der Welt der Krankheitserreger mit großer Freude zur Kenntnis genommen wurde. Mein Körper versuchte, die Freude mit Eiterbildung zu dämpfen, und als meine geliebte Ilse mir bei der Verehelichung, kurz bevor ich mit Ja! antworten sollte und musste, unabsichtlich auf den Zeh gestiegen ist, da habe ich für alle unerwartet laut meine Zustimmung gegeben, etwa so: *Aaaaaahhhh!!!!!*, nur viel lauter, was der Standesbeamte unter den erstaunten Augen meiner Ilse aber als Ja gelten ließ, und so sind wir beiden seit dem 1. Mai vor dem Gesetzgeber bereits vierzig Jahre als Mann und Frau gebranded. Servus!

– H –

Halloween

Liebe Hörerin! Lieber Hörer!

Keep on Rocking! Hör nicht auf zu steinigen! Apropos Steinigen. Steffigrafbobby schreibt:

> *Ich habe gehört, in den USA müssen Pädophile jetzt zu Halloween ihre Häuser kennzeichnen, damit die Kinder nicht ausgerechnet dort hingehen. Sollen wir das bei uns auch einführen?*

Also, liebe oder lieber Steffigrafbobby, ich bin wirklich nicht sicher, ob wir alles unreflektiert nachmachen müssen, was aus den USA herüberkommt. Halloween, das ist doch dieser neumoderne Brauch, wo der Krampus nicht die Kinder erschreckt, sondern die Kinder den Krampus. Wo kommen wir denn da hin?!

Außerdem: die Stigmatisierung von Straftätern zur Verbrechensprävention ist tief in der christlich-europäischen Wertegemeinschaft verwurzelt. Da brauchen wir wirklich keine Ratschläge von außen. Die entsprechenden Häuser sind wirklich jetzt schon bestens gekennzeichnet mit diesen hohen Türmen, und das Glockenläuten zur vollen Stunde sollte eigentlich Warnung genug sein. Servus!

Haselnüsse und Blausäure

Liebe Hörerin! Lieber Hörer!

Auch dieses Jahr hat der Maler und Zahler brav gearbeitet, die Früchte des Herbstes sind eingelagert, und so gehen viele Menschen dieser Tage immer wieder in den Keller – nicht nur, um ihre Verwandten zu besuchen. Henriette muss sich dabei aber immer wieder wundern:

Mein Papa hat sehr oft blaue Lippen. Er sagt, das kommt von der Blausäure in den Haselnüssen, die er bei uns im Keller lagert und so gerne isst. Aber kann das stimmen, Blausäure ist doch giftig, oder? Love Henriette

Liebe Henni, in der weichen Schale um die Haselnusse ist tatsächlich ein wenig Blausäure, und Blausäure ist für den Menschen nicht gesund, das weiß man aus dem Führerhauptquartier. Nur: Wenn man eine Vergiftung mit Blausäure durch Haselnussverzehr anstrebt, muss man das vorher lange trainieren. Die Menge an verzehrten Nüssen müsste nämlich derartig groß sein, dass man sich vorher sehr wahrscheinlich lautstark übergibt, enthalten doch die essbaren Teile der Haselnuss rund sechzig Prozent fettes Öl.

Liebe Jette, wenn dein Papa also die Haselnüsse nicht mit euch im Wohnzimmer teilt, sondern zur Atzung in den Keller hinabsteigt, so wird er dort möglicherweise eine kleine Agape zu sich nehmen, bestehend aus Haselnüssen und Rotwein. Der Rotwein dürfte ihm die Lippen eher färben als die Nuss. Die Nüsse isst er vielleicht gar nicht so gern, sondern nur, um seinen Atem zu verkleiden.

Wie auch immer, wenn es ihm danach besser geht und seine Ausflüge in den Keller euer Familienleben im Erdgeschoss friedlicher gestalten, dann würde ich an deiner Stelle nichts an der Reihenfolge ändern: die Nüsse im Keller, die Familie im Parterre. Servus!

Hass

Liebe Hörerin! Lieber Hörer!

»Rauer Montag, glatte Woche« – so heißt es in einer berührenden Bauernweisheit aus Chicago, Illinois. Diesem Mut machenden Gedanken folgend wollen wir heute erhobenen Hauptes die Welt von Blutegel666 kennenlernen ...

He, Ombudstyp! Ich hasse alle Menschen! Was soll ich tun?
Blutegel666

Liebe oder lieber Blutegel666, du bist mir aber ein ganz schöner *sucker*! Scherz beiseite. Die tiefgreifende Verachtung für den Menschen an sich, manche sagen Misanthropolupopo, weil sie nicht wissen, dass es korrekt Misanthropie heißen müsste ... Nein, heute hab ich aber einen Lauf! Im Ernst jetzt: Die Annahme, dass alle Menschen von Grund auf verachtenswert seien, hat meist keine allzu erquickliche Wurzel.

Oft versuchen Menschen sich selbst zu retten, indem sie einem recht starren Ideal folgen. Dieses Ideal wenden sie auf sämtliche anderen Menschen an, die ihnen begegnen, und jede Abweichung verfestigt dabei die Überzeugung, alle Menschen seien verachtenswert. – Voilà: Le Misanthrope. Die klassische Menschenhasserkarriere beginnt mit einsiedlerischer Klausur und führt dann über den Umweg der Einsamkeit in missionarische Selbstaufopferung. Liebe oder lieber Blutegel666, wenn dir dieser Karriereplan nicht einleuchten sollte und du finanziell größere Pläne hast bzw. mindestens drei deiner Kollegen schon einmal auf eine deiner Tiraden nach kurzem Schlucken mit dem Satz »Das ist ein Schlager!« reagiert haben, dann rate ich dir: werde Kabarettist! In der Presseaussendung, mit der du dich ankündigst, sollte zumindest vorkommen: extrem, politisch unkorrekt und alternativ. Künstlername: Wolf Hass. Fertig. Viel Glück auf dem Weg nach oben und servus!

Heidi

Liebe Hörerin! Lieber Hörer!

»Alles neu macht der Mai, macht die Seele frisch und frei. Lasst das Haus, kommt hinaus, windet einen Strauß.«

Die Strangulation von Laufvögeln ist es nicht, zu der der niederrheinische Volksschullehrer Hermann Adam von Kamp mit seinen einfältigen Zeilen aufrufen will. Vielmehr soll die Pracht des sogenannten Blumenmonats Mai besungen werden. Ein unzweideutiges Angebot für diese Deutungsmöglichkeit manifestiert sich gleich in der ersten Zeile des altdeutschen Liedklassikers recht unverschleiert in dem Wort »Mai«. Der Rest des Gedichtes wartet in erster Linie mit grobschlächtiger, klebrig-schwülstiger Metaphorik, gewandet in verblüffend triviale Reimpaare, auf. Da ist etwa die Rede von etwas Kleinem, das groß wird und dann im moosig weichen Schloß ruht, und Ähnlichem. Weshalb erzähle ich dir das? Nun, die Katja aus Zürich schreibt mir und fragt:

Lieber Ombudsmann, wir diskutieren in der Schweiz sehr viel darüber, ob Johanna Spyri die Heidi-Bücher wirklich von einem deutschen Dichter abgeschrieben hat. Was sagst du als neutraler Beobachter? Gruß, Katja

Liebe Katja, also meine Einleitung dürfte dich bereits beruhigt haben: Es handelt sich bei Hermann Adam von Kamp keineswegs um einen Dichter im Sinne des Ehrentitels Poet, und die Heidi-Bücher... na ja, ich kann mir schwer vorstellen, dass jemand, der Hörnerklang den Wald entlangschickt oder allen Ernstes grün auf blühn reimt, in der Lage wäre, Romane zu schreiben, die so intensiv und gleichzeitig fragil, ja so zeitlos eindringlich beschreiben, wie ein kleines Mädchen aufgrund seiner Herkunft gemobbt wird und darauf mit Essstörungen und Schlaflosigkeit reagiert. Als unabhängiger Weiser lautet mein Urteil also: Da ist Frau Spyri ein ganz großes Stück Literatur gelungen, das ich manchem Alm-Öhi und Geißenpeterli ans Herz legen möchte. Servus!

Hineinziehen

Liebe Hörerin! Lieber Hörer!

Wenn es draußen bitterkalt ist, die Tage kürzer und die Rotzglocken länger werden, dann ist auch der Ingo nicht gerne allein...

> *Lieber Ombudsmann! Ich bin bis über beide Ohren verliebt. Sie heißt Anna, und wir haben uns bei einer Erasmus-Party kennengelernt. Eigentlich hätte ich schon Lust auf eine Beziehung mit ihr, aber ich habe selber schon so viele Probleme. Wie schaffe ich es, dass sie mit mir zusammen ist, ohne dass ich sie da mit hineinziehe? Bitte hilf mir, Ingo*

Lieber Ingo, sollte eines deiner »vielen Probleme« darin bestehen, dass du dich von Kopf bis Fuß mit Gleitgel einschmierst und dann schrille Schreie ausstoßend versuchst, in ein drei mal sechs Zentimeter kleines Mausloch zu schlüpfen, sobald sich dir jemand bis auf fünfzehn Meter nähert, verstehe ich deine Bedenken.

Deine Anna dürfte wohl auch irritiert reagieren, wenn du dich ihr gegenüber als Raucher ausgibst, um dann abscheuliche Grimassen schneidend zur Hälfte gepaffte Zigaretten auf ihrer Hauskatze auszudrücken.

Auf Dauer wird es auch zwischen euch stehen, wenn du nachts deinen Stoffwechsel nicht unter Kontrolle hast und diesen Umstand zu kaschieren versuchst, indem du dich bemühst, sie nicht zu wecken, während du verstohlen eure Bettdecken vertauschst.

Und wenn du dich montags, mittwochs und freitags gerne als homophober Papagei verkleidest, um in farbenfrohe Federtracht gehüllt verdutzte Passanten krähend als Arschpiraten oder Lehmgrubentechniker zu beschimpfen, darfst du womöglich nicht auf ihre volle Unterstützung zählen.

Wenn es mit Anna und dir etwas werden soll, lieber Ingo, solltest du ihr aber jedenfalls zutrauen, dass sie schon selber entscheidet, worauf sie sich einlässt. Die wenigsten Menschen leben heute noch in Höhlen, und die meisten Frauen tragen so kurze Haare, dass man sich schwer damit tut, sie irgendwo hineinzuziehen. Alles Gute euch beiden und servus!

Hochzeitstag

Liebe Hörerin! Lieber Hörer!

Der Elkan fragt:

> *Lieber Ombudsmann! Meine Frau und ich, wir feiern heute unseren ersten Hochzeitstag. Hast du eine Idee, wie wir das am besten angehen könnten?*

Lieber Elkan, meine Ilse und ich, wir erinnern uns an diesen Tagen gerne zurück, wie wir uns kennengelernt haben, damals im Juni 67 in München, bei einer Fete mit dem Motto »Enteignet

Springer«. Aus Wien war ich gewöhnt, dass bei Studentenfesten oft Kostümzwang herrscht, und bin als Schah von Persien gegangen. Ich habe eigentlich den ganzen Abend schwer Anschluss gefunden, bis mir dann endlich meine spätere Ilse aufgefallen ist.

Sie verfügte damals schon über zwei unterschiedlich große Brüste, was mich seit jeher magisch angezogen hat. Mutig trat ich vor sie hin: »Guten Abend, Erich mein Name, deine Brüste sind originell.« Vielleicht habe ich auch »kurios« gesagt, an den genauen Wortlaut kann ich mich nicht erinnern. Sie hat das Kompliment jedenfalls erst nicht annehmen können und schüchtern abgewunken:

»Entschuldige bitte, ich fühle mich nicht besonders.«

»Bist du aber.«

Das war der Moment, in dem sie sich in mich verliebt hat. Wir sind sofort weg von der Fete. Draußen auf der Gasse hat sie sich dann langsam zu mir hergebeugt, und dann ist alles ganz schnell gegangen. Ich habe ja bis heute den Käseigel in Verdacht. Ich wollte ihr die Haare aus dem Gesicht halten und bin auf ihrem Erbrochenen ausgerutscht. Dabei habe ich mir das Steißbein gebrochen. Noch im Krankenwagen ist uns klar geworden: Es ist wirklich etwas Ernstes. Und wir feiern bis heute unsere Hochzeitstage so, dass wir uns überessen, bis sie auf den Küchenboden speit, ich rutsche darauf aus, und dann freuen wir uns, was wir für ein Glück gehabt haben. Servus!

Höflichkeit

Liebe Hörerin! Lieber Hörer!
Johnnybereal leidet unter Schlaflosigkeit...

> *Hallo lieber Ombudsmann! Warum kündigen viele Menschen
> eine Frage immer mit der Phrase »und zwar« an? Warum fra-
> gen sie nicht einfach? Bitte lieber Ombudsmann, sorge dafür,
> dass dieser Missstand endlich ein Ende findet und ich wieder
> gut schlafen kann. mfg johnnybereal*

Lieber johnnybereal, auch mich verblüfft es Tag für Tag, dass wir
in dieser undurchschaubar funkelnden Glitzerwelt überhaupt
noch miteinander sprechen können. Ein mögliches Fundament
für das Wunder Kommunikation ist die Höflichkeit, und die ge-
bietet, dass man eine Frage erst ankündigt, bevor man sie stellt.
Etwa: Ich habe eine Frage, und zwar...

Nachdem also offenbar Höflichkeit an sich dir als Missstand
erscheint, gehe ich davon aus, dass du ein Freund des zivilen Un-
gehorsams bist. Immerhin leitet sich der Begriff der Höflichkeit
nicht zufällig von Hof im Sinne von Herrschaftszentrum ab. Ich
begrüße grundsätzlich deine republikanische Einstellung. Dennoch halte ich deinen Zorn für fehlinvestiert, deine Schlaflosigkeit für wenig fruchtbar. Ich schlage deshalb vor, dass du dich
fürderhin weniger auf die Form als auf den Inhalt der gestell-
ten Fragen konzentrierst und weite Teile deiner widerständigen
Energie dahingehend umleitest. Mit ein wenig Glück schlafen wir
dann bald alle ein bisschen besser. Lieber johnnybereal, lass mich
dir nur noch eines mit auf den Weg geben. Und zwar: Servus!

Höhepunkt

Liebe Hörerin! Lieber Hörer!

In dieser Woche scheint dir besonders das Thema Familie am Herzen zu liegen. Auch der webuser blutmai29 schlägt in dieselbe Kerbe...

> *Oh Ombudsmann! Mir ist, ohne Schmäh, die Braut durchgebrannt. Erst redet sie davon, dass das der schönste Tag in ihrem Leben wird, und dann lässt sie mich am Altar stehen. Das Schlimmste ist: Ich will sie immer noch. Vielleicht fällt Ihnen ja etwas ein. Das ist alles so schnell gegangen. Ich weiß nicht, was ich tun soll. Danke, blutmai29*

Lieber blutmai29! Sei dir meines ungeteilten Mitgefühls gewiss. Jeder, der schon einmal unter Anleitung eines Erziehungsberechtigten Weihnachtsgedichte einstudiert hat, weiß, wie kalt der Schauer sein kann, der einem über den Rücken läuft, wenn man im entscheidenden Moment verlassen wird, um verloren vor der versammelten, in Erwartung zuckenden Verwandtschaft zu vergehen. Das ist unverzeihlich.

Andererseits hätte dich der Satz deiner mobilen Angebeteten stutzig machen müssen, es handle sich bei eurem Hochzeitstag um den schönsten Tag in ihrem Leben. Meine Ilse sagt immer, wenn wir uns im Museum endlich der paläobotanischen Sammlung nähern: »Man soll gehen, wenn es am schönsten ist« – und lässt mich dann mit den Präparaten allein und geht mit einem alten Schulkollegen, dem Greifensteiner Gustl, auf einen Kaffee ins Museumsbistro. Manchmal denke ich, die müssen sich schon vorher verabredet haben, weil dass der Greifensteiner Gustl jedesmal zufällig auch im Museum ist, wenn meine Ilse und ich gehen, das ist doch sehr verdächtig. Und da kann er dreimal der

Museumsdirektor sein. Na ja, ich mische mich da nicht ein. Offenbar, lieber blutmai29, war deiner Braut das höchste Glück zu früh da. Und vielleicht wollte sie sich nicht damit abfinden, es den Rest ihres Lebens vortäuschen zu müssen. Wenn du sie also zurückgewinnen willst, dann gib ihr zu verstehen, dass du verstanden hast und dich in Zukunft bemühen wirst, den Höhepunkt so weit wie möglich hinauszuzögern. Viel Glück und servus!

– I –

Internat

Liebe Hörerin! Lieber Hörer!

Hannelore aus Übersee schreibt mir eine E-Mail vom Handtelefon aus …

> *Lieber Ombudsmann, ich bin begeisterte FM4-Hörerin der ersten Stunde und Mutter von zwei halbwüchsigen Söhnen, die mir viel Freude machen. Allein, sie lassen mich nie FM4 hören und verstellen dauernd die Frequenz bei meinem Radio. Was können Sie mir raten? Herzlichst Hannelore*

Liebe Hanni, die Lösung in dem Fall ist ganz einfach: Internat.

Am besten eine Schule etwas weiter weg mit Sechstagewoche, dann kommen die Buben am Samstag erst am Nachmittag heim. Der restliche Tag geht mit Mopedreparieren ins Land oder dergleichen, am Abend hängen sie sich einen um, dass sie zum Rauschausschlafen den halben Sonntag brauchen. Dann Mittagessen, die Buben zum Wäscheabnehmen zwingen, ein-, zweimal übers Haar streicheln, und dann geht ohnedies schon wieder der Postbus ins Internat.

Ich denke, das ist eine saubere Lösung für dich und den Sender, und die Buben bekommen eine gediegene Ausbildung, nicht zuletzt im Anfassen und Unerlaubt-aus-dem-Fenster-Steigen.

Liebes Lorchen, Generationen vor uns haben das so gemacht, und es ist eigentlich fahrlässig, wie viel von diesen wertvollen Traditionen unserer Vorfahren in den letzten Jahren verloren gegangen sind. Darüber sollte auch einmal wer nachdenken, wenn er Zeit hat. Schönes Wochenende und servus!

Internet

Liebe Hörerin! Lieber Hörer!

Eine Frau Liselotte Baumann schreibt mir:

> *Sehr geehrter Herr FM4 Ombudsmann. Ich habe im Internet über Kraftsteine nachgelesen, und dort steht, dass Amethyst und roter Jaspis gut sind gegen Antriebslosigkeit. Ist das wahr? Hochachtungsvoll, Liselotte Baumann*

Nun, liebe Frau Baumann, wir alle wissen nicht erst seit Wiki-Leaks: Das Internet ist nicht nur ein vergnüglicher Ort, es ist auch die Wahrheit darin enthalten.

Allerdings sind die Seiten mit der Wahrheit oft schwer zu finden, und man braucht ein Passwort. Der uneingeweihte Nutzer bleibt auf seiner Wahrheitssuche deshalb oft bei Dateien hängen, die zwei knallgrüne Zeichentrickzebras im Zank um die letzte Kelle Zwiebelsuppe zeigen. Nein, herrlich, das eine Zebra springt in die Luft, hui! Das kann man gar nicht so lebendig nacherzählen, wie es in echt ist.

Jedenfalls würde ich die Quellenlage einem gründlichen Recheck unterziehen, wie wir Journalisten sagen, und vorerst nicht davon ausgehen, dass Ihre psychophysische Schwäche in irgendein Verhältnis zu Quarzen zu bringen ist. Da hilft es eher, wenn ich Ihnen den Link mit den Zebras schicke. E-Mail genügt.

Servus!

Iran

Liebe Hörerin! Lieber Hörer!

Thermo-balling 1979 ist einigermaßen besorgt …

> *Hey, Ombudsmann, dauernd heißt es, der Iran habe bald waf-*
> *fenfähiges Uran. Wird uns der Iraner bald vernichten? Muss*
> *ich mich vor seinen Kernwaffen fürchten? Deine Thermo-bal-*
> *ling 1979*

Liebe Thermo-balling 1979, der Iraner an sich ist nicht bösartiger als der Wolfratshausener oder der Wilhelmshavener. Und seine Frau schon gar nicht. Man kann nicht einmal uneingeschränkt behaupten, dass in Klerikaldiktaturen die Menschenrechte weniger geachtet werden als in sogenannten westlichen Demokratien. Im Vatikan beispielsweise sind Hinrichtungen von ehebrüchigen Frauen äußerst selten.

Kernwaffen selber sind auch dumm wie Beton. Sie können praktisch gar nichts, wenn man ihnen nicht über die Straße hilft oder auf die Startrampe. Vor Kernwaffen brauchst du keine Angst zu haben. Wenn du dich gerne vor was fürchten möchtest, liebe Thermo-balling 1979, dann am besten vor dem Mensch per se.

Der Mensch, egal welcher Herkunft, ist ein sprachbegabtes Stoffwechselkonglomerat mit Haaren, vollgestopft mit Habgier, Neid und Niedertracht wie eine Mastgans mit Futterbrei. Er hat für seine Mitgeschöpfe Verachtung übrig und Geringschätzung, aber auch Gehässigkeit und Abscheu. Der Mensch ist so gefährlich, dass sich mehr als fünfzig Prozent der Biomasse der Welt unter der Erdoberfläche verstecken und nie mit ihm in Kontakt kommen. Das ist keine schlechte Strategie, aber du und ich, wir können das leider nicht. Wenn wir das können, nennt man das begraben sein, und dann sind uns die iranischen Kernwaffen auch schon egal. Servus!

Wertvolle Menschen 1
Jessica Rufy:
»Jeder Mensch kann sich waschen«

Liebe Leserin! Lieber Leser!

Ich habe dir auf den vorangegangenen Seiten schon mehrmals das Hohelied der Jugend gesungen und werde es auf den verbleibenden nicht lassen, denn als FM4 Ombudsmann lerne ich so viele wertvolle Menschen kennen, die meiner Generation nachwachsen, dass ich die Hoffnung in mir trage, die kommenden Zeiten mögen besser werden als die vergangenen. Pars pro toto, also stellvertretend für das Ganze, falls du kein Latein kannst, möchte ich dir nun Jessica Rufy vorstellen, ein Mädchen aus gutem Hause mit hervorragenden Umgangsformen. Oder sie wird es vielmehr selber tun, denn Bevormundung der Jugend ist ein Steckenpferd, das zwar viele ältere Menschen reiten, aber dieser Ritt bringt sie in der Regel höchstens wieder an den Ausgangspunkt zurück. Da hätten sie gleich sitzen bleiben können und beispielsweise die Fotos ins Album einordnen, weil wenn man das immer vor sich herschiebt und hofft, es macht jemand anderes, dann passiert es vielleicht nie, und die Nachkommen werfen dann alles in einen großen Container, denn jeder Tag mehr kostet pro Mulde mehr Miete.

Bitte, Jessica.

Hallo, ich bin die Jessica und will als Erstes sagen: Also wir sind ganz sicher nicht reich. Ich bin ein ärger normales Mädel von nebenan. Wobei, wir sind eher nicht wirklich Nachbarn, außer du wohnst auch in Mödling, Pfarrgasse 9. Wenn das so ist, dann: MöMö!

Im Ernst: Ich bin Co-Autorin von diesem Buch, weil ich hab mitg'macht beim »ER WIN – Der Redewettbewerb der niederösterreichischen Landesregierung 2011«. G'wonnen hab ich leider nicht. Ich hab mich eh ziemlich gegiftet, weil der erste Preis wär ein Praktikumsplatz g'wesen bei Österreich (also nicht in dem Land Österreich, sondern bei der Zeitung. Mein Dad hat g'meint, das muss man dazusagen. Das kennen die meisten gar nicht. Ärger peinlich!). Jedenfalls wäre das mit dem Praktikum ein zu guter Zufall g'wesen, weil ich mach grad die FH Journalismus. Ich werd nämlich Auslandskorrespondentin, weil ich liiiiiiiiiebe diese Atmosphäre auf Flughäfen. Ich hab das Gefühl, beim Fliegen ziehen sich sogar die ärgeren Prolos ausnahmsweise einmal g'scheit an, was ja in Österreich n. i. (noch immer) keine Selbstverständlichkeit ist.

Hallo?! Anderswo auf der Welt können sie sich auch halbwegs anziehen. Ich war g'rad mit meinem Dad im Südsudan, das ist so ein Land, das gibt es jetzt ganz neu in Afrika. Ich liebe Afrika! Mein Dad hat dort geschäftlich zu tun g'habt. Aber alles ärger seriös. Ich sag es gleich dazu, weil mich immer alle so anschauen, als hätt ich irgendeine Krankheit. Entschuldigung, die Afrikaner haben vielleicht genauso ein Recht zu telefonieren, wie wär's damit! Ja, mein Dad verkauft Telefone. Werd ich jetzt erschossen? Unsere Firma testet jedenfalls im Südsudan grad eine App fürs Smartphone, wo du die SMS nicht mehr tippen musst, sondern nur mehr hineinreden. Wo wir hin'kommen sind, waren eh überall schon die Plakate: »If you can't text your message, speak it!« Das spart den Südsudanisten ärger Zeit. Weil jetzt müssen gar nicht mehr alle schreiben lernen. Es brauchen nur alle ein Smartphone (ärger praktisch!). Wenn das dort gut funktioniert, dann kommt das bei uns auch bald. Für manche Kinder hat es ja wirklich keinen Sinn, wenn sie sich andauernd abschleppen mit den schweren Schulbüchern. Mein Dad meint,

ein Drittel der Kinder holt sich in der Schule sowieso nur Hal-
tungsschäden.

Wie sind wir jetzt auf »Südsudan« gekommen? Bitte kann mir
sofort jemand helfen, sonst bring ich mich um! Ach so, danke, wegen dem Anziehen: Mein Dad war zum official dinner eing'laden
beim minister of information. Ja, bei *dem daheim*! Aber ich muss
sagen: Die Vorurteile stimmen nicht. Die Tochter vom Minister
schaut ärger gut aus. Okay, sie ist in London aufg'wachsen. Aber
sie hat schon ärger viel g'macht: Prada, Chanel, Calvin Klein…
Benetton. Nein, das war ein depperter Schmäh. (Sie schaut wirklich zu gut aus.) Sie wird jetzt auch irgendwas bei der UNO. Na
ja, sie ist aber auch schon zweiundzwanzig, und sie hat halt mit
allen großen Fotografen g'arbeitet: LaChapelle, Lindbergh, Lei-
bovitz. Und was hat die Tochter vom Spindelegger g'macht?
Humana? Okay, dafür sind bei uns die normalen Leute schon
besser an'zogen. Da haben die Südsudanisten auf jeden Fall noch
viel Aufholbedarf. Beim Aperitif hab ich dem Minister g'sagt:
»Okay, man *kann* für ein offizielles Dinner einen Einreiher anziehen. Aber hallo! Beim amerikanischen Schnitt bleibt der un-
terste Knopf offen, wie wärs damit?« Bist du deppert, der hat
mich ärger dankbar ang'schaut. Der Blick ist mir durch und
durch gegangen. Er hat gar nicht viel g'sagt: »Ja ja.« Trotzdem
war da plötzlich eine ärger starke Verbindung zwischen uns.
Mein Dad hat g'meint, das ist kein Wunder, weil ursprünglich
kommen wir alle aus Afrika. Na ja, er hat zwei Schlaganfälle hinter sich.

Also, lange Rede, kurzer Sinn: Ich hab den »ER WIN – Der
Redewettbewerb der niederösterreichischen Landesregierung
2011« nicht g'wonnen. Ich war die undankbare Vierte. Danke
vielmals! Mein Thema war wahrscheinlich vielen ein ärgerer
Dorn im Auge. Aber es war der Herr Erich (FM4 Ombudsmann)
in der Jury, und ich hab ihm zu leidgetan, und er hat g'meint, er

stellt mir als persönlichen Preis ein paar Seiten beim Goldmann Verlag auf.

(Aber bitte: An alle, die jetzt gleich wieder schon alles wissen: Es is absolut nix g'laufen. Er ist eh ein zuu fescher Typ für sein Alter, aber ich hatte vielleicht kein Interesse, wie wär's damit, und außerdem würd ich's prinzipiell nicht ohne Schutz machen. Und er hat aber eine Latexallergie.)

Mein Thema war jedenfalls Rumänien, und ich find, meine Rede war eigentlich die beste, aber g'wonnen hat natürlich so eine Müsli-Fuffn (sorry!) mit Nachhaltigkeit und vertrockneten Babyrobben. Die Frau hat alles abg'lesen!

Ich hätt natürlich auch einfach runterlesen können: »Rumänien ist überall« von Jessica Rufy. »Sehr geehrte Damen und Herren! Rumänien ist auch ein Land der Gegensätze«, blablabla. Aber das wär zu steif rüber'kommen. Drum hab ich halt versucht, frei zu sprechen. Und ich hab halt trotzdem leider Gottes zufällig nicht g'wonnen, und ich kann das vielleicht akzeptieren, wie wär's damit? Sonst hätt ich jetzt ja auch keinen persönlichen Preis und könnt nicht Aufklärungsarbeit über Rumänien leisten, was mir vielleicht ärger wichtig ist! Vielleicht hab ich ja sogar absichtlich nicht g'wonnen, weil das nicht alles ist, denkt daran *bitte* auch einmal jemand? Es ist nämlich ein zu gutes Gefühl, wenn man sich von der stupiden Masse heraushebt und aktiv wird, probiert's das einmal aus, Leute. Gut sein ist zuu cool! (Oder »Cool sein ist zuu gut« geht auch. Eigentlich geht beides. Jedem das Seine!)

Rumänien hat ein Bruttoinlandsprodukt von zwölftausendsechshundertachtundneunzig Euro, das ist ungefähr ein Drittel von Österreich. Bruttoinlandsprodukt, das heißt, jeder Mensch in Rumänien bekommt zwölftausendsechshundertachtundneunzig Euro. Bist du deppert! Würd ich auch nehmen. Zwölftausendsechshundertachtundneunzig Euro. Das könnten bei uns auch grad ärger viele zuu gut gebrauchen. Mitten in der Finanzkrise. Mein Dad hat fast ein Fünftel von seinen Investments abschreiben können. (Einfach so!) Ich würd die zwölftausendsechshundertachtundneunzig Euro jedenfalls wahrscheinlich nicht sparen. Ich glaub, ich würd mir für ein Monat eine ärger geile Dachgeschosswohnung im Ersten mieten und dann Party Party Party! Wobei, ich weiß gar nicht, ob's in Rumänien überhaupt DJs gibt. DJ Ceaușescu?? Nein danke. Das Geld kriegen natürlich trotzdem die Rumänen. Typisch EU! Verhungern werd ich auch nicht, okay. Aber reich sind wir sicher nicht! Also betteln gehen muss ich *noch* nicht. Wobei ich wahrscheinlich ärger erfolgreich wär als BettlerIn. Bei *der* Konkurrenz! Das sind eh zu arme Schweine, aber Entschuldigung, *jeder Mensch kann sich waschen!* Die wollen ja was von mir. Ich mein, wenn ich eine ärgere Wunde am Fuß hab, dann verdeck ich die doch irgendwie, wie wär's damit. Mit ein paar Tüchern kann man da schon viel machen! Wenn man die ein bisschen nett drapiert … (Das sind drei Handgriffe!) Ich schau auch nicht von Natur aus so gut aus. Das geb ich gern zu. Ich steh auch in der Früh eine Stunde im Bad dafür, dass ich halbwegs annehmbar rüberkomm. Und in Rumänien gibt's genauso Wasser. Ich hab nachg'schaut auf Google Earth. Die haben genauso eine Donau. Und die haben bitte sogar ein Meer!

Aber Leute, ich muss jetzt aufhören. Ich treff mich morgen zum Brunch mit »Frau Silvia Davidoiu«, das ist »Ihre Exzellenz«, die »Botschafterin von Rumänien«. Mein Dad war ausnahmsweise einmal ärger sozial und hat g'sehn, wie sehr mich der vierte Platz beim »ER WIN – Der Redewettbewerb der niederösterreichischen Landesregierung 2011« emotional z'sammhaut, und dann hat er sofort rumtelefoniert. Jedenfalls will mich die »rumänische Botschaft« als Kulturattersee oder Kulturtasche oder so was haben. Ich hab's nicht genau verstanden am Telefon, die können zu schlecht Deutsch, und die Verbindung war auch

ärger schlecht. Aber es ist ja auch egal, als was die mich jetzt genau wollen. Heutzutage kommt es sowieso nicht mehr auf Titel
an. Und ich interessier mich auch ärger für Kultur, und ohne Be-
rufspraxis hast du sowieso keine Chance, dass dich wer nimmt als
Auslandskorrespondentin. Wie auch immer, ich find, das klingt
ärger von vorgestern: »Ihre Exzellenz«. Wenn das der Minister
im Südsudan unbedingt so will, okay. Aber in Europa? Hallo?!
Na ja, Rumänien ist ja erst seit 2007 in der EU. Na passt, ich muss
jetzt aufhören. Ich hoff, wir sehen uns mal. Ich freu mich ärger
drauf!

– J –

Jesus Christus

Liebe Hörerin! Lieber Hörer!

Etwa zwei Milliarden Menschen huldigen am Sonntag nach dem ersten Frühjahrsvollmond einer Sage, in deren Verlauf ein Wanderprediger und Zauberer von überheblichen Italienern brutal an zwei Holzbalken genagelt wird. Sollten dir jetzt Gedanken wie »Die sollen lieber was arbeiten!« durch den Kopf schießen, möchte ich dir einerseits ein Mindestmaß an Respekt nahelegen und andererseits entgegenhalten, dass die Arbeit ja erst niedergelegt wird, wenn der Magier den Endgegner besiegt hat. Die Andrea hat dazu eine Frage.

Ich verstehe nicht, wieso Jesus nicht zurückkommt auf die Erde. Wir könnten derzeit eine Persönlichkeit wie ihn wirklich gut brauchen. Außerdem finde ich es geschmacklos, wie abfällig du dich immer wieder über die katholische Kirche äußerst. Weißt du nicht, dass du damit religiöse Gefühle verletzt? Andrea

Liebe Andy, was würdest du schätzen, wie viel Prozent der Menschen in Österreich, also Moslems, Juden, Katholiken, Protestanten, Hindus, Konfessionslose etc., von sich sagen, dass sie an Gott glauben? Nun, laut aktuellen Studien handelt es sich um siebenundvierzig Prozent. Eingetragenes Mitglied der katholischen Kirche sind allerdings achtundsiebzig Prozent der Gesamtbevölkerung. Um religiöse Gefühle kann es bei dieser sogenannten Glaubensgemeinschaft also nicht gehen. Zu deiner anderen Frage: Weshalb kommt Jesus Christus nicht endlich zurück auf die Erde? An seiner Enttäuschung darüber, dass er im Ränkespiel um den Posten des CSU-Chefs schon wieder den Kürzeren gezogen hat, wird es nicht liegen, sondern es wird ähnliche Gründe haben wie die Tatsache, dass auch das Rotkäppchen nicht zu uns zurückkehrt. Nämlich: Es ist eine Geschichte. Außerdem verleiht ihr Christen eurer Hoffnung nach einer Rückkehr des Heilandes nicht gerade auf sensible Art Ausdruck, wenn ihr überall diese Kreuze aufhängt. Diese Erinnerung an seinen schmerzhaftesten Moment ist wohl das Letzte, was Jesus sehen wollte, wenn er vorbeischaut. Das ist wirklich zynisch von euch. Mein Tipp: Versucht es noch mal mit dem Fisch als Symbol. Vielleicht klappt es ja dann. Servus!

Journalismus, unabhängiger

Liebe Hörerin! Lieber Hörer!

Es ist mehr als anständig von dir, dass du dich erneut für die Frequenz von Radio FM4 entschieden hast. Ich möchte dir auf diesem Wege im Namen der gesamten Redaktion ein aufrichtiges Dankeschön aussprechen. Wir brauchen dich. Und deine Verwandten und Freunde. Gerne auch Arbeitskolleginnen, und aus der Blasmusik die Spezln nehmen wir auch. Wenn du da ein gutes Wort einlegen könntest, wären wir dir sehr verbunden. Und wenn die Hornisten selber keine Zeit haben, sollen sie einfach ihren Hund oder ein anderes Haustier vor das Radio hinketten. Das dürfte auch langen.

Du musst wissen, um jederzeit mögliche weitere Budgetkürzungen abzufedern, brauchen wir Argumentationshilfen vor unseren Werbekunden.

Seit 2001 sind ausnahmslos alle redaktionellen Inhalte verkauft. 2003 ist man dazu übergegangen, dass die Gäste die Fragen
stellen und die Journalisten müssen Antworten finden. Seit 2006
schließlich ist das technische Equipment nur mehr die freundliche Leihgabe einer Großbank, seit 2010 eine weniger freundliche.
Mit Verlaub, wir brauchen Quote! Widrigenfalls käme es schon
bald zu neuerlichen Entlassungen. Nachdem sämtliche hetero-
sexuellen Redakteurinnen in den fetten Jahren mit ihren männ-
lichen Pendants blauäugig Familien gegründet haben und deren
Sprösslinge längst als Praktikanten bei FM4 arbeiten, wird die
Lage umso dramatischer. Also bleib um Himmels willen dran.
Oder willst du seelenruhig zusehen, wie Familien auseinander-
gerissen werden?

Natürlich ist es nicht nur für uns ein Glück, dass du zuhörst,
sondern in erster Linie für dich. Sonst hättest du die Frage von
substratocaster verpasst.

*Lieber Ombudsmann! Ist unabhängiger Journalismus 2014
überhaupt noch möglich? cheers, substratocaster*

Selbstverständlich, du unverschämter Lümmel! Servus!

– K –

Kabarett

Liebe Hörerin! Lieber Hörer!

Der Till möchte zum Lachen nicht immer nur in den Keller müssen:

> *Lieber Ombudsmann! Meine Freundin und ich würden gerne*
> *wieder öfters ins Kabarett gehen. Aber diese Preise sind ja*
> *eine Frechheit. Wieso ist Kabarett so teuer?*

Lieber Till, das Theater räumt dem Zuschauer einen deutlich größeren Gestaltungsspielraum ein als etwa das Kino. Brad Pitt ist während der Projektionen seiner Filme in der Regel nicht wirklich anwesend. Auf der Bühne hingegen stehen dem Publikum für ein paar Stunden waschechte Menschen zur Verfügung, und in der Regel wird die Rampe nicht einmal von Sicherheitskräften bewacht. Wenn dir das Dargebotene also nicht gefällt, kannst du jederzeit aufstehen, auf die Bühne hüpfen und die Künstler fest in ihren Hintern zwicken.

Dieser Service hat natürlich seinen Preis. Wenn der sehr hoch ist, kannst du getrost davon ausgehen, dass der Veranstalter wenig überzeugt ist von dem, was er da feilbietet, und hofft, dass nicht so viele kommen. Dass trotzdem immer wieder Hundertschaften vierzig Euro oder mehr für Kabarett bezahlen, kommt daher, dass viele Leute den Abend ungern zu Hause verbringen, sondern lieber an einem sicheren Ort. Dafür bezahlen sie Schutzgeld. Der Kabarettist garantiert im Gegenzug, dass dir zwei Stunden lang nichts passiert. Und zwar nicht das Geringste. Es gibt selbstverständlich auch Kabarettisten, da kostet der Eintritt nicht so viel, dafür muss man aber etwas erleben. Man wird geradezu gezwungen, einen Gedanken zu haben oder ein Gefühl. Ja, lieber Till, du bemerkst, billige Lacher gibt es nicht. Servus!

Kaffee und Kipferl

Liebe Hörerin! Lieber Hörer!
Die Onka schreibt noch richtige E-Mails, fast wie früher, mit Betreffzeile und IP-Adresse und allem. Ich bin direkt nostalgisch geworden.

> *Lieber Ombudsmann, stimmt es, dass die Türken den Kaffee und das Kipferl nach Wien gebracht haben? Alles Liebe, Onka*

Liebe Onka, im Jahre 1683 wurde Wien bekanntlich erfolglos von einer Armee des Osmanischen Reiches belagert. Ein gewisser Herr Kolschitzky soll nach dem Ende der Kampfhandlungen die übrig gebliebenen osmanischen Kaffeebohnen eingesammelt und mit diesem Grundstock dann das erste Kaffeehaus aufgesperrt haben. Diese Legende hält sich beharrlich, in erster Linie wahrscheinlich aus Gründen des Wiener Stadtmarketings, in dessen Rahmen die europäische Kaffeehauskultur untrennbar mit der österreichischen Bundeshauptstadt verbunden werden sollte.

Kaffeehäuser hat es freilich schon lange vor 1683 gegeben, vor allem in nordeuropäischen Handelsstädten, und Kipferln sowieso. Wenn vermeintlich wohlmeinende Stimmen also verlautbaren, die Türken hätten uns Europäern die Null, die Zentralperspektive, die optische Linse, die klassische griechische Philosophie und dazu Kaffee und Kipferl gebracht, dann haben wir es weniger mit einem sinnvollen Beitrag zu einem gleichberechtigten, respektvollen Miteinander zu tun als vielmehr mit dem Versuch, sich die Osmanen als geborene Kellner unterzuordnen.

Bitte sehr. Bitte gleich. Einmal Platon Höhlengleichnis. Mit scharf?

Die Mauren etwa werden so nicht selten zu Untergebenen und Dienern gestempelt, deren Leistung in einem ermöglichenden Einfluss auf die europäische Kultur, also auf das einzig Wahre besteht. Ich persönlich denke, das Osmanische Reich war wie sein Gegenüber, das Heilige Römische, eine esoterisch unterfütterte, expansionistische, menschenverachtende Despotie, und wir sollten uns mit den Türkinnen und Türken von heute bei Kaffee und Kipferl zusammensetzen und beraten, wie wir derlei in Zukunft am besten verhindern. Servus!

Kälte

Liebe Hörerin! Lieber Hörer!

Das Unbehagen der Geschlechter macht dem Samtmann Kopfzerbrechen …

Lieber Ombudsmann, warum ist meiner Freundin dauernd so schnell kalt? Ist das bei Frauen immer so? Ciao, Samtmann

Lieber Samtmann, vielen Dank für deine durchaus berechtigte, wenn auch unscharf formulierte Frage. Um zu einer befriedigenden Antwort zu gelangen, müssen wir erst klären, welchen Geschlechterbegriff wir hier diskutieren. Ich wäre allerdings nicht der, der ich aber dann doch bin, würde mich das vor große Schwierigkeiten stellen.

Wie wir alle wissen, ist für die Wärmeerzeugung die metabolisch aktive Körpermasse zuständig. Ein statistisches Ungleichgewicht in der Verteilung von Muskelmasse zwischen den biologischen Geschlechtern wird allerdings durch ein ebenfalls bestehendes Ungleichgewicht in der Verteilung des Isolationsmaterials Fett ausgeglichen.

Offensichtlich sprichst du, lieber Samtmann, also nicht vom biologischen Geschlecht, sondern wendest den Begriff »Frau« hier auf jene Menschen an, die aufgrund gesellschaftlicher Druckmomente auf das Isolationsmaterial, sei es Fett, Selbstwertgefühl oder Textil, verzichten und sich dadurch in höherem Maße mit einer quasi sozialen Kälte konfrontiert sehen. Wir alle können mithelfen, eine Welt zu schaffen, in der diese Menschen weniger schnell frieren müssen. Es müsste nur gelingen, dass endlich der Mantel aus Baumwolle, Griebenschmalz und Wertschätzung in Mode kommt. Servus!

Katze

Liebe Hörerin! Lieber Hörer!

Die Marylector hat eine Frage, und ich willfahre widerstandslos…

> *hallo ombudsmann. mein freund hat eine katzen(haar)allergie. darf ich ihm dennoch katzenzungen und eine hello kitty-bettwäsche zum geburtstag schenken? würde er auch allergisch regieren, wenn er katzenfleisch äße? magst eigentlich du kutzen? liebe grüße, marylector.*

Liebe Mitzi, grünes Licht für die Geburtstagspräsente! Du musst ja auch nicht Hundesteuer zahlen, wenn du einen Rollmops kaufst. Ja, gelungen.

Und, liebes Mariedl, was die Zubereitung von Katzenfleisch betrifft, so gilt diese bei uns nur bedingt als Kulturleistung. Der italienische Fernsehkoch Beppe Bigazzi musste deshalb unlängst seinen Arbeitsplatz räumen, weil er seinem erlesenen Feinschmeckerpublikum erklärt hatte, wie man eine gebratene Katze besonders schmackhaft gelingen lässt, indem man nämlich, nach einem alten toskanischen Brauch, die tote Katze drei Tage lang ins Wasser eines Baches hält, um ihr Fleisch aufzuweichen und es dann leichter zubereiten zu können. Heute würde man das angesichts der Wasserqualität vieler Bäche sicher anders machen.

Liebe Mareike, die Frage, ob ich Katzen mag, habe ich letzte Woche wirklich mit dem mir eigenen Sanftmut affirmativ beantwortet, obwohl ihr ökologischer Fußabdruck ein Hammer ist. Eine einzelne Katze produziert im Laufe ihres Lebens genauso viel CO_2 wie ein Kleinwagen. In dieser Hinsicht, muss man sagen, ist eine Katze leider ein Kapitalverbrechen an der Klimazukunft unserer Kinder und wäre mit »Salz, Pfeffer, Rosmarin, Zitrone, die Erdäpfel und das Wurzelgemüse schon von Anfang an mit in die Kasserolle, 60 Minuten, bei 180 Grad, Ober/Unterhitze« sicher nachhaltiger für kommende Generationen. Serviervorschlag mit Mango Chutney. Servus.

Kinder

Liebe Hörerin! Lieber Hörer!
food baby wundert sich über neue Dienstleistungen und schreibt an mich persönlich:

Lieber Ombudsmann! Seit Neuestem werden »kindergerechte Abschiebungen« diskutiert. Was soll denn das sein, bekommen abgeschobene Kinder als Erste das Essen im Flieger und können es auch essen, weil der Mund wegen Kindgerechtheit nicht verklebt wird? Warum sind Kinder bei uns so unbeliebt? Kinder sind doch unsere Zukunft! *kopfschüttel* food baby

Liebe oder lieber food baby, Kinder sind tatsächlich das große Thema. Seien es nun die Verwendungsmöglichkeiten von bereits geborenen, die im Rahmen der Kinderbewirtschaftung durch die katholische Kirche bekannt wurden, oder sei es die unlängst als Budgetentwurf präsentierte Anhebung der Anschaffungs- und Haltungskosten von Kindern in der Praxis durch das sogenannte Sparpaket, also die neuerlichen Anspruchskürzungen. Aber um deine Frage fundiert beantwortet zu bekommen, musst du bedenken, Kinder sind in erster Linie nicht unsere Zukunft, sondern ihre eigene. Im Prinzip kommen sie auf die Welt, um eines Tages die bereits Anwesenden zu ersetzen. Das ist für viele beängstigend.

Ob Abschiebung, und sei sie noch so kindgerecht, tatsächlich eine Lösung dieses Dilemmas ist, muss dahingestellt bleiben. Denn im Grunde genommen wollen viele Erwachsene auch und vor allem in Kindern weiterleben, und zwar in aller Regel langfristig evolutionär und nicht so, wie es in katholischen Internaten praktiziert wurde. Liebe oder lieber food baby, ob Kinder tatsächlich so unbeliebt sind, wie du glaubst, lässt sich daher nicht mit Bestimmtheit sagen. Im Gegenteil, sicher sind die meisten Erwachsenen sogar der Meinung, an Kindern sei prinzipiell nichts auszusetzen, solange sie berechenbar bleiben, ihren Dienst in den »Fun Factories« und »Nachtschichten« ordnungsgemäß versehen oder sich in Kellerverliesen still beschäftigen. Servus!

Kochen

Liebe Hörerin! Lieber Hörer!

Die Patricia ist gerade von zu Hause ausgezogen und fragt:

> *Wie soll das gehen: jeden Tag in der Woche kochen. Mir fällt meistens schon am Mittwoch nichts mehr ein, und außerdem dauert es eine Ewigkeit, und gesund soll es auch noch sein.*

Liebe Patricia, vor zwei Jahren war meine Ilse einmal auf Kur, und da habe ich mich in der Redaktion nach Rezepten erkundigt. Der Kollege Elsbacher war schlussendlich so freundlich und hat mich auf Jamie Oliver aufmerksam gemacht, einen bei sorglosen Medienkonsumenten offenbar recht populären britischen Fernsehkoch. Eine Zeit lang habe ich mir Herrn Oliver sogar zum Vorbild genommen und versucht, mediterran, aber vor allem rucki zucki zu kochen. Heute ist mir bewusst: Man muss das üben. Ich habe mir sehr oft in die Finger geschnitten, und diese frischen Zutaten sind auch nicht billig. Schon nach der ersten Woche habe ich das Sparbuch von der Tante Hella auflösen müssen und vor lauter schlechtem Gewissen angefangen zu trinken.

Eine Nachbarin, die Frau Gerstmayer, hat mir dann die Küche der 5 Elemente empfohlen. Das sind Messer, Gabel, Schere, Licht und ein Kraftstein, der, wenn man ihn regelmäßig auf den Hauptmeridianen auflegt, Impotenz verhindert und einem Waisenkind das Augenlicht zurückgibt. Streng verboten waren für mich ab sofort: Salz, Milchprodukte, frisches Obst/Gemüse, Schweinefleisch, Zucker, Kaffee und Fruchtsaft. Die Frau Gerstmayer wusste, bekömmlich sind für mich vor allem Fenchel, Ingwer und die toten Hautschuppen, die mir tagsüber aus den Nasenhaaren fallen. Sie hat gemeint, ich soll im Optimalfall warm frühstücken, gut kauen, dann gleich eiskalt duschen, mich drei Minuten, so schnell wie möglich, im Kreis drehen und ab ins Büro. Das ist mir eigentlich sehr entgegengekommen, und wir hatten eine schöne Zeit miteinander. Die Frau Gerstmayer wollte mich dann sogar einmal zu einem Apfelstrudel einladen. Sie macht ihn ganz ohne Teig, Rosinen und Äpfel. Aber dann war meine Ilse schon zurück von der Kur, und sie hat sich mit der Frau Gerstmayer schlecht verstanden. Na ja, sie ist eben auf so ziemlich alles allergisch. Servus!

Kommen

Liebe Hörerin! Lieber Hörer!
Sowie das Nahen des Frühlings erahnbar wird, beginnt in deinen Briefen die Zärtlichkeit ein bestimmendes Thema zu werden...

> *Lieber Ombudsmann! Meine Freundin beschwert sich in letzter Zeit immer, dass ich beim Sex nur aufs Kommen aus bin und null auf sie eingehe. Ist das nicht das Ziel des Spieles, und warum kann sie sich nicht einfach für mich freuen? Respect!*
> *praefox9000*

Lieber praefox9000. Sei auch du dir meines Respekts gewiss. Zumal deine Vermutung, wonach der Geschlechtsakt ausschließlich in der Hoffnung auf die Ejakulation begonnen wird, auf umfangreiche theologisch-philosophische Studien schließen lässt.

»Aller Anfang ist hingeordnet auf Vollendung«, so tönt es aus der »Summa theologica« des wohl bedeutendsten Kirchenlehrers, Thomas von Aquin, dessen Ehrentag die Anhänger des katholischen Ritus am 28. Januar begehen, wie dir zweifellos bekannt sein dürfte. Deine umfangreichen diesbezüglichen Studien sehr wohl anerkennend, möchte ich jedoch davor warnen, sich den molligen Scholastiker in puncto heterosexuelle Fleischeslust zum Vorbild zu nehmen. Immerhin ist überliefert, dass der Theologie Nerd es vorzog, 1245 ein Jahr lang in einem Turmzimmer eingesperrt zu bleiben, weil er die Mädchen total peinlich fand.

Lieber praefox9000, selbstredend ist das sogenannte Kommen nicht das einzige Ziel des Liebesspiels. Die Liste der Alternativen ist lang, und ihr Vortrag würde in gezählten achtundsiebzig Punkten gegen das Hörfunkgesetz verstoßen. So bleibt mir abschließend nur der Ratschlag, das Kommen in Zukunft gerechter zu verteilen, damit das prägende Verb eurer Beziehung nicht endgültig das Gehen wird. Servus!

Kommerz

Liebe Hörerin! Lieber Hörer!
Reservesatan69 prescht vor:

> *Lieber Ombudsmann! Meine Band »Puff Dandy« spielt Hardcore, und ich schreibe alle Lieder. Unser Song »Pick me down« soll jetzt in einer Werbung laufen. Ich weiß nicht so recht, ob mir das gefällt, aber alle anderen in der Band sind dafür, vor allem mein Gitarrist. Er sagt, bei Sportlern ist Werbung okay, aber bei Künstlern regt sich jeder auf. Das ist ungerecht. Was sagst du?*

Lieber Reservesatan69, an der schwierigen Entscheidung »*Kommerz ja oder so ähnlich*« sind schon viele Bands zerbrochen, nicht zuletzt auch die Beatles aus Hamburg. Kurz nach dem Krieg haben sie sich ausgesprochen ungeschickt ausgerechnet nach dem VW-Käfer benannt, dem Beetle, der kurz zuvor noch als »Kraft-durch-Freude-Wagen« jener NSDAP-Organisation als Zugpferd diente, welche die Freizeit der Bevölkerung gleichschalten und überwachen sollte.

Von der Spex abwärts ist damals eine Welle der Empörung durch das Feuilleton geschwappt, und die Beatles sind in Folge auf sämtlichen Flughäfen Deutschlands, aber auch international angebrüllt und als Pilzköpfe beschimpft worden, weil sie sich so dem Mainstream angebiedert haben. Die Band hat sich daraufhin erst nach Indien geflüchtet und dann aber bald aufgelöst.

Im Sport ist die Öffentlichkeit bezüglich kommerzieller Verwertung der gezeigten Leistungen tatsächlich nachsichtiger.

Sportlerinnen und Sportler werden dafür aber auch nur dann mit Aufmerksamkeit gewürdigt, wenn sie in ihrer Disziplin messbare Erfolge nachweisen können. Künstlerinnen und Künstler genießen in unserer autoritätsorientierten Kultur einen Vorschuss an Aufmerksamkeit. Wenn sie diesen Vorschuss jedoch zur leistungsorientierten Selbstfinanzierung nützen, sollten sie sich nicht wundern, wenn sie in der Folge ähnliche Rahmenbedingungen für die Publikation ihres Schaffens vorfinden wie Sportlerinnen und Sportler.

Lieber Reservesatan69, in diesem Sinne empfehle ich ausdrücklich die Entscheidung gegen die Werbung. Sonst geht es euch noch irgendwann wie den Beatles. Servus!

Kommunismus

Liebe Hörerin! Lieber Hörer!

Bevor der Himmel zart wird, die Erde blass und die Welt zu einem Aquarell mit dem Titel »April«, müssen wir uns noch mit der Frage von Gullimonster1997 auseinandersetzen.

Lieber Ombudsmann! Mein großer Bruder redet andauernd davon, dass die Menschen zu unterschiedlich viel verdienen und dass das gleicher gemacht werden soll. Mein Vater sagt, das ist Kommunismus. Wer hat recht? Gullimonster1997

Liebe oder lieber Gullimonster1997, sei froh, dass dein Vater so wachsam ist. Die Fratze des Kommunismus befindet sich nämlich in ständiger, hinterlistiger Wandlung. Vor fünfundzwanzig Jahren haben Wachorgane es noch couragiert als Kommunismus entlarvt, wenn junge, selbstgerechte Sozialdemokraten verlangt haben, ein Vorstandsmitglied sollte nicht das Zwanzigfache, sondern höchstens das Achtfache eines einfachen Arbeiters oder

Angestellten verdienen. Wenn denselben, mittlerweile etwas älteren Sozialdemokraten heute aus dem Gesicht rinnt, dass es irgendwie entspannter wäre, wenn es nur das Dreißigfache wäre und nicht das Hundertzwanzigfache, muss man schon sehr genau hinschauen, um diese Forderung als Kommunismus entlarven zu können. Dafür sollten wir deinem Vater aufrichtig danken.

Da draußen gespenstern nämlich seltsame Ideen herum. Einige Querulanten beschweren sich darüber, dass Spitzenmanager heute zu einem Stundenlohn von zwanzigtausend Euro arbeiten, während gleichzeitig das tägliche Ernährungsbudget eines Hartz-IV-Empfängers mit circa vier Euro berechnet wird, das eines Zooaffen wiederum mit zehn Euro. Es gibt sogar Menschen, die behaupten, das Wirtschaftswachstum in Ländern mit größerer Ungleichheit sei geringer als das in ausgewogeneren Volkswirtschaften. Diese Brunnenvergifter behaupten, das Bildungsniveau würde sinken, die Kosten für das Sozialsystem steigen, weil Ungleichheit krank und ängstlich macht. Zum Glück haben wir Menschen wie deinen Vater, die diese Agents provocateurs als Kommunisten demaskieren. Sag ihm bitte ganz liebe Grüße und vielen Dank. Servus!

Korruption

Liebe Hörerin! Lieber Hörer!

Die Pamela hat letzte Woche bemerkt,

> *dass meine Katze komplett korrupt ist. Kaum füttert sie ein paar Tage jemand anderes, wird sie untreu.*

Liebe Pamela, das ist ja noch gar nichts! Wie du weißt, habe ich seinerzeit in München Paläobotanik studiert, und ich war derart konzentriert auf meine Präparate, dass mir bis weit ins zwölfte

Semester hinein nicht aufgefallen ist, wie wenig mein soziales Leben mit meiner geistigen Entwicklung Schritt halten kann.

Die meisten Bekannten steckten längst in festen Beziehungen und hatten sich gemeinsame Testhunde angeschafft. Diesen Rückstand wollte ich dringend aufholen. Mädchen waren allerdings nie meine Stärke, also habe ich mir erst einmal einen Testhund angeschafft. Der Rest wird sich schon ergeben, habe ich gedacht, und mich eigentlich vom ersten Tag an sehr gut mit meinem Intschu Tschuna vertragen, seines Zeichens Bayerischer Gebirgsschweißhund mit ordentlichen Manieren. Nun, allein lassen durftest du ihn natürlich nicht.

So ein Hund kann ja kein gutes Buch lesen, auch kein schlechtes, geschweige denn Mikado spielen. Der ist ziemlich festgelegt auf Stoffwechsel und Bellen. Meinem Intschu Tschuna war offenbar derart langweilig, dass er die blutigen Taschentücher – ich habe damals viel Nasenbluten gehabt von meiner Old Shatterhand Asbest-Bettwäsche – also, du musst dir vorstellen, er hat nicht nur einmal die blutigen Rotzfahnen aus dem Badezimmermistkübel herausgeholt und gefressen. Und du konntest ihm die Dinger auch kaum mehr entreißen. Wenn der einmal Blut geleckt hatte, dann hat der eine derartige Kraft entwickelt.

Liebe Pamela, da ist deine korrupte Katze ja noch gar nichts im Vergleich. In solchen Momenten, wie ich sie mit meinem Intschu Tschuna erlebt habe, wird dir erst richtig klar: Genau genommen lebst du mit einem Tier unter einem Dach. Und das mitten in einer Demokratie. Es ist erschreckend. Servus!

Kühlschranklicht

Liebe Hörerin! Lieber Hörer!

Dennis schickt mir folgende E-Mail in Betreff »elementare Frage«:

Sehr geehrter Herr Ombudsmann! Seit meiner Kindheit be-schäftigt mich ein Thema, bei dem mir bisher weder die Herr-schaften von Google und Wikipedia noch der freundliche Saturn-Techniker weiterhelfen konnten: Was war zuerst da? Der Kühlschrank oder das Licht im Kühlschrank? Bitte hilf mir, damit ich endlich ungeplagt von Zweifeln einschlafen kann, bevor ich dreißig werde. Alles Gute und grüß mir die Ilse

Lieber Dennis, deine E-Mail hat mich besorgt gemacht. Darum hab ich auch nicht gleich geantwortet. Du bist nämlich einer je-ner verzagten jungen Menschen des 21. Jahrhunderts, die sich wünschen, noch vor ihrem dreißigsten Geburtstag im Zustande völliger Sicherheit zu entschlafen. Als Freund des Lebens und sei-ner Risiken kann ich das nicht gutheißen. In den vergangenen Wochen habe ich deine tieftraurigen Zeilen wieder und wieder studiert, bis ich endlich zu dem Schluss finden konnte, dass du dich immerhin auf einem guten Weg befindest, indem du dich mit den von dir als elementar erlebten Zweifeln nicht länger an die jeweiligen Marktführer diverser Segmente des Dienstleis-tungssektors und des Vertriebes von Unterhaltungselektronik wendest, sondern an unabhängige, öffentliche Institutionen wie mich.

Der nächste Schritt aus der Dunkelheit sollte jetzt sehr schnell folgen. Mein Vorschlag: Beginne, präziser zu zweifeln. Wenn du das nächste Mal spätnachts heimkommst, nachdem du deine Angst vor dem Dreißiger in Hochprozentigem ertränkt hast, wankend die Kühlschranktür mit hypnotischer Gleichmäßigkeit auf- und zumachst und das pulsierende Licht bewunderst, stell dir lieber die Frage, woher du kommst, als die, was zuerst da war. Die Grüße an meine Ilse bestell ich gerne. Servus!

Kulturhauptstadt

Liebe Hörerin! Lieber Hörer!

Die Karin fragt besorgt:

> *Wie können wir sicherstellen, dass in unserer Gemeinde trotz der aktuellen Wirtschaftslage regelmäßig Kulturveranstaltungen stattfinden?*

Nun, liebe Karin, in der Kulturpolitik braucht es dieser Tage naturgemäß besonders viel Fantasie. Ich schlage dir folgenden angemessenen Finanzierungsmix von öffentlicher und privater Hand vor: Macht eure Gemeinde zur Europäischen Kulturhauptstadt! Und zwar für immer. Die europäische Kommission ist sicher froh um die Gelegenheit zum Verwaltungsabbau, und die bereits als Kulturhauptstädte der kommenden Jahre vorgesehenen Gemeinden werden das Angebot ebenfalls dankbar annehmen. Immerhin sind alle Kulturhauptstädte, die das ordentlich machen, nachher pleite.

Du lässt dir also in einem ersten Schritt die Übernahme der Verpflichtungen von Umea, Riga, Pilsen, Paphos und San Sebastian abgelten. In einem zweiten Schritt wendest du dich dann an eine der vielen Abgangsgemeinden, die ihren ordentlichen Haushalt nicht mehr ausgleichen können, und garantierst ihnen gegen ein vernünftiges Entgelt, dass du deine guten Kontakte zur EU-Kommission nicht einsetzen wirst, um sie zur Kulturhauptstadt hinaufzulobbyieren. Das ist denen sicher einiges wert.

Dann schlägst du im österreichischen Strafvollzugsgesetz bei § 65 nach, ich darf zitieren: »In den Strafvollzugsanstalten und in den Gefangenenhäusern der Gerichtshöfe ist wenigstens einmal im Vierteljahr eine belehrende, künstlerische oder unterhaltende Veranstaltung abzuhalten.« Das ist der bestverankerte Kulturauftrag, den du noch finden wirst. Deine Gemeinde widmet sich um zu einem Großgefängnis, Stichwort »Gated Community«, und schon kann das kulturelle Leben krisensicher blühen. Ich wünsche euch viele inspirierte Stunden, servus!

– L –

Latein

Liebe Hörerin! Lieber Hörer!

Ein sinnzersetzender Übersetzungsfehler treibt billmöhre800 in meine Arme…

> *Lieber Ombudsmann! Ich sitze im Schulgemeinschaftsaus-schuss. Letzte Woche war Sitzung, und es ging darum, dass wir endlich einen Raucherhof brauchen. Zumindest für die Achte. Mein Lateinprofessor sitzt auch im SGA und hat das Ganze schon wieder mit seiner Gegenstimme verhindert. Er hat gesagt: »Mens sana in corpore sano! Ein gesunder Geist wohnt nur in einem gesunden Körper!« Was sollen wir tun?*
> *billmöhre800*

Liebe oder lieber billmöhre800, nachsehen könnte man deinem Lateinprofessor eventuell, dass er recht schludrig mit dem kaum festmachbaren Begriff der Gesundheit hantiert, einem beobachterabhängigen Konstrukt, dessen Fehlinterpretation als Zustand und nicht als Prozess zu schwerwiegenden sozialpolitischen Irrtümern führen kann.

Die Lizenz als Lehrkraft für den Gegenstand Latein sollte ihm aber auf jeden Fall sofort entzogen werden. Mit seiner unverzeihlichen Verkürzung des Juvenalzitats »orandum est, ut sit mens sana in corpore sano« leistet er vorsätzlich einer sinnzersetzenden Fehlübersetzung Vorschub, die den gewollten Gehalt des Verses, in dem der römische Satiriker angesichts der Athleten seiner Zeit spottet, oft müsse man beten, dass in einem gesunden Körper auch ein gesunder Geist wohne, unwissenschaftlich umdeutet.

Was deine nikotinsüchtigen Mitschülerinnen und Mitschüler betrifft, so kann ich einerseits nur anraten, das Rauchen einzustellen, es ist teuer und ungesund. Ich weiß aber aus eigener Erfahrung, wie demütigend es sein kann, von dringendem Durchfall getrieben, eine entlarvende Spur durch das Treppenhaus ziehend, von einem Stockwerk ins nächste laufen zu müssen, weil die Primaner die Toiletten zu Rauchsalons umgewidmet haben. Ich wünsche euch viel Kraft für euren weiterer Kampf und verbleibe in Anlehnung an deinen tüchtigen Lateinprofessor mit den Worten »4. Mai, Biene mit dir« – oder: »May the force be with you«. Servus!

Lätschnbäbbi

Liebe Hörerin! Lieber Hörer!

Ein gewisser Wolfgang Gebauer aus München schreibt in Sorge um seine Lebenspartnerin:

Hallo lieber Ombudsmann! Meine Freundin trinkt neuerdings weder Kaffee noch Bier. Ich frage dich: Wie kann sie das auf Dauer überleben? Diese beiden Substanzen sind doch lebensnotwendig! Liebe Grüße, der Wolfi aus München

Pfeilgerade! In München muss es ja lustig zugehen, stelle ich mir zumindest vor. Dieser Tage feiert man ja auch gerade auf einer Wiese den Monat Oktober. Das Bier fließt also mit gutem Grund in Strömen, und wenn gar nichts mehr reingeht, dann schiebt man eben geschwind einen Kaffee dazwischen.

Ja, und deine Freundin, die alte Lätschnbäbbi, wieso trinkt

die denn nicht mit und wie überlebt sie das bloß? Dieses fremde und seltsame Wesen ist wahrscheinlich aus einer anderen Galaxie zu uns heruntergestiegen und ernährt sich ausschließlich von Hirnschmalzbroten. Manchmal, das macht sie aber eher nur zum Spaß, saugt sie dir auch mitten in der Nacht die Energie aus dem kleinen Finger.

Das ist die eine Möglichkeit: Deine Freundin ist eine Außerirdische und braucht gar keine Flüssignahrung. Denkbar wäre aber auch, dass deine Partnerin dir auf sanfte Weise zu verstehen geben möchte, wie sehr deine Performance im Liebesspiel zu wünschen übriglässt. Immerhin gelten übermäßiger Kaffee- und Bierkonsum als Ernährungssünden Nr. 1 bei Erektionsproblemen. Womöglich geht deine Freundin also gerade mit gutem Beispiel voran und verzichtet ihrerseits auf die angesprochenen Potenzkiller, damit du deinen neugierigen Kumpels sagen kannst, du trinkst ab sofort weniger, weil du deiner verreckten Freundin folgst, und eine öffentliche Debatte deiner mangelhaften Steherqualitäten bleibt dir so erspart.

Lieber Wolfgang Gebauer, ein herzliches »Angezapft ist!« nach München, ich glaube, du kannst dich wirklich glücklich schätzen, was für einen einfühlsamen Goldschatz du erwischt hast. Es sei denn, sie ist tatsächlich eine Außerirdische. In diesem Fall würde ich dringend zu getrennten Betten raten. Servus!

Leben, das richtige

Liebe Hörerin! Lieber Hörer!
Die Hilde hat Hummeln im Hintern:

> *Lieber Ombudsmann. Ich möchte gerne das richtige Leben kennenlernen. Wo muss ich dafür hinfahren?*

Liebe Hilde, ich kann dein Fernweh gut nachvollziehen. Seinem Bewegungsdrang freien Lauf lassen, auf Bäume klettern, barfuß über Dünen spazieren – das muss man sich leisten können. Meine Ilse und ich, wir haben Regionen bereist, da erziehen die Menschen ihre Kinder heute noch genauso autoritär wie bei uns vor hundert Jahren. Aber nicht aus ideologischen Gründen, sondern weil sie sich keine neuen Fensterscheiben leisten können und schon gar keinen Arzt. Ja, Mecklenburg-Vorpommern ist ein hartes Pflaster. Die »g'sunde Watsch'n« gibt es. Und sie ist nur wenige Schuldenbremsen entfernt.

Aber meine Gattin und ich, wir waren auch schon einmal außerhalb Europas. Ich muss sagen, das war nicht so mein Fall. Ich mache der Karibik keinen Vorwurf. Die Palmenstrände, die Sonnenuntergänge – alles ausreichend paradiesisch. Aber in der Karibik halten die uns Westler für komplette Volltrottel, damit muss man leben. Am Strand versuchen die Eingeborenen ständig, dir irgendwelche Glasperlen anzudrehen. Und sogar im Minimarkt muss man sich demütigen lassen. Ich übe im Flugzeug mühsam »Grüß Gott« in sieben indigenen Dialekten – und der Verkäufer antwortet gelangweilt in sauberem Oxford-Englisch. Das ist die berühmte karibische Beliebigkeit. Schrecklich!

Nun, liebe Hilde, auf meinen Reisen habe ich gelernt, dass die Welt voller Überraschungen steckt. Man muss sie nur bemerken. Und jeder Mensch bemerkt etwas anderes. Die einen sagen »Vatti, schau die Flip-Flops sind im Angebot«, die anderen sagen »Der Weltkrieg steht unmittelbar bevor«. Die einen sagen »Hurra, das Schnitzel ist im Angebot«, die anderen sagen »Es gibt heute mehr Sklaverei in der Welt als je zuvor«. Und irgendwo dazwischen ist das richtige Leben und sagt: Servus!

Lebensprobleme, elementare

Liebe Hörerin! Lieber Hörer!

Die Melanie wendet sich in bitterster Verzweiflung an ihren Ombudsmann…

> *Es sind die elementaren Fragen des Lebens, die mich nachts*
> *nicht mehr schlafen lassen. Hast du zum Beispiel eine Ahnung,*
> *wieso nach dem Wäschewaschen immer einzelne Socken über-*
> *rigbleiben oder warum so viele Leute im Flugzeug Tomaten-*
> *saft trinken? Bitte hilf mir! Cheers, Melanie*

Liebe Melli. Deine Zeilen werfen tiefe Sorgenfalten auf meine Stirn. Wer sich bestimmt weniger sorgt, sind die Herausgeber diverser Lifestylemagazine. Immerhin spielst du ihrem Produkt in die Hände, indem du die von dir aufgeführten Fragen als die grundlegenden Lebensprobleme begreifst und nicht etwa »Was soll ich tun?«, »Was darf ich hoffen?«, »Was ist der Mensch?« oder dergleichen.

Unter der grafisch tadellos ausgeführten Überschrift »Elementare Fragen des Lebens« können sie dir so problemlos Woche für Woche jeden Schmonzes verkaufen, den sie irgendwo im Internet gefunden haben, wodurch sie sich das Geld für mindestens drei Redakteure sparen. Dass sie minderwertige Lektüre auf den leidgeprüften Markt werfen, die dich und deinesgleichen in letzter Konsequenz direkt in die Alltagsuntauglichkeit führt, nehmen sie dabei skrupellos in Kauf.

Liebe Melanie, damit du nachts wieder ruhig schlafen kannst, empfehle ich daher als ersten Schritt die Kündigung des betreffenden Abonnements, außerdem den Genuss eines hervorragenden Stücks leichter zeitgenössischer Literatur, etwa »Der Photoapparat« von Jean-Philippe Toussaint, sowie den Genuss von lavendel- oder baldrianhaltigen Kräuterteemischungen kurz vor dem Zubettgehen. Es sei denn, du leidest unter chronischer Zystitis. Dann würde ich spätabends möglichst nichts mehr trinken. Sonst bekommst du ein elementares Problem. Servus!

Leitbild, wirtschaftspolitisches

Liebe Hörerin! Lieber Hörer!

Der Stevie fragt:

Welches wirtschaftspolitische Leitbild sollte in Zukunft angewendet werden? Der sozialen Marktwirtschaft werden ja offensichtlich seit längerer Zeit ihre Grenzen aufgezeigt. Liebe Grüße, Stevie

Lieber Stevie, das menschliche Zusammenleben ist alles andere als einfach, und deshalb kann es sehr schön sein.

Früher einmal, als alles noch einfacher war, da haben die Kaiser und Könige alles besessen, und ihre Untertanen waren arm, ungebildet und haben deshalb viele Krankheiten gekriegt, mit denen sich auch die Kaiser angesteckt haben. Diese verfahrene Situation konnte leider nicht einvernehmlich gelöst werden, und so sahen die Untertanen sich gezwungen, den Kaisern die Köpfe abzuschneiden, was ihnen selber am meisten wehgetan hat. Deshalb haben die Untertanen verschiedene mehr oder weniger sinnvolle Ideen entwickelt, die sozialer waren als das Köpfen, und die standen dann zwischen 1790 und 1990 in einem teilweise brutalen Wettstreit miteinander und gegen die Nachkommen der Kaiser, der weltweit Millionen von Todesopfern gefordert hat.

Dass deine Generation und die deiner Eltern kaum etwas von diesem brutalen Krieg mitbekommen haben, liegt größtenteils am sogenannten Marshallplan, der in unseren Breiten eine vorübergehende Waffenruhe zwischen Besitzenden und Besitzlosen ermöglicht hat, die wir als soziale Marktwirtschaft kennen, als geordneten Wettbewerb. Die Grenzen dieses Konzepts liegen tatsächlich in seiner gemütlichen Friedfertigkeit den Dummen und Gierigen gegenüber, die andauernd über ihre Verhältnisse leben und einen Großteil der Wirtschaftsleistung schlucken, kaum Steuern dafür zahlen und dann die Chuzpe haben zu behaupten, die Defizite in den Staatshaushalten würden durch Sozialleistungen und zu hohe Lohnkosten entstehen.

Ich sage nicht, dass wir sie köpfen sollen, aber wenn jeder und jede, der oder die wider besseres Wissen immer noch öffentlich behauptet, der freie Markt wäre das beste Regulativ, jedesmal einen Euro in ein Sparschwein schmeißen müsste, wäre Europa längst gerettet. Servus!

Liebe

Liebe Hörerin! Lieber Hörer!

Der schöne Pernhard hat kürzlich mit Freundinnen über ein schwieriges Thema diskutiert und ist zu keinem befriedigenden Ergebnis gekommen …

> *… deshalb bitte ich dich, der du immer auf alles eine passende Antwort hast, um Hilfe. Das Thema war· »Ist Liebe eigennützig?« Für deine Hilfe vielen Dank, der schöne Pernhard*

Nun, lieber Pernhard. Der umbrische Urvater des Musicals, Titus Maccius Plautus, legt uns eine Fährte, indem er konstatiert: »amantes amentes«, zu Deutsch: »Liebende sind Verrückte«. Über zweitausend Jahre später gibt ihm die Nachfolgekunst des Musicals, die Neurobiologie, recht.

Verliebtsein bewirkt im menschlichen Körper eine Art Rauschzustand, begünstigt durch eine gewaltige Ausschüttung von körpereigenen Drogen – und zwar nicht die soften Sachen, sondern handfeste Morphine und Opiate. Am Schwarzmarkt sauteuer, illegal und ungesund. Unter Verliebten meist gratis, legal und gesundheitlich unbedenklich. Wer von diesem Angebot erfahren hat, wird es sein Leben lang recht eigennützig suchen. Allein, die Party dauert selten länger als ein paar Monate. Dann kommt es zum Gewöhnungseffekt, und der Körper kappt sicherheitshalber den Nachschub. Der Nebelschleier lüftet sich, und wir erkennen den anderen. Spätestens jetzt beginnt der eher uneigennützige Teil der Liebe, für den weder Musical noch Neurobiologie taugliche Ratgeber sind. Obwohl Plautus sich die allergrößte Mühe gegeben hat, auch diesbezüglich Wertvolles beizutragen: »lupus est homo homini, non homo, quom qualis sit non novit.«

Viel Spaß beim Übersetzen, liebe Grüße an deine Freundinnen und servus!

Logo

Liebe Hörerin! Lieber Hörer!
Sommerzeit bedeutet, nicht zuletzt hier bei Radio FM4, Festivalzeit. flottelotte87 kann dem so einiges abgewinnen …

Ich war grad beim »Rock am Ring« und hab mir ein Shirt gekauft, wo statt »Goodyear« »Good Beer« draufsteht, aber in demselben Style, wie das Logo normal wäre. Mein Freund und ich fragen uns jetzt, ob das nicht verboten ist, fremde Logos einfach so zu verwenden. Du weißt das sicher. Liebe Grüße, Lotte

Liebe Lotte, grundsätzlich gibt es naturgemäß genaue Regelungen und Gesetze, die Warenzeichen, also sogenannte Trade-

marks, betreffen. Die Jurisdiktion kennt hier den Begriff des
»geistigen Eigentums«. Sobald also die Logografie eines Produktes am Patentamt registriert ist, wird es strafbar, sie, ohne zu fragen, im eigenen Sinne zu verwenden. Man spricht hier auch von
»geschützten Marken«.

Aber – und ab hier handelt es sich um eine reine Meinungsäußerung und keine Rechtsauskunft – wer schützt dich davor,
dass dein Lebensraum umgestaltet wird, auf dass diese Logos, wie
du sie nennst, unausweichlich vor deiner Nase prangen? Wer gibt
dir eine Möglichkeit zu entscheiden, ob du sie sehen willst oder
nicht?

Eine Erlaubnis einzuholen, bevor du eine Logografie für ein
lustiges Leibchen verwendest, das kommt mir ähnlich vor, als
würdest du aus den Augen blutend fragen, ob du aus einem Stein,
den dir gerade jemand an den Kopf geworfen hat, eine Skulptur
hauen darfst.

Servus!

Lönneberga, Michel aus

Liebe Hörerin! Lieber Hörer!

In Schweden ist immer viel los. Mal werden sie Eishockey-Weltmeister, mal brennt ein Stadtteil nach dem anderen, und noch
mal heißt es »50 Jahre Michel aus Lönneberga«. Der Florian erinnert sich am liebsten an Letzteres:

> *Lieber Ombudsmann! Es heißt immer, die gute alte Zeit habe*
> *es gar nicht gegeben, aber in den Kindheitserlebnissen vom*
> *Lönneberga Michel kann man schon zum Teil eine bessere*
> *Welt erahnen. Ich jedenfalls hätte gerne so eine Kindheit ge-*
> *habt wie Michel auf Katthult. Lg Florian*

Lieber Florian, unbestritten ist der im Jahre 2002 im Alter von vierundneunzig Jahren verstorbenen Astrid Lindgren mit Michel aus Lönneberga ein weiteres Mal eine grandiose Kinderbuchfigur gelungen. Beneiden muss man den aus einfachen Verhältnissen stammenden Bauernbuben aber nicht.

Unter katastrophalen hygienischen und medizinischen Bedingungen aufgewachsen in einem Klima voll religiöser Bigotterie war ein sozialer Aufstieg für Michel nie vorgesehen. Er musste vor seinem zur Handgreiflichkeit neigenden Vater stets zu seinem Safe Place in den Holzschuppen fliehen und dort solange eingesperrt ausharren, bis sich der Blutdruck des gewalttätigen Erziehungsberechtigten wieder gesenkt hatte. Einmal sammelten die Einwohner von Lönneberga sogar Geld für Michels Eltern, damit diese ihren missratenen Balg nach Amerika abschieben könnten. Sie nahmen nur deshalb davon Abstand, weil ein zuvor stattgefundenes Erdbeben *und* Michel selbst für die amerikanische Bevölkerung zu viel gewesen wäre.

Warum war Michel so unbeliebt? Weil er sich für seine Umgebung interessierte und den Erwachsenen nicht über den Weg traute. Kann man von einem Kind in dem Alter mehr Weltläufigkeit verlangen? Gedankt wurde es ihm mit Platzwunden durch stumpfe Gegenstände, blauen Flecken, Blutergüssen, Gehirnerschütterungen bis hin zur psychischen Belastung durch strukturelle Gewalt. Das steht zwar so nicht im Buch, aber statistisch muss man anhand einer bestimmten Menge von gelungenen Fluchtversuchen in den Schuppen immer auch von einer gewissen Menge von missglückten ausgehen.

Lieber Flurl, wenn du dir so eine glückliche Kindheit vorstellst, dann würde ich vorschlagen, falls du noch nicht weißt, wohin es im Urlaub gehen soll, gib einmal Abu Ghraib in die Suchmaschine ein. Vielleicht ist in der Anlage dort noch was frei. Schönes Wochenende und servus.

– M –

MacGuffin

Liebe Hörerin! Lieber Hörer!

Für den heutigen sogenannten Ostermontag schreibt der Gesetzgeber Freude und Entspannung bzw. Ausgelassenheit vor. Ich hoffe, du kannst dem etwas abgewinnen. Ich selbst finde Muße eher in geistiger Tätigkeit, und so bin ich alberichsuperdwarf besonders dankbar für seine anregende Frage:

> *Sg. Ombudsmann. Ich bin Mitglied einer sehr großen Familie. Zu Ostern treffen wir uns immer alle, und es werden Ostereier für die Kinder versteckt. Dazu meine Frage: Lohnt sich diese Versteckerei wegen der paar Eier denn überhaupt? Dein alberichsuperdwarf*

Nun, lieber alberichsuperdwarf. Ich verrate kein Geheimnis, wenn ich offen ausspreche, dass Familienfeste meist auf alle Beteiligten eine ähnlich betörende Wirkung ausüben wie die Tastuntersuchung auf den Prostatitispatienten. Erwachsene Familienmitglieder versuchen in der Regel schon geraume Zeit diese beiden Phänomene zu erdulden, oft sogar am selben Tag. Gierig suchen sie nach immer neuen Möglichkeiten, ihre am Altar von Brauchtum und Vorsorge geopferte Freizeit interessanter zu gestalten.

Im speziellen Fall des Osterfestes machen sie sich schamlos den Umstand zunutze, dass sie einfach wesentlich intelligenter sind als ihre Kinder. Sie geben vor, das zu Findende sei von besonderer Bedeutung und die Suche danach unabdingbar. Der

Cineast kennt hierfür den Begriff des MacGuffin. Ist der nämlich kunstvoll genug etabliert, wird er nicht mehr in Frage gestellt, und einem leidlich unterhaltsamen Nachmittag steht nichts mehr im Wege. Je nach Alter und Auffassungsgabe werden die Kleinen eventuell im Zuge der Suche ausrutschen, einen putzigen Raufhandel darbieten oder mit ein bisschen Glück sogar ihre Hosen verlieren. Du wirst einwenden, dass das ja nur für die Erwachsenen lustig sei. Bedenke, lieber alberichsuperdwarf: Kinder werden älter und haben dann ausreichend Gelegenheit, sich sowohl an den Eltern wie am eigenen Nachwuchs schadlos zu halten. Servus!

Mädchen, schwule

Liebe Hörerin! Lieber Hörer!
Der Frühling ist da, und das Geschlechterkarussell dreht sich auf vollen Touren. Wer sich überall auskennen will, muss manchmal fragen, so wie Thomsen…

> *lieber ombudsmann, ich habe mir am Freitagabend auf RTL die show »ich bin ein star, holt mich hier raus« angeschaut. unter den vielen stars befand sich auch lorielle, die vor ein paar jahren noch lorenzo war und sich zu männern hingezogen fühlte. vor ein paar jahren war der fall noch ganz klar: lorenzo war schwul! aber was ist nun? wurde lorielle durch den umbau zur frau hetero oder handelt es sich hierbei um ein »schwules mädchen«? schönen gruß aus lindau, thomsen*

Lieber Thomsen! Abgesehen davon, dass es gleichgültig ist, wie man jemanden nach einer Geschlechtsumwandlung nennt, weil an die Bezeichnung keine Rechtsansprüche gebunden sind, solltest du mit deiner Lebenszeit sorgsamer umgehen.

Zwar werden heute viele Menschen sehr alt, beispielsweise Johannes Heesters, manchen ist auch deutlich weniger Lebenszeit vergönnt, Stichwort Heath Ledger. Aber sterben werden wir alle.

Ich möchte nicht den Teufel an die Wand malen, aber wenn du eines Tages plötzlich erkennen musst, dass du zur zweiten Kategorie gehörst, dann ärgerst du dich wahrscheinlich sehr, dass du in jungen Jahren deine Freitagabende so sorglos im Mistkübel verbracht hast. Servus.

Maibaum

Liebe Hörerin! Lieber Hörer!

Bamoida1-5-2009 braucht eine kleine Steighilfe. Er schreibt:

> *Lieber Ombudsmann! Während in der Stadt am Ersten Mai da und dort Steine fliegen, ist bei uns auf dem Land das Maibaumkraxeln der Hit. Wer als Erster hinaufkraxelt und eine Wurst oder sonst was vom Kranz abreißt, ist Sieger. Ich schaffe es nie weit hinauf und rutsche immer ab und ziehe mir einen Schiefer ein. Ich möchte aber einmal gewinnen und im Bezirksblatt mit Foto erwähnt werden. Hast du einen Tipp?*

Lieber Bamoida1-5-2009, wenn du wirklich gewinnen willst, weil du dafür einen Teil der abgerissenen Wurst bekommst oder gar einen Kuss der Maikönigin, dann empfehle ich, die Fußsohlen mit Harz oder Pech zu beschmieren, um die Haftreibung zu erhöhen. Das Baumblut geht aber nur sehr schwer wieder von der Fußsohle runter, das muss es dir also wert sein. Wenn du nur ins Bezirksblatt kommen möchtest, dann brauchst du nicht zu gewinnen. Es reicht beispielsweise, wenn du, wie die Flitzer auf Englands Golfplätzen, nackt auf den Maibaum kraxelst oder auf halber Höhe die Hose runterlässt und über die Rosette geschrieben hast »Maikäfer Tabernakel«. Das sollte auf dem normalen Land schon für ein paar Ohrfeigen reichen, eine vorübergehende Festnahme sowie eine Erwähnung in der Lokalzeitung.

Wenn du sicher mit Bild in der Zeitung sein willst, empfehle ich dir: Lass von einem Freund ein paar Fotos von der Aktion machen, stell sie auf eine Website mit kurzem Kommentar und schicke den Link samt Zusatz »zur freien Verwendung« an die Redaktion. Der 1. Mai ist nämlich Feiertag, und wenn der zuständige Journalist oder die Journalistin nicht so viel Arbeit mit dir hat, weil das Foto gratis mitgeliefert wird, erhöhen sich deine Chancen auf lokale Berühmtheit beträchtlich.

So, nun hast du ein Jahr Zeit für die Vorbereitung, das sollte genügen; schicke mir bitte auch den Link mit den Fotos, wenn es soweit ist, und sag Bescheid, falls du ein Knastabo des Bezirksblattes haben möchtest. Servus!

Managerboni

Liebe Hörerin! Lieber Hörer!
kurteisneraddict1919 fühlt sich ungerecht behandelt…

> *Lieber Ombudsmann. Ich bin wirklich angefressen. Ich weiß eh schon hinten und vorn nimmer, wie ich mir das Studieren leisten soll, und jetzt haben sie mich sogar aus dem Callcenter rausgeschmissen – und das Anfang Dezember! Wie soll ich da im Weihnachtsgeschäft zur Konjunktur beitragen, wenn mich die Arschgeigen nichts verdienen lassen? kurteisneraddict1919*

Ich darf eingangs eines außer Streit stellen, liebe oder lieber kurteisneraddict1919: Wenn der von einem Unternehmen angepeilte Gewinn, ab dem Bonuszahlungen für die Chefetage fällig werden, wackelt, muss natürlich im Interesse der Allgemeinheit am Ende des Jahres rationalisiert werden. Ob du nämlich deinen Eltern ein Mahagoni-Salatbesteck für 39,90 Euro schenkst oder nicht, ist wirklich Powidl. Die Höhe der angesprochenen Managerboni hingegen ist für das Weihnachtsgeschäft von entscheidender Bedeutung.

Von ihr hängt schließlich ab, ob Mätressen aus der Generation Praktikum in diesem Jahr zu Weihnachten einen Pelzmantel oder ein Cabrio oder die Wohnung weiterbezahlt bekommen von ihren betagten Liebhabern oder ob sich nur das Auslandstudium der eigenen Kinder aus erster Ehe ausgeht. Das sollten auch Arbeitnehmerinnen und Arbeitnehmer, die noch Gehaltsverhandlungen vor sich haben, bedenken und ihren Gewerkschaftsvertretern mitgeben, weil – Hallo! – die Binnennachfrage ist mitverantwortlich für die Berechnung der Inflation, und wenn die Menschen noch mehr Angst bekommen vor dem Geldausgeben, droht eine Deflation, und das hat dann mit Weihnachten wirklich nichts mehr zu tun.

Servus!

Mann, richtiger

Liebe Hörerin! Lieber Hörer!

Die Lilli fragt:

> *Lieber Ombudsmann! Letztens habe ich meinen Emilio überraschend früher als sonst vom Kindergarten abgeholt, und da musste ich sehen, dass die Tanten ihn zum Spielen komplett rosa angezogen hatten. Wie soll er denn so ein richtiger Mann werden?*

Liebe Lilli, obwohl die Aufregung, die Irritation, das Verwackelte und Schwingende überhaupt zum Allerschönsten gehört, möchte ich dich sofort beruhigen: Vielleicht sind die Kindergartentanten deines Sohnes nur ein bisschen altmodisch. Vor hundert Jahren war die Bubenfarbe nämlich noch rosa, die Mädchen wurden als kommende Mütter in blau gekleidet wie die Jungfrau Maria.

Weshalb war das so? Nun, der Knabe sollte vorbereitet werden auf seine Rolle als Soldat, der im Kampf Mann gegen Mann eine knallrote Uniform trägt, um dem Gegner Angst einzujagen. Rosa war als »das kleine Rot« genau so lange die Bubenfarbe, bis Gewehre mit größeren Reichweiten erfunden waren und Kriege aus dem Hinterhalt geführt werden konnten. Meine Großmutter hat als Zeugin dieser Entwicklung immer gesagt: »Die Buben verweichlichen doch, wenn man sie blau anzieht.« Sie hat dabei aber übersehen, dass Blau die Farbe des Industriearbeiters war, eines neu aufkeimenden Männlichkeitsideals.

Liebe Lilli, wenn Lifestyle-Magazine titeln: »Es gibt keine richtigen Männer mehr«, dann spielen sie berechnend mit einer Nostalgie, die all jene Menschen befällt, die zu ungebildet oder zu faul sind, sich mit der Gegenwart oder gar einer möglichen Zukunft auseinanderzusetzen. Versteh mich nicht falsch, nostalgische Ignoranz kann zeitweise durchaus spaßig sein, etwa im Urlaub, oder sogar beruhigend, zum Beispiel im Wartezimmer eines Arztes, aber bei der Kindererziehung ist sie kein guter Ratgeber. Servus!

Mann, weißer

Liebe Hörerin! Lieber Hörer!
Der Roland möchte gerne ehrlich sein:

Lieber Ombudsmann! Mir gehen diese ganzen Sexismusdebatten extrem auf den Sack. Ich will mich nicht andauernd schämen müssen, weil ich ein Mann bin. Und diese Multi-

kulti-Penner wollen dann ja auch noch, dass ich mich schuldig fühle, weil ich weiß bin. Wann sind die zufrieden? Wenn der weiße Mann ausgestorben ist?

Lieber Roland, offensichtlich bist du einiger grundlegender Kulturtechniken mächtig. Von mir wirst du dir kein A für ein O vormachen lassen. Von Mann zu Mann: Ja, du wirst sterben. Und ich auch. Das zu wissen ist sehr traurig und eigentlich kaum auszuhalten. Dafür, dass der weiße Mann an sich in den nächsten neunhundert Millionen Jahren exklusiv ausstirbt, gibt es allerdings keinerlei Anzeichen. Ganz im Gegenteil, so wie die Ressourcen auf dem Planeten Erde derzeit noch verteilt sind, darf man sich die Raumstation, auf die sich ein paar wenige vor dem nuklearen Holocaust werden flüchten können, eher wie eine exklusive Herrensauna vorstellen.

Von Aussterben oder Abschaffen kann also keine Rede sein, auch wenn gewisse Statistiken immer wieder von Zynikern in diese Richtung ausgelegt werden können, weil 2013 nicht mehr ausschließlich der weiße Mann in relevanten Fragen gezählt wird, sondern eben auch Frauen und Männer in allen möglichen Farben, die in den vergangenen dreihundert Jahren enorme Anstrengungen unternommen haben, um es in die Statistiken des weißen Mannes überhaupt einmal hineinzuschaffen. Anwesend waren sie immer schon.

Monokulturelle Gesellschaften hat es in der Geschichte der Menschheit nie gegeben. Auch wenn manch veraltetes Geschichtsbuch nach wie vor das Gegenteil behauptet. Faktum ist, es gab immer nur Gesellschaften, die ihre innere Vielfalt akzeptierten und schätzten, und solche, die sie ausblendeten und abwerteten, was gegenüber einem großen Teil ihrer Mitglieder ausgesprochen unhöflich war. Das ist die große Herausforderung, vor der wir weißen Männer derzeit tatsächlich stehen: Wir müssen lernen, zwischen Gönnertum und Respekt zu unterscheiden.

Lieber Roland, ich bin sicher, wenn du dich ein bisschen bemühst, schaffst du das auch. Servus!

Mathematik

Liebe Hörerin! Lieber Hörer!

Der Clemens fragt:

> *Lieber FM4 Ombudsmann! Warum sind eigentlich alle Mathematiklehrer sadistische Soziopathen, deren einziges Ziel es ist, Schüler zu quälen? Dein Clemens. PS: Könntest du vielleicht meine Mathematik-Hausaufgabe machen?*

Lieber Clemens, die Mathematik, dieses fremde seltsame Wesen, ist gleichzeitig die wichtigste Disziplin der Aufklärung, des Verstehenwollens, also letztendlich der Gottsuche. Ich selbst habe so lange von meinem Mathematik-Abitur geträumt, bis mir klar geworden ist, dass es sich eigentlich um Angstträume vor der Aufklärung selbst handelt, und die dürften in katholisch geprägten Gesellschaften sehr weit verbreitet sein, wodurch ich schnell das Interesse an ihnen verloren habe. So eitel bin ich dann doch.

In Illusionen zu leben ist zwar auf den ersten Blick leicht und angenehm. Einziger Wermutstropfen: Man lebt in Illusionen, und wenn man daran lange nichts ändert, tja, wie soll ich sagen, auf ihre eigene geistige Unbeweglichkeit reagieren die Menschen meistens mit Brutalität. Im besten Fall findet die ein Ventil in Kunst und Kultur, im schlechteren Fall in sadistischen Mathematiklehrern, die von ihrem Studium nur den Teil begriffen haben, der ihnen die Macht verleiht, Schüler zu quälen.

Die Mathematik an sich ist nämlich wie gesagt eine hochgradig humanistische Angelegenheit, ja, sogar eine philosophische. Bemerkenswert ist etwa, dass die Zentralperspektive, auf die sich letztendlich die Idee des Ich zurückführen lässt, wenn man sich ein bisschen Zeit nimmt, dass also diese Zentralperspektive nichts anderes ist als Mathematik, genau genommen Optik, das muss man sich einmal vorstellen, vielleicht haben wir später in diesem Buch noch Gelegenheit dazu. Was deine Hausaufgabe betrifft, lieber Clemens, muss ich aber leider passen. Mathematisch bin ich durchaus sattelfest, aber im Rechnen war ich nie begabt. Servus!

Mensch

Liebe Hörerin! Lieber Hörer!
Was wären wir ohne den Karl …

> *Lieber Ombudsmann! Manche Leute reden beim Telefonieren einfach mitten im Gespräch gleichzeitig mit wem anderen. Ich finde das extrem respektlos. Warum gibt es solche Menschen?*
> *lg, Karl*

Die Antwort auf die Frage, warum es überhaupt Menschen gibt, lieber Karl, versteckt sich offenbar in einem wunderbaren Zufall, der zu einer Konstellation physikalischer Parameter in unserem Universum führte, die exakt für die Entstehung von auf Ribonukleinsäure und Desoxyribonukleinsäure basierendem Leben auf der Erde vor etwa 3,5 bis 3,9 Milliarden Jahren günstig war. Und wenn auch nur einer dieser Parameter um nur ein Promille anders gewesen wäre, hätte sich nicht vor acht bis fünf Millionen Jahren ein Hominide in Ostafrika aufrichten können, damit er die Beeren am Ende dünner Zweige besser erreichen kann, und es gäbe heute keine Menschen.

Dass einige von uns sich manchmal respektlos verhalten und kratzen, schupfen, zwicken, Brennnessel machen oder beim Telefonieren fremdgehen, liegt offenbar daran, dass sie diesen unbegreiflichen Massel als Freibrief interpretieren, weil ihnen ohnehin alles in den Schoß fällt.

Glücklicherweise existieren mittlerweile mehr als fünf Menschen, nämlich etwa sieben Milliarden. Auch sonst hat sich seit dem Miozän vieles zum Positiven entwickelt. Wir sind heute etwa nicht mehr gezwungen, bis an unser Lebensende mit starkem Durchfall von den vielen Beeren neben einem unhöflichen Grobian auf einem Baum zu sitzen, sondern können manchmal getrost auflegen und jemand Höflicheren anrufen, der dann für uns aus der Apotheke Kohletabletten holt. Schönes Wochenende und servus!

Milch

Liebe Hörerin! Lieber Hörer!
Der Mario aus Oberösterreich hat eine wichtige Frage, wie er meint…

Hallo Ombudsmann! Ich hab eine wichtige Frage an dich, und zwar schmeckt mir in der letzten Zeit Milch immer mehr. Kann ich von zu viel Milch zur Kuh werden? Grüße vom nebeligen Seengebiet in Oberösterreich, Mario

Lieber Mario! Die Angst, von Körperfremdem infiltriert zu werden, ist eine alte Angst des Menschen, und populäre Spielfilme wie *Invasion of the Bodysnatchers* oder *District 9* sind nur zwei Beispiele von vielen. Nicht nur auf kommunaler Ebene lassen sich immer wieder sehr gut Wahlen gewinnen, wenn man die Angst vor dem Fremden schürt! Ich trage sicher auch eine dicke, fette Brateule in die griechische Hauptstadt, wenn ich das Beispiel des Sergeant Fortrell anführe, der in Flann O'Briens *Aus Dalkeys Archiven* sein Fahrrad nur sehr ungern besteigt, weil er fürchtet, durch einen Molekülaustausch allmählich selber zum Veloziped zu degenerieren. In vielen Kulturen war es sogar üblich, Innereien von besonders tapferen, aber letztlich doch besiegten Feinden roh oder gewürzt und gebraten zu verspeisen, weil erhofft wurde, dass dadurch die wünschenswerten Eigenschaften auf den Verzehrer übergingen.

Ich kann dich aber beruhigen, all diese Hoffnungen und auch Befürchtungen sind haltlos. Du wirst keine Glühbirne, wenn du öfter unter einer Glühbirne sitzt, und du wirst kein Rechtsradikaler, nur weil du neben der Bude einer Burschenschaft wohnst, genauso wenig wie du ein Supermario werden kannst, wenn du sehr viel Zeit mit Computerspielen verbringst. Zur Veränderung der Persönlichkeit tragen ausschließlich Traumata, Stoffwechselerkrankungen oder Selbstanalyse bei. Die Inkorporation von anderen bleibt meist ohne Folgen, und so, lieber Mario, wird dein Milchkonsum zwar deine Gelüste stillen und auch deinen Kalorienbedarf, aber du wirst nur dann glauben, dadurch zur Kuh zu werden, wenn du dich gleichzeitig unmäßig dem Gras zuwendest. Schönes Wochenende und servus!

Motto

Liebe Hörerin! Lieber Hörer!

Dereinst notierte Dostojewski: »Es gibt kein Glück im Wohlstand, durch Leiden wird das Glück erkauft.« Heute schreibt mir Fjodor91:

Lieber Herr Ombudsmann! Die Freundin meines Freundes schließt nahezu jeden Satz mit der Phrase »so nach dem Motto« ab. Zu allem Unglück eignet sich diesen linguistischen Fauxpas nun auch mein Freund an. Es ist zum Haareraufen! Wie soll ich diesem verbalen Sittenverfall Einhalt gebieten? Vielen Dank für die Hilfe! Fjodor91

Lieber Fjodor91, wie kann man verhindern, dass mehr und mehr Menschen eine idiotische Phrase in ihren aktiven Sprachschatz integrieren? Jedenfalls nicht, indem man die selbige im Radio durchsagen lässt! Noch dazu in der – bescheiden formuliert – beliebtesten Radiosendereihe des Universums inklusive Südtirol.

Gut möglich, dass morgen schon Menschen mit neonrosa Shirts herumlaufen, auf denen strasssteinumrandet zu lesen steht: »So nach dem Motto!« Dann braucht nur mehr ein findiger Musikproduzent einen Geistesblitz zu haben, und der kommende Sommerhit »So nach dem Motto sagt der Otto!« steigt auf Platz 6 in die Single-Charts ein. Wenn die Plattenfirma dann einen Megaerfolg riecht und ausgesuchten Chefredakteuren erholsame Wellness-Kurzurlaube spendiert, wird der Spruch schon bald darauf auch auf den Titelseiten sich als seriös inszenierender Monatsmagazine zur Diskussion gestellt.

Plötzlich fällt sogar in den Nachrichten das Wort Motto in auffälliger Häufigkeit, oder du besuchst am Sonntag die Familie, deine Schwester hat ihrem Papagei den Satz »so nach dem Motto« beigebracht, führt ihre gelungene Dressur stolz vor, bei dir brechen die Dämme, du ertränkst den Papagei in der Frittatensuppe und wirst von deiner eigenen Mutter auf der Neurologischen eingeliefert. Das hast du dir dann aber wirklich selber zuzuschreiben. Servus!

Mountainbike

Liebe Hörerin! Lieber Hörer!

Kaum ist der Frühling ins Land gezogen, zerbricht sich der Christoph schon den Kopf über seine Sommergestaltung …

> *Lieber Ombudsmann! Meine Freunde und ich wollen im Sommer eine Alpenüberquerung auf dem Mountainbike wagen. Nun habe ich in einem Magazin eine Packliste für diesen Neun-Tage-Trip gefunden. Hier wird geschrieben, dass man unter anderem zwei Unterhosen einpacken muss. Wenn ich die Unterhose auf alle vier Seiten wende und zwei Unterhosen dabeihabe… – was ziehe ich dann am letzten der neun Tage an? Bitte hilf! Gruß, Christoph*

Lieber Christoph. Solltet ihr, entgegen den klaren Anweisungen des Magazins, auf höchste hygienische Standards nicht verzichten wollen, empfehle ich, die Alpen vormittags mit euren Fahrrädern in einem Flugzeug zu überqueren. Nachmittags unternehmt ihr eine malerische kleine Radtour um eine der unzähligen Sehenswürdigkeiten im Voralpenraum, genießt womöglich Eiscafé oder Biskuitroulade, lasst einmal kurz die Klingel ertönen, badet abends im Beauty Resort in authentischem Hirschdurchfall, schlaft ausgezeichnet – dazwischen womöglich duschen – und am nächsten Morgen wechselt ihr die Unterhose, macht hundertvierzig Liegestütze und fliegt wieder heim.

So wäre dem gestrengen Magazin, eurem Bedürfnis nach untadeliger Garderobe bei gleichzeitiger körperlicher Ertüchtigung und nicht zuletzt den Alpen und ihren kontemplativen Wanderwegen selbst, die wohl bestens auf eine Handvoll rücksichtsloser, stinkender Mountainbiker mehr ausgezeichnet verzichten können, Genüge getan. Schönen Sommer und servus!

Mozart

Liebe Hörerin! Lieber Hörer!

Wir schreiben das Jahr 2006, und mein Fan Sabine schenkt mir sein Vertrauen ...

> *Lieber Herr Ombudsmann! Da wir heuer ja das Mozartjahr feiern, würde ich gerne wissen, ob Mozart wirklich Österreicher war. Denn laut meinen Recherchen gehörte Salzburg damals doch gar nicht zu Österreich. Liebe Grüße sendet dir dein Fan Sabine.*

Liebe Sabine, lieber Fan! Du hast richtig recherchiert. Wolfgang Amadeus Mozart war definitiv kein Österreicher. Mozart ist Österreicher. Was will dein Ombudsmann dir damit sagen?

Wolfgang Amadeus Mozart war ein außergewöhnlich begabter Musiker. Seine Werke stehen bis heute beinahe weltweit exemplarisch für den Ausdruck wahrhaftiger Empfindungen durch inspirierte Kombination von Tönen. Im Geiste der Aufklärung erzogen, scheint diese Lebensauffassung auch in der Wahl der Stoffe für seine Musikdramen durch. All dies und vieles mehr kann man getrost über Mozart sagen. All dies hat nicht das Geringste mit Österreich zu tun. Es ist aber auch etwas anderes, das wir 2006 feiern.

Wir feiern, dass wir sehr viel überschüssige Schokolade und Wurst in die ganze Welt verkaufen, die sonst schlecht werden würde. Wir feiern, dass viele Menschen nach Österreich kommen und sich in Betten legen, die sonst kalt bleiben würden. Wir feiern, dass die kulturpolitisch Verantwortlichen unser schönes Steuergeld nicht in neumodischen Firlefanz investieren müssen. Wir feiern das heute. Wir feiern, dass Mozart mausetot ist und für all dies keinerlei Tantiemenansprüche geltend machen kann.

Ja, Wolferl, jetzt bist du ein echter Österreicher. Liebe Sabine, sei auch du dabei!

Müll

Liebe Hörerin! Lieber Hörer!
Nicht alle Messis heißen Lionel. GoogleKarma1984 fragt:

> *Lieber Ombudsmann, warum gibt es so viel Müll? Meine Wohnung ist viel zu klein für das ganze Zeug!*

Liebe oder lieber GoogleKarma1984, bis vor Kurzem hat die Menschheit akribisch darauf geachtet, dass sie getreu dem Leitsatz »Geld stinkt nicht« nur so viel Mist produziert, wie die Bauern ihr für ihren Acker abkaufen. Das andauernde Abwägen und Mist hin- und herfahren war sehr anstrengend. Kurz vor dem Burnout hat die Menschheit sich dann auch endlich einmal eine Auszeit gegönnt, ist dem Winter entkommen und hat auf einer traumhaften Karibikkreuzfahrt einen gewissen Markt kennengelernt, von dem wir wenig mehr wissen, als dass er frei ist. Ganz im Gegensatz zu uns.

Ein wirklich fescher Kampl soll er angeblich sein und ein versierter Charmeur. Die Menschheit hat ihn noch auf derselben Kreuzfahrt geheiratet. Die ersten Wochen daheim waren wunderschön, dann ist er aber immer unruhiger und schließlich brutal geworden. Als sie ihn zur Rede gestellt hat, hat der Markt der Menschheit eingeredet, sie würde ihn einengen und dass er seine Freiheit brauche. Sonst gehe er ein, hat er gesagt, sie solle ihm ein bisschen was vorstrecken, hat er gesagt, und dass er sie mehr liebe als alles andere.

Die Menschheit hat Angst gehabt, ihn zu verlieren, hat ihm erlaubt, seiner Wege zu gehen, und jetzt sieht sie ihn eigentlich kaum noch, aber er schickt ihr immer wieder kleine Geschenke: Haarfestiger, Brennstäbe, Silikon. Weil sie nicht weiß, was sie mit dem ganzen Krempel anfangen soll und die Bauern ihren Acker nicht mit Haarspray düngen wollen, stapelt sich alles in ihrer viel zu kleinen Wohnung, wo sie versonnen am Küchentisch sitzt und in Reiseprospekten blättert. Liebe oder lieber GoogleKarma1984, mein Tipp für dich: Lade dir am besten ein paar Freunde ein, legt eine gute Musik auf, und das Ausmisten geht wie von selber. Servus!

Musikantenstadl

Liebe Hörerin! Lieber Hörer!

Ich sage es ehrlich, ich habe einen Hangover von Allerheiligen, das ich sehr gerne und ausgelassen feiere, indem ich einmal im Jahr UHU schnüffle, denn in der Antike war der Uhu als Totenvogel verschrien, und ich greife deshalb heute ausnahmsweise zu einer Variante der Arbeitserleichterung, die sich schon vor vielen Lenzen ins Auge journalistischer Arbeit geschlichen hat und dort so tut, als wäre sie tatsächlich eine solche, nämlich das Referieren über runde Geburtstage.

Ich nehme an, du bist heute noch immer sehr gut gelaunt, weil du am Wochenende eine Stunde geschenkt bekommen hast. Obwohl Geschenke, so weiß man schon länger und hat es durch den unlängst doch noch vorgelegten sogenannten Budgetentwurf bestätigt bekommen, nicht immer wirklich geschenkt sind und wiederholen nicht immer als gestohlen gilt, sondern sich manchmal auch »ausgewogenes Paket« nennt.

Gute Laune ist auch der Werkstoff jenes Mechanikers, der heute runden Geburtstag feiert und der im Beisein von frischem Holz und ausgetrocknetem Mais regelmäßig sein Salär beträchtlich aufbessert, indem er unter anderem in verschiedenen Varianten singen lässt, dass es in der Heimat am schönsten sei. Eine Meinung, die sich auch im Innenministerium großer Beliebtheit erfreut und dort unter der Bezeichnung »freiwillige Rückkehr von Drittstaatsangehörigen« bekannt ist. Die Rede ist von Geburtstagskind Adolf Andreas Meyer, der heute ein halbes Jahrhundert alt wird und sich seit geraumer Zeit Andy Borg nennt.

Mit sechsundvierzig Jahren trat er die Nachfolge der Stimmungskanone Karl Moik an und moderiert seitdem eine sogenannte Unterhaltungssendung namens Musikantenstadl, von der nach ihrer Premiere im Jahr 1981 umgehend gedacht wurde, schlimmer könne es nicht mehr kommen, das sei der Bodensatz des Fernsehentertainments. Ein Urteil, das zwar nicht ganz falsch ist, aber angesichts der weiteren Entwicklung der Fernsehunterhaltung bis zum heutigen Tage gleichwohl vielfach relativiert werden musste. Heute kann man sagen, schlimmer kommt es praktisch regelmäßig immer wieder, und ein Ende ist nicht abzusehen, aber es ist fast so wie beim Weltrekord im Skifliegen: Irgendwann hat man einfach aufgehört zu messen. Servus!

Muttertagsgedicht

Liebe Hörerin! Lieber Hörer!

Die Silke konnte mit ihrer Poesie nicht den gewünschten Effekt erzielen:

> *Lieber Ombudsmann! Dauernd heißt es, man soll etwas Persönliches schenken, und dann ist es wieder nicht richtig. Folgendes Gedicht habe ich dieses Jahr für meine Mutter geschrieben:*

Liebe Mutti, Mama, Ma, Muttertag ist wieder da.

Mir geht es gut, Du brauchst nicht dauernd anrufen, und wenn Du noch einmal meine Mitbewohnerinnen über mich ausfratschelst und ihnen Sachen aus meiner Kindheit erzählst, das war urpeinlich. Wenn Du nicht meine Mutter wärst, würde ich sagen: Du unkollegiale Sau.

Was habe ich falsch gemacht? Deine Silke

Liebe Silke, die lyrische Qualität deines Poems lässt sehr zu wünschen übrig, wodurch du dich stilistisch angreifbar machst, ohne dass deine Mutter auf den von dir verbalisierten Vorwurf der Indiskretion und Distanzlosigkeit eingehen muss.

Es ist ja nur Kunst, aber wenn du wirklich euer Verhältnis grundlegend neu ordnen willst, solltest du ihr eher bei der nächstbesten Gelegenheit handfest drohen:

Ich weiß schon, wie man das Personal im Pflegeheim schmiert, damit es Insassen verdursten lässt!

Das muss man gar nicht wirklich machen wollen. Aber die Stimmung einer Aussprache wird dadurch sofort so angespannt, dass man schmucklos zum Kern des Problems gelangen und es umweglos lösen kann. Ganz liebe Grüße und servus!

– N –

Nachhaltigkeit

Liebe Hörerin! Lieber Hörer!

Der Heinz will auch seinen Beitrag leisten:

> *Lieber Ombudsmann. Ab sofort werde ich meine Unterhosen nur mehr alle drei Wochen wechseln, oder später, damit ich Wasser sparen helfe und so den Planeten rette. Bist du mit mir zufrieden? Ergebenst, Heinz*

Lieber Heinz. Ja und nein. Einerseits bin ich natürlich sehr zufrieden, weil ich grundsätzlich nichts anderes verlange als das, was ich habe, und das bist in dem Fall eben du.

Was deinen Beitrag zur Rettung des Planeten betrifft: Solltest du deine Unterwäsche tatsächlich über mehrere Wochen hinweg nicht wechseln, sparst du damit zwar ein paar Waschgänge. Nachdem deine Höschen sich, je nach Lebenswandel, allerdings spätestens nach zehn Tagen zu einem munteren Bakterienherd entwickeln dürften, sodass du sehr krank werden und damit die Krise unserer ohnehin angeschlagenen Versicherungssysteme vertiefen wirst, kann ich deine Idee nicht gutheißen.

Lieber Heinz, Nachhaltigkeit soll nicht zersetzend wirken, es geht um die Erhaltung des Systems in seinen wesentlichen Eigenschaften durch sinnvolle Nutzung der vorhandenen Ressourcen. Ich gebe dir ein Beispiel aus dem täglichen Leben.

Viele Menschen besitzen Atombomben und können die nie im Leben verbrauchen, bevor sie schlecht werden. Dabei gibt es längst eine viel zweckmäßigere Bombe: die Wasserstoffbombe. Die hat eine bis zu tausend Mal größere Sprengkraft. Naturgemäß will jetzt jeder die sinnvollere Bombe haben. Muss ich deshalb meine Atombomben wegschmeißen? Nicht, wenn du nachhaltig denkst. Immerhin braucht die Wasserstoffbombe hohe Temperaturen und großen Druck, damit die Kernfusion überhaupt stattfindet. Und wer kann diesen Druck und diese Temperaturen gewährleisten? Richtig! Die gute alte Atombombe.

Du bemerkst, lieber Heinz, informiert sein ist die halbe Miete auf dem Weg zu einem Kapitalismus mit menschlichem Antlitz. Sei auch du dabei, weil Nachhaltigkeit ist Bombe!

Servus!

Neujahrskonzert

Liebe Hörerin! Lieber Hörer!
Boskovsky991 hat das Jahr beschwingt begonnen:

> *Lieber Ombudsmann! Warum darf eigentlich Österreich das Neujahrskonzert für die ganze Welt spielen und kein großes, wichtiges Land? Dein Boskovsky991*

Lieber Bosko, das ist sehr einfach zu erklären und spricht für unser Land.

Wenn man in der Schule einen neuen Lehrer oder eine neue Lehrerin bekommt, ist es sehr schlau, wenn man in den ersten Stunden nicht auffällt, denn *first impressions go a long way*. Österreich weiß das und beginnt jedes Jahr mit einem schwungvollen Konzertereignis samt Blumenschmuck und Balletteinlagen.

Das gefällt vielen Menschen auf der Welt sehr gut, und dadurch verzeihen sie es uns dann im weiteren Jahresverlauf leichter, wenn wieder einmal ein Viertel des Parlaments mit Rechtsradikalen gefüllt wird oder in einem Keller nicht nur Obst und Wein lagern.

Seit 1987 wird das Neujahrskonzert ja im Rundgangerl dirigiert, nachdem sich Herbert von Karajan in Anbahnung des Endes seiner irdischen Wanderschaft endlich das Dirigat erbetteln konnte. Ein kolossaler Treppenwitz! Ausgerechnet das langjährige NSDAP-Mitglied Heribert Ritter von Karajan beerbt Lorin Maazel – eine interessante Koinzidenz, besonders ein Jahr nach dem Innsbrucker Parteitag, auf dem bekanntlich Jörg Haider an die Spitze der FPÖ geputscht wurde, wobei keinerlei direkter Zusammenhang herstellbar ist, da kann man jeden Historiker um vier Uhr in der Früh aus dem Schlaf reißen – der weiß das wie aus der Pistole geschossen.

Andererseits, lieber Boskovsky991, fand das erste Neujahrskonzert 1939 für das Kriegswinterhilfswerk durch Eröffnung eines weltberühmten Massenmörders statt, den viele damals liebevoll »Mein Führer« genannt haben. Vielleicht gab es da dann doch wenn auch keinen Zusammenhang, so zumindest eine Kontinuität. Servus!

Niesen

Liebe Hörerin! Lieber Hörer!

Die Shirin hat buchstäblich die Nase voll …

Lieber FM4 Ombudsmann, ich habe gerade eine ganze Woche lang für Mathe gelernt und bin mir sicher, dass ich so ziemlich alles kann. Nachdem ich vorher kurz niesen musste, stellte ich mir die Frage, ob durch Niesen oder andere ruckartige Bewegungen das Gelernte wieder »herausfallen« kann. Und wenn ja, wie viel? lg, Shirin

Liebe Shirin, prinzipiell ist deine Angst durchaus angebracht. Ähnlich wie das chemische Element Uranium stellt selbstredend auch die Nase, in falscher Absicht eingesetzt, eine Todesfalle dar. Außerdem sterben tatsächlich bei jeder Erschütterung im Schädelbereich ein paar sogenannte Hirnzellen ab. Aber das sind beim Niesen so wenige, dass du davon nicht dumm wirst. Allein wenn man sich anschaut, wie oft Fußballer während eines Matches ihren Rotz herausblasen… Die wären ja beim Schlusspfiff zu Kleinkindern retardiert. Ja, vielleicht ist das kein optimales Beispiel, aber um eine erkennbar negative Auswirkung auf deine Intelligenz zu bewirken, müsstest du derart spektakulär und laut niesen können, dass man dich als Pausenattraktion für das WM-Finale engagieren könnte. Und aufgrund der zu erwartenden Gage und der vor Ort geknüpften Kontakte wärest du dann ohnehin innerhalb kürzester Zeit so reich und mächtig, dass übermäßige Klugheit dir fürderhin nur mehr ein lästiges Gefühl der Scham bescheren würde. Liebe Shirin, ich gratuliere jetzt schon. Servus!

»Workflow«

»It is not enough to succeed. Others must fail.«
Gore Vidal

Liebe Leserin! Lieber Leser!

Nahezu seit seinem Beginn spricht das Abendland sehr stark auf die Form des Triptychons an. Wir kennen den Dreiklang, die Dreifaltigkeit war jahrhundertelang ein Riesenerfolg, und heute ist das Drei-Säulen-Modell aus dem modernen Haushalt nicht mehr wegzudenken, Stichwort Mülltrennung. Weil ich zwar ein sehr eigenwilliger Mensch bin, der aber das Konzept Pragmatismus schon früh verstanden hat, ordne ich mich diesem abendländischen Strukturwillen gerne unter und serviere dir Teil drei meiner autobiografischen Aufzeichnungen, der dir das Bild meines Berufsalltags zeichnen soll. Ein Alltag, um den mich manche beneiden (auch wenn sie gerade einen mehrwöchigen Traumurlaub in der Karibik hinter sich haben), bekomme ich es doch im Zuge meiner Arbeit fast ausschließlich mit sehr schlauen, aufgeschlossenen und vielfach gut aussehenden jungen Menschen zu tun. Eine Klientel, die ich mir, wenn ich mich schon für ein Jenseits begeistern ließe, viel eher in einem Paradies erhoffen würde als fünf Dutzend Jungfrauen, noch dazu gleichaltrige.

Wie gestaltet sich nun mein Tag?

Nahezu sekündlich treffen unter meiner E-Mail-Adresse ombudsmann.fm4@orf.at Anfragen ein, deren Dringlichkeit nicht selten durch den Verzicht auf Anrede und Grußformel noch unterstrichen wird. Freilich sind die Fragen teils ausgesprochen trivial, und ich kann schnell und unbürokratisch helfen, indem ich etwa antworte:

Nein, lieber humphreygocart, die Engelsburg in Rom hat nichts mit Marx zu tun.

Ja, liebe Kathrin, deine Mutter und ihren neuen Liebhaber über Nacht in ein Säurebad einzulegen bleibt illegal, selbst wenn du ihnen, dich selbst auf der Zither begleitend, bis in die frühen Morgenstunden Schubertlieder vorsingst.

Nein, lieber Mark, Sanitäter ist nicht der einzig wirklich sinnvolle Beruf, weil in jedem Job geht es um Menschenleben, zumindest um die derjenigen, die ihn machen.

Ja, liebe Menobrause69, du hast recht, der Spott der Jugend, ihre Auflehnung gegen das Bestehende, die Bereitschaft der Jugend zu allem, was heroisch ist, zu Selbstaufopferung und Verbrechen, ihr feuriger Ernst und ihre Unbeständigkeit, all das steht für nichts außer ihrer ziellosen Fluchtbewegung.

Nein, lieber Lobotommy666, es ist nicht möglich, den Kölner Dom zu heiraten.

Liebe Tanja, selbst wenn du dich heute nicht besonders fühlst, glaube mir, du bist es.

Soweit die weniger faszinierenden Resultate meiner Arbeit. Immer wieder erreichen mich allerdings auch sehr grundsätzliche Fragen nach Sinn und Unsinn des Lebens, die mich ein ums andere Mal verlässlich in ungeahnte geistige Höhen treiben.

Ich habe während meiner Tätigkeit als Ombudsmann des Jugendkultursenders Radio FM4 sehr viel Zuneigung und Lob erfahren dürfen. Auch zahlreiche, durchaus schmeichelhafte Vergleiche hat mir meine selbstlose Tätigkeit eingebracht. Und prinzipiell kann man natürlich alles mit allem vergleichen: Äpfel mit Birnen, die Luft mit dem Wasser, das Feuer mit der Erde, den Pizza-Blitz mit der Katholischen Landfrauenbewegung. Immerhin ist alles, was dir einfällt, erst einmal ein Gedanke von dir, und damit gibt es schon zumindest eine Gemeinsamkeit. Aber wenn man mir immer wieder sagt, ich sei einer wie Mutter Teresa, dann antworte ich zwar erst: »Ja, es ist grundsätzlich richtig, ich bin einer, die Mutter Teresa war auch nur eine.«

Da hört es dann aber auch schon wieder auf mit den Gemeinsamkeiten. Mutter Teresa war zum Beispiel viel kleiner als ich, und ich bin keine Mutter, wobei es, wenn wir bei dem Vergleich bleiben, möglich wäre, dass ich mich Mutter Ombudsmann nenne, weil Mutter Teresa brachte auch keine Kinder zur Welt und nannte sich trotzdem Mutter. Sie zog dann allerdings durch die Welt und sammelte mit ihrer Organisation viele Hundert Millionen Dollar, indem sie behauptete, sie würde das Geld für arme, kranke Menschen verwenden, die sie dann allerdings von angeblich schlecht ausgebildeten Pflegekräften betreuen ließ, und so sind viele gestorben. Das viele Geld wurde wohl größtenteils dafür verwendet, dass ihre Freundinnen um die Welt fahren konnten und Menschen dazu überreden, am Sonntag in die Kirche zu gehen. Dafür wurde sie seliggesprochen, und man verlieh ihr den Nobelpreis, was ich von mir wirklich nicht behaupten kann.

Auch ich selbst erlebe mich zwar als ausgesprochen inspirierende Persönlichkeit und finde mit zunehmendem Alter durchaus hinein in einen gesunden Genuss meiner selbst, wenn ich auch anfügen muss, dass es nicht immer nur angenehm ist, den allermeisten Menschen in nahezu jeder Hinsicht überlegen zu sein. Ist doch die Überlegenheit, frei nach Paul Valéry, eigentlich nichts anderes als eine Einsamkeit an den Grenzen jener Gattung, die wir den Menschen nennen. Umso mehr muss ich jeden Vergleich mit anderen ablehnen, sosehr er mir im ersten Moment auch schmeicheln mag. Denn wie wenig Trost spendet dem Einsamen die Gleichheit, und wie viel Liebe schenkt uns der Unterschied!

Es sind diese und sehr ähnliche Gedanken, die mich nach wie vor täglich zuversichtlich vom Frühstückstisch aufstehen und Richtung Büro aufbrechen lassen. Auf dem Weg dorthin spaziere ich bei Schönwetter gerne durch den Resselpark, benannt nach dem Forstbeamten Josef Ressel, der, wie du weißt, den Propeller erfunden hat und ohne den der Erste Weltkrieg, also die Urkatastrophe des 20. Jahrhunderts, weder zu Wasser noch in der Luft durchführbar gewesen wäre. Rund um das Denkmal zu Ehren des verkannten Erfinders treffen sich heute Menschen, die in Abhängigkeit von Substanzen geraten sind, deren regelmäßiger Konsum Konsequenzen nach sich zieht, die dem Gemeinwohl in keiner Weise nützlich sind, weshalb der Gesetzgeber eine Anweisung zur Unterlassung gibt. Vor wenigen Wochen hat mir ebenda eine junge, aufgebrachte Frau zähnefletschend jenes Dichterwort um die und letztendlich in die Ohren gesprüht, welches mein Leben als Vermittler zwischen den Generationen unnachahmlich zusammenfasst:

»Was ihr den Geist der Zeiten heißt, das ist im Grund der Herren eigner Geist, in dem die Zeiten sich bespiegeln.«

Ganz in diesem Sinne beginnen jetzt, da dem Herbst meines Lebens auf samtenen Pfoten in Sichtweite bereits der Winter folgt, auch jene Fragen sich zu wandeln, die ich selbst mir stelle. Gibt es ein Leben nach dem Tod? Glücklicherweise habe ich in Schule und Universität gut aufgepasst und muss an derartigen Fragen nicht verzweifeln. Mir ist bewusst, dass sowohl in Geistes- wie auch in Naturwissenschaft das Wesen des Lebens eine offene Frage darstellt. Man könnte also ebenso gut zur Diskussion stellen, ob es ein Leben vor dem Tode gibt. Mir persönlich ist die Definition des Lebens als Wesen des Organischen am liebsten. Hier lautet die Antwort auf die Frage nach einem Leben nach dem Tode nämlich in angenehmer Eindeutigkeit: Ja.

Wie dieses Leben allerdings aussieht, ist von derartig vielen

Zufällen bestimmt, dass es nicht voraussagbar ist. Wenn du Pech hast, stirbst du morgen, wirst unter einem Apfelbaum begraben, der aus deinem Körper entstehende Humus lebt im Apfel weiter, den jemand zu sich nimmt, in dessen Magen du zu Kot verarbeitet wirst, dann wirst du in die Kanalisation gespült, gelangst über Umwege ins Meer, wo dich irgendein Vieh verdaut, das wiederum ein Mensch fängt, nach Europa exportiert, wo deine Hinterbliebenen es im Supermarkt kaufen und zu einer vermeintlich unbedenklichen Mahlzeit verarbeiten. Liebe Leserin, lieber Leser, du bemerkst, das Leben auf Erden ist ein Kreislauf und der Tod nur eine Wandlung. Trotzdem würde ich empfehlen, den Aggregatzustand Mensch bereits vor dem Tode auszukosten. Wer weiß schon, wie viel Spaß so ein Apfel haben kann.

In diesem Sinne: Ich freue mich für dich, dass ich dieses Buch geschrieben habe, und verbleibe mit den besten Wünschen

Dein Erich Nowotny (FM4 Ombudsmann)

– O –

Ödipus

Liebe Hörerin! Lieber Hörer!

Herzlich willkommen am Tag der Unschuldigen Kinder! Die christliche Welt gedenkt heute des Kindermordes von Bethlehem. Selbstverständlich setzen diese Leute sich aber nicht ernsthaft mit den traurigen Härten des Nahostkonflikts auseinander, sondern mit der Bibelgeschichte vom Kindermord des Herodes, deren mythologischer Hintergrund offensichtlich auf der antiken Ödipus-Sage fußt. Huflattichfan8oa fragt passend dazu:

> *Ich habe noch nicht gemordet, ehegebrochen und auch wenig gestohlen. Aber seit den Feiertagen bin ich nicht mehr sicher, ob ich Vater und Mutter wirklich ehren soll. Was meinst du?*

Nun, lieber Huflattichfan8oa. Eingangs habe ich die Ödipus-Sage erwähnt. Wie du weißt, wird darin dem König von Theben, Laios, prophezeit: »Solltest du dich je unterstehen, einen Sohn zu zeugen, so wird dieser seinen Vater erschlagen und seine Mutter heiraten.« Als seine Gattin dann tatsächlich schwanger wird, will Laios das natürlich verhindern. Weil er aber zu feig ist, den Mord selbst zu begehen, lässt er bekanntlich die Füße seines Sohnes Ödipus von Dritten durchstechen und hofft, dass der so zu Tode kommt, wie Gott es in der Bibel ja dann auch von den Römern mit seinem Sohn machen lässt.

Wie wir wissen, überlebt Ödipus, bringt den Vater um und heiratet die Mutter, ähnlich wie die Figur Jesus in der Bibel. Die

Mater-Dolorosa-Darstellungen sind da mehr als eindeutig, und spätestens seit Nietzsche wissen wir ganz sicher, dass Gott tot ist. Du bemerkst, lieber Huflattichfan8oa, Konflikte, die die antike Erzählung noch zwischen Menschen stattfinden ließ, hat das Mittelalter in den Himmel, also hinaus aus dem Körper, verschoben. Vater und Mutter werden dadurch zu gottähnlichen Figuren stilisiert. Viele von uns haben in der Folge prinzipiell Probleme damit, wenn sich geliebte Menschen ein Stück weit von ihnen entfernen, und reagieren auf Autorität mit Unterwürfigkeit, weil sie Angst haben, dem Papa wehzutun. Als Gegenmittel empfehle ich, Vater und Mutter hin und wieder ein bisschen zu entehren. Eventuell könnt ihr euch anschließend wieder unterhalten wie richtige Menschen. Servus!

Odontophobie

Liebe Hörerin! Lieber Hörer!

Odontophobie. Nie gehört? Der Markus gibt uns einen Hinweis…

> *D'Ehre, Herr Ombuds. Ich hab extrem Angst vorm Zahnarzt. Was soll ich tun?*

Lieber Markus! Ich kann deine Bedenken mühelos nachvollziehen. Wer lässt sich schon gerne etwas in den Mund legen? Abgesehen natürlich von den zwei Milliarden Christen weltweit, also zumindest jenen, denen die Vereinsstatuten gestatten, regelmäßig die Kommunion zu empfangen.

Zurück zu deiner Frage: Du kannst deine Angst vor dem Zahnarzt besiegen, indem du dich kurz konzentrierst und dir die Folgen verweigerter Zahnarztbesuche vor Augen führst. Es ist wissenschaftlich erwiesen, dass etwa 56,8 Prozent der schlechten Laune weltweit auf mangelnde Mundhygiene zurückzuführen sind. Knapp gefolgt übrigens von Hunger und Durst.

»Wie kommt das? Das glaube ich nicht!«, wirst du hier bestimmt einwerfen. Lass mich es erklären. Der Mensch lebt in ständiger Angst, anderen gegenüber sein Gesicht zu verlieren. Spott und Hohn ein schlechtes Gebiss betreffend stehen ganz oben auf der diesbezüglichen Liste. Und so kommt es, dass Menschen mit Zahnproblemen oft das Lachen ganz einstellen. Dies wiederum hat verheerende Auswirkungen auf beliebte menschliche Features wie Immunsystem oder Stoffwechsel. Um es kurz zu machen, lieber Markus: Menschen mit schlechten Zähnen leben nicht nur einsam und in einem ständigen Gefühl der Minderwertigkeit, sie werden in der Regel auch früher als andere an weit furchterregendere Maschinen angeschlossen, als sie ein Dentist im Repertoire hat.

Ich hoffe, ich habe dir deine Angst ein wenig nehmen können. Und wenn nicht, dann hilft vielleicht: dreimal täglich putzen, zweimal jährlich zur Kontrolle und servus!

Oktoberfest

Liebe Hörerin! Lieber Hörer!

Hot Karl flieht geselliges Beisammensein ohne Maß und Ziel. Er schreibt:

Lieber Ombudsmann! Warum gibt es eigentlich das Oktoberfest? Ich war einmal kurz dort, es war furchtbar, und im Fernsehen muss ich sogar meinem Hund die Augen zuhalten, wenn im BR Wiesn by Night *kommt. Bitte hilf! Dein Hot Karl*

Lieber Charly, so wie das Urchristentum sich von der Kurien-
politik der Gegenwart unterscheidet, so hat sich auch das Oktoberfest im Laufe der Zeit verändert. Nicht immer waren Lederhose und Bierschiss die beiden Eckpfeiler dieser mehrwöchigen
Ausschweifung.

Erfunden wurde es schon circa 2,5 Millionen Jahre vor Christus von den Körperöffnungen des homo rudolfensis. Damals
war es allerdings ein Reinigungsritual im Rahmen der Gleitzeit-
regelung. In einer Anthologie des Klosters Vomentura aus dem
14. Jahrhundert über Ess-, Brech- und Soachfeste der Brukterer
zwischen Lichtmess und Dreikönig wird das Oktoberfest nur in
einem Nebensatz erwähnt, und noch im späten 16. Jahrhundert
war die Wies'n eine kleine Tanzveranstaltung für Witwer, mit
Sitzfußballturnier und Freibier in weißen Plastikbechern ohne
Einsatz.

In Damenkreisen galt es zwischen 1772 und 1779 als schick,
den herrlich unziemlichen Namen Oktoberfest mit Gänsefüß-
chen auszusprechen und dabei rhythmisch auf die rechte Brust-
warze zu tippen. Nach langen dunklen Jahren ist das Oktoberfest
heute ein bedeutender Wirtschaftsfaktor, der aus Bayern nicht
mehr wegzudenken ist, der Region viele Devisen bringt und
Arbeitsplätze sichert. Und da müssen dann eben alle mithelfen,
auch wenn die Magensäure schon bis zum Gaumenzäpfchen he-
raufbrennt und der Gleichgewichtssinn um Entleibung bettelt,
damit es auch weiterhin die anderen sind, die billige T-Shirts
in Freihandelszonen nähen müssen, und nicht wir. Also, lieber
Karli, rauf mit der Lederhose und Bierschiss Marsch!

Servus.

Optimismus

Liebe Hörerin! Lieber Hörer!

Die Maike macht sich gerne Gedanken.

> *Lieber Ombudsmann! Bei mir daheim wird viel diskutiert.*
> *Meine Mutter sagt, dass die Finanzkrise nur so groß in den*
> *Medien war, weil die Journalisten und ihre Freunde selber am*
> *meisten davon betroffen waren. Ich finde, dass gerade des-*
> *halb die Demokratie in Gefahr ist, und dann regt sich mein*
> *Vater auf, dass ich so pessimistisch bin, und fragt, ob ich das*
> *Leben wirklich so führen möchte. Ich weiß es ehrlich gesagt*
> *auch nicht. Du?*

Liebe Maike, mir werfen die Menschen auch oft Pessimismus vor, weil ich nicht jeden Tag um 7 Uhr 15 im öffentlich-rechtlichen Rundfunk aufzähle, welche Konsumgüter aktuell in welcher Reihenfolge welchen Menschen welche Art von Linderung verschaffen. Aber sind nicht vielmehr jene Publizistinnen und Publizisten pessimistisch, die ihre besten Beobachtungen der Öffentlichkeit vorenthalten, weil sie annehmen, ihr Publikum wäre gar nicht in der Lage, sich dafür zu interessieren? Und mit jeder Sprosse der Karriereleiter, die diese Medienprofis aus Mangel an geistiger Beweglichkeit erklimmen, übersehen sie gründlicher, dass ihr Erfolg weniger auf der Brillanz oder Relevanz ihrer Äußerungen beruht denn auf simpler Macht, weil sie ihn, also den Erfolg, ja erst haben, seit sie sich inhaltlich an der jeweils erfolgreichsten Schlagzeile orientieren, deren Hintergrund selten ein vernünftiger ist.

Die geraten aktuell natürlich in Panik, weil die Anzeigenkunden abwandern, dorthin, wo ihr doch nicht so doofes Publikum sich längst eine eigene Öffentlichkeit gebastelt hat, in der zumindest die Chance besteht auf ernsthaften Optimismus.

Liebe Maike, du bemerkst, ihr habt beide ein bisschen recht, deine Mutter und du, und was deinen Vater betrifft, frag ihn vielleicht einmal zurück, ob er wirklich eine Tochter haben will, die sich einbildet, sie könne das Leben führen. So eine eingebildete Göre hätte es doch sicher später einmal schwer. Servus!

Orchis

Liebe Hörerin! Lieber Hörer!
Uriahheepforpresident8 aus dem World Wide Web braucht Unterstützung.

> *Lieber Ombudsmann! Im Sommer am Strand hängt immer wieder einmal ein Ei aus meiner Badehose heraus, was tun? Es ist meine Lieblingsbadehose, ich will sie nicht weggeben. Danke für deine Hilfe.*

Lieber Uriahheepforpresident8! Dass die Orchis die Bademode fliehen, ist ein Problem, dem sich schon viele Generationen stellen mussten. Die Orchis sind übrigens kein neues Stück der Augsburger Puppenkiste, etwa ein Gnomenvolk, das unter Tag lebt und gegen die Umweltzerstörung der Erwachsenen kämpfen muss, mit Hilfe zweier exemplarischer Kinder, die aber ihren Eltern nicht folgen, und genau dadurch kann der Orchiwald gerettet werden, ein Naherholungsgebiet für Jung und Alt, die Lunge der Stadt, deren Vernichtung lediglich drei halbleer stehende Bürohochhäuser mit Tiefgarage und einen satten Spekulationsgewinn für die Bauherren gewärtigt hätte ...

Obwohl diese Vorstellung schön wäre und der Name Orchis bei engagierten Eltern, die ihre Kinder ins Puppentheater treiben, sicher auch weiters keinen Argwohn hervorgerufen hätte, selbst bei physiognomischer Unzweideutigkeit – man kann sich

leicht vorstellen, was den Puppenbauern da hätte einfallen können. Nein, Orchis ist ein Synonym für Testis, für den Hoden.

Zurück zu dir, lieber Uriahheepforpresident8. Dir bleiben
drei Optionen: zum einen Freikörperkultur, da ist das Mode-
problem ähnlich nachhaltig gelöst wie bei den Schuluniformen,
dann Kastration, ein eher theoretischer Ansatz, oder aber drittens, du lässt es dir wurscht sein, wenn dir so viel an deiner Lieb-
lingsbadehose liegt. Was soll passieren? Deine Freundin oder
dein Freund muss dich trotzdem lieben, sonst hat es sowieso
keinen Sinn, und vielleicht setzt sich einmal ein Schmetterling
auf den ausgebüxten Gemächtpartikel oder gar ein Marienkäfer.
Den kannst du dann betrachten, wenn du stillhältst, eventuell sogar die Punkte zählen, und wenn er wieder wegfliegt, scheint am
nächsten Tag die Sonne. Ich finde, man kann es auch schlechter
erwischen. Servus!

Österreicherwitze

Liebe Hörerin! Lieber Hörer!
Unsere heutige Geistesreise beginnt in Bayern. Die Irma dreht
den Zündschlüssel.

> *Lieber Ombudsmann! Mir ist aufgefallen, dass es bei uns in
> Bayern irrsinnig viele Österreicherwitze gibt. Woran liegt das?
> Grüße, Irma*

Ja, da sag ich aber gleich einmal: Pfeilgerade, Eichhörnchen-
schwanz und angezapft ist! Bevor ich das leidgeprüfte bajuwa-
rische Vertrauen jedoch leichtfertig verspiele, zur Sache: Wieso
gibt es in Bayern so viele Österreicherwitze? Nun ja, ehrlich gesagt war es mir in den vergangenen Jahren versagt, jenes Land zu
bereisen, das sich seit den Tagen der Münchner Räterepublik und

des ersten Ministerpräsidenten, des unvergesslichen Kurt Eisner, stolz Freistaat nennt. Und so bleibt mir nur, mich an die Antwort asymptotisch heranzupirschen.

Schauen wir uns den Österreicher an: Morgens verlässt er mit einer Krachledernen bekleidet das Haus, macht drei Schritte aus der Tür und stößt sich den Kopf am ersten Berg. Benommen torkelt er in den Kuhstall, wo er seine Zenzi losbindet, die er plant in den Wald zu verbringen, um sie ebenda zu besteigen. Jodelnd erklimmt er anschließend den nächsten Gipfel, wo er auf seinen dicken Freund Willi trifft. Die beiden stopfen sich einträchtig mit Wurstspezialitäten voll und schimpfen über die EU. Den Winter über ist der Österreicher eingeschneit und gleichzeitig der Bruder, Vater und Onkel von ein und derselben Person. Er hält Skifahren für eine Sportart von Weltgeltung und die Tuba für ein Instrument. Auch wenn ich es nicht gerne zugebe, liebe Irma, liebe Freunde aus Bayern: Wir Österreicher sind eine allzu leichte Beute für euren bekannt scharfzüngigen Humor. Servus!

Ostertiere

Liebe Hörerin! Lieber Hörer!

Der Countdown auf Ostern 07 hat begonnen. Hedgehog99 fragt dazu:

> *Cher Ombudsmann! Wenn sich die Erde jetzt weiter erwärmt, wäre es da nicht besser, sich ein Ostertier zu suchen, das der höheren Temperatur entspricht, etwa eine Eidechse? Der Osterhase ist süß, aber nicht für die Hitze der kommenden Jahrzehnte geschaffen. Hab ich recht? Hedgehog99*

Liebe oder lieber Hedgehog99! Mir wäre die Eidechse als Eierbringer natürlich genauso willkommen wie der Hase, weil mir

Ostern egal ist. Für die Kinder wäre eine Schokoeidechse sicherlich ein großes Hallo, bricht doch der Schwanz leicht ab und wächst aber auch wieder nach. Der nachwachsende Schwanz wäre allerdings vermutlich auch ein Kalorien-Perpetuum-mobile, das für unversiegbaren Klientennachschub in den Adipositas-Ambulanzen sorgen würde. Die Kinder werden träge und stehen in der Straßenbahn nicht mehr unaufgefordert auf, und irgendwann wünschen sie sich eine Brückenwaage zum Geburtstag. Das kann niemand wollen.

Andererseits hast du unrecht: Der Hase hält Hitze ohne Weiteres aus. Er vermehrt sich etwa in Australien prächtig und ist dort als Fruchtschädling überhaupt nicht gern gesehen. Er verträgt also zwar die Hitze hervorragend, fällt aber als Osterhase wegen schlechter Imagewerte aus. Down Under ist der Große Kaninchennasenbeutler als Eierzubringer Publikumsliebling. Darüber hinaus stemmt der Hase auch bei uns Temperaturen, die keinen internationalen Vergleich zu scheuen brauchen, nämlich im Backrohr. Mit Rotwein, Wacholder und Lorbeer bedeckt, ein Gedicht. Oft hat er dabei sogar noch einen Speckmantel an, als wollte er uns verhöhnen: »Schaut, die Hitze stört mich nicht im Geringsten. Kann ich noch eine Wärmflasche, du Opfa?!«

Ja, lieber Hedgehog99, diesmal war leider der Hase schneller. Servus!

– P –

Panda

Liebe Hörerin! Lieber Hörer!

Eine Nation trägt Trauer. Es ist ein Tag, nach dem nichts mehr so sein wird wie davor. Heute, am 18. November, muss der sympathische Pandabär Fu Long sein Appartement im Tiergarten Schönbrunn räumen und wird nach China ausgewiesen. Uschibuschi fragt aus diesem Grund:

> *Lieber Ombudsmann! Fu Long ist ja ganz süß, aber warum sind Pandas so derartig beliebt, die können ja fast nichts? LiGrü, Uschibuschi*

Liebe Uschibuschi, da hast du nicht ganz unrecht. Ein Teil der Beliebtheit von Pandabären liegt sicher an ihrer Fellfarbe, die durch ihr konsequentes Schwarz-Weiß einen gewissen Retrocharme versprüht.

Darüber hinaus ist der Panda tatsächlich eine außergewöhnliche Fehlkonstruktion.

Er ist Vegetarier – kein Mensch weiß warum – und ernährt sich von Bambus. Weil er den aber als ehemaliges Raubtier mit seinem Verdauungsapparat nur zu etwa zwanzig Prozent verwerten kann, muss er Unmengen davon verzehren und hat sonst für fast gar nichts Zeit. Bis zu zwanzig Kilo am Tag, sechzehn Stunden lang. Und vieles davon muss er nach der Wanderung durch den Verdauungstrakt natürlich auch wieder loswerden. Knapp hundert Mal am Tag defäkiert ein ausgewachsener Panda. Vier

Mal in der Stunde mithin. Da können wir froh sein, dass sich uns Menschen der Hund als Kulturfolger angeschlossen hat und nicht der Panda. Ich möchte nicht wissen, wie's dann in unseren Städten aussähe.

Du siehst also, liebe Uschibuschi, die Beliebtheit des Pandas könnte unter Umständen nicht daher rühren, dass er bestimmte Dinge macht, sondern daher, dass er bestimmte Dinge nicht macht, nämlich uns 24/7 auf den Gehsteig scheißen. Servus!

Parent Battering

Liebe Hörerin! Lieber Hörer!
Egoshooter 15 adressiert ein Delogierungsgesuch an mich ...

Lieber Ombudsmann! Ich wohne noch immer zu Hause bei meinen Eltern. Das wäre ganz okay, aber meine Eltern wohnen eben auch noch da. Mit denen ist es aber momentan die Hölle. Was kann ich tun, dass sie endlich ausziehen?

Lieber Egoshooter 15, normalerweise warten die Eltern schon sehnsüchtig, dass die Kinder endlich verschwinden, damit Mann und Frau wieder getrennte Schlafzimmer haben und die anspruchsvollen Fratzen von der Haushaltsliste streichen können. Umgekehrt ist es selten. Da gibt es eigentlich keinen Königsweg.

In den USA gibt es das sogenannte Parent Battering, eine Form der Eltern-Terrorisierung. Jugendliche schlagen ihre Eltern regelmäßig, die Eltern gehen aber nicht zur Polizei, weil sie einerseits Angst haben, die Zuneigung des Kindes, die sich zwar nur in Form von Gewalt äußert – aber immerhin –, ganz zu verlieren, und andererseits fürchten, dass das Kind nach der Haftentlassung deutlich stärker zuschlagen wird als zuvor.

Lieber Egoshooter 15, ich weiß nicht, wie stark du bist. Aber wenn das Haus groß ist, wäre das eine Möglichkeit. Du musst allerdings bedenken, dass man sich beim Zuschlagen auch selber verletzen kann. Und wenn deine Eltern dann vielleicht wirklich ausziehen, musst du die Betriebskosten alleine zahlen, der ganze Haushalt bleibt an dir hängen, und das ist viel Arbeit, und zwar sehr langweilige.

Besser ist, du ziehst aus und vertraust darauf, im Leben deiner Eltern eine Lücke zu hinterlassen. Dann werden sie versuchen, deine Zuneigung zu halten, und du kannst die Bedingungen diktieren. Servus!

Parke

Liebe Hörerin! Lieber Hörer!

moechtegernschweinepriester555 hat eine ungewöhnliche Frage:

> *Lieber Ombudsmann! Mein Vater sagt, am Sonntag ist Tag der Barke und findet nichts dabei. Ich finde das übertrieben, dass man kleinen Schiffen extra einen Tag widmet. Oder ist die Parke eine vom Aussterben bedrohte Tierart, die ich nicht kenne? Dann wäre es natürlich okay. Danke. Dein moechtegernschweinepriester555*

Lieber moechtegernschweinepriester555, die Parke ist ein scheues Reptil mit einem schillernden Panzer aus Tüll und Brokat, das man nur beobachten kann, wenn man sich eine Gabel ins Ohr steckt, und zwar mit Schwung. Du bemerkst, lieber Schweini, deine Frage reizt mich zum Spott, sie regt mich zur Verhöhnung an.

Parke. Es handelt sich hierbei nicht um ein mastloses Boot, wie es schon im Alten Ägypten für die Nilschifffahrt üblich war. Sondern Parke ist natürlich der Plural von Park, jener Art von

Naherholungsgebieten, wie sie in Herrschaftshäusern der vergangenen Jahrhunderte so gerne angelegt wurden, um darin lustzuwandeln, aber auch ohne wandeln. Wo die Eichhörnchen wohnen und ihre Nüsse verstecken und dann nicht wiederfinden, weil sie sich so viele Sachen nicht merken können und zu dumm und ungeschickt sind, um Satellitennavigationssysteme zu bauen.

Ja, einen Tag der Parke gibt es. Das ist schon okay, da hat dein Vater recht. Sei nicht empfindlich, Hauptsache, ihr sprecht überhaupt miteinander. Einerseits willst du ihn ja eines Tages beerben, andererseits musst du ihn vielleicht vorher noch pflegen, in beiden Fällen ist es wichtig, dass die Generationen miteinander reden. Sieh es vielleicht so, lieber moechtegernschweinepriester555, es gibt viele internationale Tage, etwa den Weltnacktradeltag, den Ökumenischen Weltgebetstag der Frauen oder den Tag der Homöopathie, da bist du mit dem Tag der Parke noch gut bedient. Servus!

Parmesan

Liebe Hörerin! Lieber Hörer!

Mit Thomas Weißenböck wird heute zweifelsohne nicht nur ein astreiner Ingenieur und Gourmand vorstellig. Der überzeugte Hohenzeller versteht es außerdem, gekonnt ein unaufdringliches Kompliment zu setzen …

> *Lieber allwissender Ombudsmann! Warum schmeckt eigentlich ein vom Laib gebrochenes Stück Parmesan anders als ein vom Laib abgeschnittenes Stück? Viel Spaß beim Selbstversuch mit einigen Bissen Brot dazwischen wünscht Thomas Weißenböck, Hohenzell*

Lieber Tom! Ich denke, den Selbstversuch kann ich mir sparen. Ein Satz, der schon dem frischgebackenen Assistenzarzt Werner Forßmann durch den Kopf gegangen sein mag, bevor er sich im Frühjahr 1929 im Alter von fünfundzwanzig Jahren in Eberswalde bei Berlin einen Katheter über die Armvene ins Herz schob. Ein Satz, den auch dein Ombudsmann heute aus kaum vergleichbaren Gründen ohne Zögern aussprechen kann: Ich denke, den Selbstversuch kann ich mir sparen. Es ist nämlich so: Ich weiß es bereits.

Der Käse behält, bricht man ihn, seine Struktur, und die Aromastoffe entweichen erst beim Kauen. Schneidet man diese Perle Norditaliens jedoch, verflüchtigen diese sich bereits vor einem möglichen Kontakt mit unseren Geschmacksrezeptoren. Sollte der eine oder die andere trotz meiner lückenlosen Ausführungen dennoch den Selbsttest machen wollen, möchte ich einerseits nicht verraten, welche der Methoden den vollkommeneren Genuss begünstigt, und andererseits mit folgender Anregung zur Verkürzung der Versuchsanordnung beitragen: Die Tatsache, dass Parmesan gebrochen ein anderes Geschmackserlebnis ermöglicht als geschnitten, kann entgegen anderslautender Behauptungen nicht erst dann nachgeprüft werden, wenn die mediterrane Spezialität mit etwas Magensaft auf Kopfsteinpflaster serviert wird.

Viel Spaß beim Kosten und servus!

PISA-Test

Liebe Hörerin! Lieber Hörer!

steffigrafbobby findet: genug gestritten.

Lieber Ombudsmann, seit Ewigkeiten wird über die Schul-
reform diskutiert. Getan hat sich immer noch wenig. Wozu
gibt es andauernd diese PISA-Tests?

Liebe oder lieber steffigrafbobby, einerseits kann man natürlich
sagen, dass PISA-Tests nur Immobilienspekulanten helfen, die
nachlesen wollen, welche Wohngebiete demnächst für Wohlha-
bende attraktiv werden, und dann dort als Erste investieren.

Aber man kann auch sagen, für so eine Schule wie die in
Rinkeby sind Leistungstests eine echte Argumentationshilfe.
Rinkeby, das ist so etwas wie die Bronx von Stockholm. Für
schwedische Verhältnisse ein Armenviertel. Und zusätzlich haben neunundneunzig Prozent der Schüler dort nicht Schwedisch
als Muttersprache. Die Schule ist seit Jahren konstant die beste
und am häufigsten ausgezeichnete öffentliche höhere Schule in
ganz Schweden.

Wie machen die das? In Rinkeby kommt zum Beispiel jedes
Jahr der aktuelle Literaturnobelpreisträger vorbei und diskutiert
mit den Jugendlichen. Und wir, wir behandeln die eine Nobel-
preisträgerin, die Österreich in vierzig Jahren hervorgebracht hat,
so respektlos, dass sie sich komplett aus der Öffentlichkeit zu-
rückzieht. Schauen wir einmal, wie lange das noch gutgeht und
ob man in ein paar Jahren nicht schon froh wird sein müssen,
wenn überhaupt noch diskutiert wird und nicht so viel weiter-
geht, wie sich die Regierung, die wir dann haben werden, vor-
genommen haben wird. Servus!

Pizza

Liebe Hörerin! Lieber Hörer!

Der Ruthner Wilfried wartet mit einer Frage aus der glamourösen Welt des Food Design auf…

> *Lieber Ombudsmann! Ich bin ein eifriger Hörer deiner Sendung und würde dich gerne fragen: Warum werden Pizzas rund zubereitet, wo sie doch ohnehin in weiterer Folge in Viertelstücke oder Sechstelstücke geteilt werden? Hat das produktionstechnische Gründe oder ist das Tradition? Liebe Grüße, Wilfried*

Lieber Willi! Klingen dir denn nicht mehr jene verzaubernden Worte im Ohr, mit denen der unvergessliche suchtkranke Familienvater Dean Martin einst jenes Zeichen besang, das von der Anwesenheit jenes Gefühls kündet, welches uns Erdenbürger wider besseres Wissen ein ums andere Mal zueinander streben lässt?

»When the moon hits your eye, like a big pizza pie« – dann nämlich sei sie da, die Liebe. Einer von unzähligen Hinweisen auf die besondere Faszination, die die geometrische Figur des Kreises seit Jahrtausenden auf den Menschen auszuüben versteht. Von der Eizelle bis zur Satellitenschüssel, von der Sonne bis zum Präservativ. Alles, ja lieber Willi, ohne Ausnahme alles, was uns ein wenig Vergnügen zu bereiten versteht in diesem dunklen Jammertal, ist rund!

Abgesehen womöglich von den eckigen Dingen. Außerdem lässt sich runder Teig gleichmäßiger ausbacken, und das Blech geht auch leichter abzuwaschen.

Mahlzeit und servus!

Punk

Liebe Hörerin! Lieber Hörer!

Ich bin bester Laune. Die meisten Menschen träumen von Dingen wie grenzenlosem Reichtum, unerschütterlicher Gesundheit oder einem ausdauernden Sexualpartner, der im Dunkeln leuchtet und einen Joghurtspender in seinem Hinterteil eingebaut hat. Ich selbst habe über die Jahre gelernt, meine Träume auf realistischere Ziele zu fokussieren, wie zum Beispiel das Erreichen des Wochenendes – und siehe da: Mein Traum erfüllt sich jeden Freitag nach Dienstschluss. Dieser Pragmatismus erzeugt zugegeben eine gewisse Leere, die ich aber mit übergroßem Arbeitseifer mühelos fülle. Gringostar profitiert ...

Lieber Ombudsmann! Ich habe mal ne Frage. Ich versteh nicht: Wozu gibt es Punks? Was können die, außer stinken? Erklär mir das mal. Gringostar

Nun, lieber Gringostar, nachdem es sich bei den sogenannten Punks um Menschen handelt, ist deine Frage, wozu es sie gibt, kaum getrennt von der Frage zu beantworten, wozu es dich gibt, der du auch ein Mensch bist, wie ich annehme, ohne es genau zu wissen. Ein Grundzug des Punkseins ist das Streben nach nicht nur größtmöglicher Freiheit, sondern nach der Freiheit. Wie du dir denken kannst, ist das eine sehr anstrengende, komplizierte Arbeit. Darum will das heute auch kaum noch jemand machen. Es ist aber auch eine hochnotwendige Arbeit. Irgendjemand muss uns ja regelmäßig daran erinnern, dass wir Menschen sind und keine Maschinen, die ohne Kontrolle nicht funktionieren können. Dafür sollten wir den Punks dankbar sein.

Ungeklärt bleibt, wozu es Menschen gibt, das war aber auch nicht deine Frage. In diesem Sinne, Gringostar, schönes Wochen-

ende, und falls du wieder einmal an ein paar Punks vorbei-
kommst, die ungewöhnlich riechen, dann fürchte dich nicht,
es handelt sich nicht um Verwesungsgeruch, es sind keine bö-
sen Zombies. Damit du dich nicht erschreckst, schreiben sie das
netterweise sogar manchmal auf ihre Jacken: »Punk's not dead«.
Damit das auch so bleibt, gib ihnen doch hin und wieder einen
Euro oder etwas Vergleichbares. Wir können gerade jetzt auf keinen einzigen Punk verzichten. Servus!

– Q –

Qualitätsjournalismus

Liebe Hörerin! Lieber Hörer!

Die Samantha wundert sich ein wenig…

> *Lieber Ombudsmann! In den vergangenen Tagen war oft zu lesen, auch in sogenannten Qualitätsmedien, dass in Japan Menschen evakuiert werden. Ist das nicht sehr grausam? Ist nicht schon genug passiert auch so? Love, Samantha*

Liebe Sammy, du hast natürlich recht. Auch wenn es aus Nachlässigkeit in den Sprachgebrauch eingegangen ist – wenn man einen Menschen evakuiert, dann weidet man ihn aus, entnimmt also seine Innereien. Es sagt aber nichts über die Eigentümerstruktur oder den Ausbildungsgrad der Redaktion aus, wenn man von derartigen Evakuierungsmaßnahmen lesen muss.

Leider ist es vielmehr der Jammer des sogenannten Qualitätsjournalismus, dass es mittlerweile an allen Ecken und Enden an Geld und qualifiziertem Personal mangelt. So kommt es immer wieder vor, dass Mitarbeiterinnen oder Mitarbeiter, die offenbar das Fachwissen nicht mitbringen, über ein Thema schreiben müssen, nur weil offenbar niemand anderer Zeit hat oder am Wochenende arbeiten möchte. Im Falle einer Katastrophe muss dann alles auch noch schnell gehen, da fällt es dann doppelt auf, dass das Copypasten von Agenturmeldungen während der normalen Geschäftstätigkeit mehrheitlich State of the Art ist.

Liebe Simeat, auf der anderen Seite sollte man aber auch nicht päpstlicher sein wollen als der Papst. Weil sonst kommt wieder irgendein Sprachpfleger daher und schreibt über den Dativ als dem Genetiv seinem Tod, und das macht die Welt dann auch nicht wirklich schöner.

Servus.

Quiz

Liebe Hörerin! Lieber Hörer!
Mammutmutti ist schon sehr kritisch und übt aber trotzdem weiter ...

> *Sg. FM4 Ombudsmann. Warum muss es im Radio andauernd diese nervtötenden Quizze und Gewinnspiele geben. Lasst mich doch in Ruhe mit dem Dreck. Mammutmutti*

Liebe Mammutmutti, im Normalfall gehen wir beim Radio a priori davon aus, dass du, unsere Hörerin, existierst, obwohl wir dich weder sehen noch hören können. Genau genommen ist es aber so, dass, wenn wir kurz nichts sagen würden, gar nichts wäre. Vielleicht wagen wir ein kurzes Experiment, um das zu demonstrieren. Ich verhalte mich ruhig, und falls du da bist, liebe Mammutmutti, gib uns ein Zeichen. Obacht (...)

Eben. Du bemerkst. Wir gehen davon aus, dass du existierst, obwohl uns jeder haptische Beweis deiner Existenz fehlt. An der redaktionellen Berichterstattung würde deine Inexistenz in den meisten Fällen zwar kaum etwas ändern, für unsere erlauchten Werbekunden reicht es aber oft nicht, wenn wir auf einen Zettel schreiben: hunderttausend.

Die wollen wirklich wissen, ob es dich gibt und wie du so drauf bist. Wir müssen dich also wohl oder übel kennenlernen. Bevor es soweit ist und wir endlich das Gesetz durchhaben, das uns gestattet, der Bevölkerung flächendeckend zentral abrufbare RFID-Chips zu implantieren, machen wir das im Radio notgedrungen mithilfe sogenannter Quiz-Sendungen. Das vielleicht berühmteste Beispiel für diesen angewandten Kundenkontakt ist das klingende Sonntagsrätsel auf RIAS Berlin, das vom unvergessenen Hans Rosenthal 1965 entwickelt wurde, um festzustellen, wie viele DDR-Bürger den West-Berliner Sender hörten. Heute steht die Mauer zu unser aller Leidwesen nicht mehr, und mittlerweile dürften die Macher der Sendung tatsächlich all ihre Hörer mit Namen und Anschrift kennen. Ja, und so schließt sich auch in der Medienarbeit oft der Kreis. Servus!

– R –

Rabe

Liebe Hörerin! Lieber Hörer!
Emanuel Sauter erleidet regelmäßig Verluste und möchte wissen, warum.

> *Hallo lieber Ombudsmann! Bei uns klauen ständig irgend-welche Krähen oder Raben das Essbesteck. Jetzt stellt sich mir die Frage, warum die nicht unsere Markenklamotten oder Markenschuhe klauen, die überall draußen rumliegen oder -stehen. Sind die Krähen dumm und wissen nicht, dass die Klamotten und Schuhe viel mehr wert sind, oder wissen die, dass wir wieder auf eine Weltwirtschaftskrise zusteuern, in der alles an Wert verliert außer Essbesteck – und wollen die Vögel dann mit Messer und Gabel die Weltherrschaft an sich reißen? Dein dir ergebener Emma*

Nun, lieber Emma, deine Frage greift sehr weit. Was ist Besitz? Können wir überhaupt etwas besitzen, zwischen den Stühlen? Was ist Wert und wie kommt er zustande? Braucht jeder Wert auch einen Wärter? Warum sprechen wir unnützen Dingen großen Wert zu, während wir sinnvolle Dinge nicht als wertvoll erkennen und erleben? Wie viele Menschen müssen wie lange behaupten, dass etwas sinnvoll oder wertvoll ist, damit wir es auch so bewerten? Weshalb besitzen wir sehr viel mehr als die Mehrheit? Wie lange wird sich die Mehrheit noch von diesem überflüssigen Besitz aussperren lassen? Was, wenn der Stuhl, den wir besitzen, langsam beginnt überzufließen und uns unter sich bedeckt? Ersticken wir an unserem eigenen Stuhl? Und warum wissen das die Raben vor uns?

Die Antwort ist nicht schwer, ich muss mich dafür nur kurz auf meine Pallas-Athene-Büste stellen, (…) Obacht:

Nevermore!

Raststätte

Liebe Hörerin! Lieber Hörer!

Die Yasmin möchte ihr Bewusstsein erweitern, um am freien Markt eine Chance zu haben …

> *Lieber Ombudsmann! Warum kaufe ich in Raststätten und Tankstellen immer sinnentleerte Zeitschriften und der Gesundheit nicht zuträgliche Lebensmittel, von deren Erwerb ich im Beisein meines vollen Bewusstseins Abstand nehmen würde? Wirken sich lange Autofahrten etwa negativ auf meine kognitiven Fähigkeiten aus? Es grüßt dich deine Yasmin*

Liebe Yasi, schon der große hessische Volksdichter Johann Wolfgang Goethe soll, während er in der Verschnaufpause einer Bergtour sein entblößend intimes Schlüsselwerk »Wandrers Nachtlied« mit der genialen Linken in die Holzwand jener sagenumwobenen Jagdhütte auf dem Kickelhahn ritzte, mit der profaneren rechten Hand sorgsam seinen kleinen Dichterfürsten ausgeschüttelt haben. Diese Anekdote zeigt: Die Raststätte ist einerseits ein Ort, an dem wir auf Reisen innehalten, um unseren natürlichen Bedürfnissen Raum zu geben. Darüber hinaus sind wir aber auch noch weit weg von daheim.

Vielleicht sind wir ja sogar absichtlich weit weggefahren, weil wir daheim etwas verloren haben, das wir jetzt im Schutze der Anonymität dort, wo wir nichts verloren haben, suchen.

Ja, und was alles passieren kann, wenn wir in einer Raststätte suchen, davon wiederum berichtet die steirische Volksdichterin Elfriede Jelinek in ihrem gleichnamigen Drama. Ich verspreche dir, liebe Yasmin, da sind deine Heftchen und dein Junkfood ein Klacks dagegen. Solltest du dir trotzdem Sorgen machen, dass du dich wegen deiner Raststättenaktivitäten schämen musst, möchte ich dich beruhigen: Du bist nicht die Einzige. Sie machen's alle. Servus!

Rauch

Liebe Hörerin! Lieber Hörer!

T'Scheiwa bringt ein Thema aus der bunten Welt der Nervengifte aufs Tapet...

> *Sehr verehrter Ombudsmann! Wenn ich nicht an der Ziga-rette ziehe, ist der Rauch blau, jedoch beim Ausatmen des Rauches ist er grau. Soll ich daraus schlussfolgern, dass meine Lunge schon ganz blau ist? Hochachtungsvoll T'Scheiwa*

T'Scheiwa, lass mich ein wenig ausholen. Stichwort: Potemkin-sches Dorf, also etwas, das einen schönen Schein wahrt, um eine verheerende Wirklichkeit zu kaschieren. Der Begriff erinnert an Feldmarschall Potjomkin und daran, wie er 1787 auf der ge-rade eroberten Krimhalbinsel prächtige Holzkulissen errichten hat lassen, damit sich bei seiner Chefin, der Zarin Katharina II., auf der Durchreise der Eindruck verfestigt, es wäre alles in bester Ordnung und man könne ruhig weitermachen mit Erobern, an-statt sich der tatsächlichen Probleme der Bevölkerung anzuneh-men. Das haben sie dann auch versucht, und zwar gemeinsam mit Kaiser Joseph II. von Österreich, der sich seinerseits wiederum mit der Einrichtung eines umfassenden Tabakmonopols zugunsten der zu erwartenden Vielzahl von Kriegsinvaliden vorbereitet hat.

Diese soziale Idee hat wunderbar funktioniert, bis unverbesserliche Querulanten angefangen haben zu trommeln, Rauchen sei ungesund. Mittlerweile wird sogar über Rauchverbote diskutiert. Hier nimmt die Tabakindustrie, gerade in Zeiten einer gemeinsamen EU-Verteidigungspolitik, ihre Verantwortung wahr und möchte vor allem jüngeren Menschen durch Zugabe von Zucker, Kakao, Tee, Lakritze, Menthol oder Gewürznelken das Einatmen des beißenden Rauches erleichtern und sie vergessen lassen, dass sie sich eine ganze Reihe krebserregender und hochtoxischer Substanzen durch die Eingeweide blasen. Ein Musterbeispiel für Corporate Social Responsibility. Natürlich kann es so zu geringfügigen Verfärbungen des Rauches kommen. Ich denke aber, auch dir, lieber T'Scheiwa, fällt kein Stein aus der Krone, wenn dein Körper sich zum Wohle der europäischen Idee im Geiste Josephs II. ein wenig verfärbt. Servus!

Realität

Liebe Hörerin! Lieber Hörer!

In einer Viertelstunde geht schon wieder die Sonne auf. Aber das ist ja wohl das Mindeste. Dem Gordon reicht das nicht. Er will es wissen. Und zwar:

Lieber Ombudsmann! Was ist eigentlich die Realität?

Das kommt darauf an, wen du fragst, lieber Gordon. Die allermeisten Menschen weltweit würden dir auf die Frage nach der Realität eine Aufstellung all dessen liefern, was sie an einem Tag

erledigen müssen, damit sie etwas zu essen haben und einen
sauberen, trockenen, warmen Schlafplatz.

Du hast aber mich gefragt, lieber Gordon, und ich muss eigentlich nicht sehr viel außer Blumen gießen und hin und wieder
den Müll mit hinunternehmen. Und selbst da drückt meine Ilse
oft ein Auge zu. Deshalb kenne ich die Realität der allermeisten
Menschen eigentlich nicht. Sie wird mir zwar immer wieder beschrieben, aber nicht besonders erquicklich, und deshalb schal-
ten wir dann oft schon nach den Nachrichten aus und legen eine
alte Kassette ein mit einem Fernsehspiel von Ernst Hinterber-
ger oder manchmal auch noch irgendwas mit dem Qualtinger.
Ja, das waren noch Zeiten, als die Realität uns von alkoholkran-
ken Künstlern beschrieben worden ist und nicht wie heute von
Kokainisten aus der Werbebranche.
    Seinerzeit wären diese Geistesflagellanten nach der dritten zy-
nischen Belanglosigkeit rausgeflogen und hätten einen kalten
Entzug machen müssen. Heute machen sie Reality TV. Über die
Einführung des Privatfernsehens haben sich ja hauptsächlich die
Drogendealer gefreut, weil damit für ihre Kundschaft der Stoff
mittelfristig ausfinanziert war. Damals wie heute hatte die Beschreibung der Realität in unseren Breiten jedenfalls immer etwas mit Suchtmitteln zu tun und mit der von Entzugserscheinun-
gen angefeuerten Idee, der Mensch würde von Natur aus danach
streben, sich alles zu nehmen, was er kriegen kann.
    Deshalb würde ich am ehesten zusammenfassen, lieber Gor-
don, unsere Realität besteht aus Selbstbeschreibungen diverser
Junkies in unterschiedlich gebildeter Ausführung. Und anderswo
werden wieder ganz andere Geschichten von der Realität erzählt.
Viel Spaß beim Schmökern und servus!

Revolution

Liebe Hörerin! Lieber Hörer!

Revolutionen, vor allem vergangene oder solche, die weit weg stattfinden, beflügeln nach wie vor die Fantasie der Menschen ...

Hallo Ombudsmann, Warum bricht bei uns, trotz augen-scheinlicher Koruption, Inkompetenz und vielfach Ignorirens des Wählerwillens kein Aufbegehren der Bevölkerung von Zaun? Was hält uns davon ab, es den Tunesiern und Ägyptern gleich zu tun und auf den Heldenplatz zu ziehen um die Abberuffung der reformunwilligen Regierung zu fordern? Lg, Markus

Lieber Maxi, du unterstreichst deine helle Aufregung sehr authentisch orthografisch, trotzdem muss ich dir widersprechen: Bei uns wird als gesetzgebende Versammlung regelmäßig das Parlament gewählt und das wiederum wählt eine Regierung. Auch wenn einem die Politik dieser Regierung nicht gefällt, hier wird mitnichten der Wählerwille ignoriert!

Warum in einem reichen Land nicht jählings eine Revolution ausbricht, nur weil Bilder von Demonstrationen im Fernsehen gezeigt werden aus Ländern, in die die Zuschauerschaft gerne auf Cluburlaub fährt, liegt unter anderem daran, dass sehr viele, so nicht die meisten Revolten ihren Ursprung in Hungeraufständen haben. Erst die unmittelbare, materielle Not, die existenzbedrohende Bedrängung macht den Menschen unter Umständen vom Revoluzzer zum Revolutionär. Und auch dann geht die Sache oft nur gut, wenn die internationale politische Interessenslage günstig ist. Sonst kommt es zur blutigen Niederschlagung zuzüglich diplomatischer Protestnote bei den Vereinten Nationen.

Voraussetzung ist außerdem, dass die Bevölkerung die herrschenden Verhältnisse überwinden will und weiß, womit und wie man das Erreichte dann auch behalten kann, sonst wird vielleicht nur das Personal ausgewechselt und weiter gar nichts erreicht. So ein Bewusstsein gibt es aber bei uns weit und breit nicht.

Nur weil etwa die georgische Putzfrau im Stiegenhaus nicht als Erste grüßt oder weil beim Synchronisieren von iPod und iTunes manchmal ein paar mp3 unauffindbar verlorengehen, kann man noch nicht von existenzbedrohender Bedrängung der Bevölkerung sprechen.

Allein eine utopiefreie politische Repräsentanz, die nach der Pfeife der Boulevardmedien tanzt, reicht in der Regel noch nicht aus, um eine Bevölkerung zur Revolte anzutreiben, zumal wenn sich der Großteil der Bevölkerung nach wie vor regelmäßig neue Unterhaltungselektronik und einen Sommerurlaub leisten kann. Außerdem, lieber Maxi, ist bekannt, wie das bei uns ausgeht, wenn eine aufgebrachte Bevölkerung auf den Heldenplatz zieht, um die Abberufung einer reformunwilligen Regierung zu fordern. Und die Neuauflage dieser Feierlichkeiten kann sich niemand wünschen, der seine sieben Zwetschgen beieinander hat.

Servus.

Rezession

Liebe Hörerin! Lieber Hörer!

In meinem Ratgeber »Karriere durch Verhaltensauffälligkeit«, den ich gerade für das nächste Weihnachtsgeschäft vorbereite, heißt es wörtlich: »Erniedrige deine Kollegenschaft durch Frohmut zur Morgenstunde, sie werden dich hassen und fürchten und meiden, und dir aber alles zutrauen.« Das Buch wird ab September im Handel sein. Guten Morgen! Der Kirnbauer Friedl fragt:

Sehr geehrter Herr Ombudsmann! Ist es unmoralisch, seinem Chef am Tag der Firmenweihnachtsfeier die Kündigung zu überreichen? Seitdem höre ich aus seinem Büro nicht wie gewohnt Schreianfälle, sondern nur mehr das von seinem Therapeuten empfohlene Biene-Maja-Lied und zwischenzeitlich heftiges Schluchzen. Soll ich das wieder zurücknehmen und ihn als Biene Maja verkleidet bitten, dass ich wieder mitspielen darf? Mit freundlichen Grüßen, grüß Gott und die Ilse, Virtualfritz

Lieber Fritzl! Dein Brief ist völlig unglaubwürdig. Es herrscht Vollrezession, ein versierter Arbeitgeber, der seine Belegschaft nicht selber kündigen muss, tanzt eher jauchzend im rosa Tutu auf dem Tisch als angesichts einer Strukturbereinigungsmaßnahme zu schluchzen. Selbst wenn ein überzähliger Mitarbeiter jählings in Flammen aufgeht und dann zu Asche zerfällt, wird dieser Tage eher eine Champagnerflasche geköpft als gegreint.

Einzige Ausnahme: Wenn du eine sehr attraktive Nobelprostituierte wärest, mit seltenen Skills, die von der zahlungskräftigen Kundschaft außerordentlich geschätzt werden, dann könnte es sein, dass dein Arbeitgeber ob deiner Kündigung gram würde. Aber selbst in so einem Falle würde er dir eher eine auflegen lassen, deine Kinder entführen oder dir einen Gartenschlauch in den Allerwertesten stecken und langsam das Wasser aufdrehen, als zu schluchzen.

Nein, liebes Friedele, ich glaube dir kein Wort. Servus!

Risiko

Liebe Hörerin! Lieber Hörer!

Labyrintintin ist dran…

> *Hello Ombudsmann! Mein Freund und ich sind schon recht*
> *lange ein Paar. In letzter Zeit bemerke ich aber eine gewisse*
> *Lustlosigkeit zwischen uns. Trotzdem hab ich total Angst, ihn*
> *zu verlieren. Wie kann das sein?*

Nun, liebe oder lieber Labyrintintin, Wollust ist weder ein Verlangen nach Proteinfasern noch eine Todsünde. Vielmehr benen-
nen wir mit diesem so vielseitigen Wort die Kultivierung einer
drängenden Empfindung. Und Kultivierung, das hat immer damit zu tun, dass Umstände geschaffen und dann auf Biegen und
Brechen aufrechterhalten werden. Koste es, was es wolle. Im Fall
der Beziehung kostet es die Lust.

Dabei beginnt alles so wunderbar: Wir treffen einen Menschen, der auf uns wirkt, als könnte er unsere Bedürfnisse gut
befriedigen. Von lieblicher Risikofreude trunken zeigen wir ihm
bebend diese Bedürfnisse. Heißa! Sie werden befriedigt! Und bevor wir bis drei zählen können, haben wir schon einen gemeinsamen Bausparvertrag. Je länger die Beziehung dann hält, für je
mehr Auflösungen von Sparverträgen wir die Unterschrift des
Partners benötigen, desto herber schmeckt jegliches Risiko. Weh-
mütig denken wir an die Zeiten zurück, als es noch honigsüß
mundete wie die Lust selbst. Das wollen wir gerne wieder kosten.
Um die Bausparverträge und die Sicherheit jedoch nicht zu ge-
fährden, entscheiden wir uns dafür, das Salz eher außerhalb der
Beziehung, von anderen Scharfmachern, in unsere Suppe streuen
zu lassen. Selbstverständlich wollen wir nicht, dass das dem Partner sauer aufstößt, und halten daher die neuen Risiken geheim.

Doch wer ein Geheimnis hat, lebt ständig in bitterer Angst, erwischt zu werden. Keine Sorge, liebe oder lieber Labyrintintin, je länger die Partnerschaft, desto geschulter der Gaumen und desto mehr Geschmacksrichtungen kannst du Lustvolles abgewinnen. Guten Appetit und servus!

Rockerschweiß

Liebe Hörerin! Lieber Hörer!

Auch heute bin ich pflichtbewusst wie ein junger Offizier mit der Option auf Bundespräsident, denn die Alina traut ihrer Nase nicht…

> *Lieber Ombudsmann! Vor ein paar Tagen musste ich an die vielen Konzerte denken, die ich schon besucht hab, und daran, wie viele Musiker den Drang verspüren, ihre Fans nach den Konzerten zu umarmen, als ob sie glauben würden, dass dies der größte Wunsch im Leben eines kleinen Fans sei. Ich habe eine für Umarmungen ziemlich unvorteilhafte Größe, und die schwitzen doch nach Konzerten alle wie Sau. Trotzdem musste ich feststellen – Rocker stinken nicht! Hast du eine Erklärung dafür? Wohlriechende Grüße, Alina*

Liebe Ali, ich weiß, was du meinst, ich wundere mich auch immer, warum mich der Jagger Micki oder der Kapranos Sascha nach ihren Sets immer herzen wollen, aber natürlich freuen sie sich, mich zu sehen. Da sind die wie kleine Kinder.

Was deine olfaktorische Beobachtung betrifft, so lass dir gesagt sein, Schweiß stinkt nicht. Für den Körpergeruch sorgen Bakterien. Wenn Rocker, wie du sie nennst, sich vor den Konzerten waschen, Deodorant verwenden und nicht allzu lange musizieren, dann können die Bakterien nicht so wirken, wie sie wollen.

Außerdem besuchst du, wie ich deiner E-Mail-Adresse ent-
nehme, Rockkonzerte in Österreich, und da gilt es nach wie vor
als Kulturleistung, in der Öffentlichkeit bei Menschenansamm-
lungen Tabak zu rauchen. Es kann also gut sein, dass einfach
deine Nase nach einem Konzert derart mit Rußmolekülen zuge-
pflastert ist, dass der schwitzende Rocker zwar stinkt wie Sau, du
aber einfach nichts riechst.

Als Gegenprobe schlage ich vor, umarme vielleicht nach dem
nächsten Neujahrskonzert Mariss Jansons, der schwitzt auch bei
der Arbeit, im Musikverein ist aber Rauchverbot. Dann weißt du
mehr. Servus!

Rod

Liebe Hörerin! Lieber Hörer!

Immer wieder finde ich in meinem E-Mail-Postkasten auch Zu-
schriften aus dem englischsprachigen Ausland, was ich auf die
Verfügbarkeit von FM4 und mir selbst über den Livestream auf
fm4.orf.at zurückführe. Es schreiben mir vor allem aufgeschlos-
sene Damen, die sich für mein Privatleben interessieren.

Eine Nikki Fox etwa versichert mich ihrer unverbrüchlichen
Zuneigung: »*You can be ugly and stupid as long as your shaft is
big.*« Und weiter: »*Would you like to have as many women so you
could forget their names? All that would be possible if you added
some extra inches to your beef stick. Just ask us how and we will
help.*«

Danke, aber am Volumen des beef stick gibt es nichts zu repa-
rieren.

Oder es fragt Ella Rutledge sehr direkt: »*Want to please your
woman with your penis not your tongue?*«

Sowohl als auch natürlich.

Oder Chrystal Vernon verrät mir in indirekter Rede, was die Frauen in der großen weiten Welt, soweit sie es mitgekriegt hat, von mir wollen, nämlich: »*Women would be begging to take a picture of your fantastic rod.*«

Das sind alles sehr erfreuliche Briefe, die sich offenbar sachkundig mit meiner vorteilhaften Physis beschäftigen. Woher die sympathischen Frauen das alles wissen, weiß ich auch nicht, vermutlich ein Spezial-Applet auf Google Earth. Wie auch immer, ich freue mich über meinen internationalen Durchbruch. Liebe Nikki, Ella und Chrystal! Wenn ihr einmal in der Gegend seid, würde es mich freuen, euch das Funkhaus zeigen zu dürfen and my Büro. Wir können dann auch Fotos machen für all die Frauen, die ihr kennt und die das dem Vernehmen nach wollen, und, also drei gegen einen, da haben wir früher als Kinder gesagt, das sei unfair, aber vielleicht stimmt das Sprichwort gar nicht und Kindermund tut doch nicht immer Wahrheit kund. Womöglich stimmt ja eher jenes englische Sprichwort: A bird in the hand is worth two in the bush. Oder auch three, bzw. von dort, wo ihr herkommt, da ist der Bush ja abgewählt, na ja, wie auch immer, vieles kann, nichts muss sein.

Servus.

Royal Wedding

Liebe Hörerin! Lieber Hörer!

Vor circa dreihundertfünfzig Jahren fand der bisher einzige Versuch statt, die britischen Kronjuwelen zu stehlen. Unternommen hat ihn ein gewisser Thomas Blood, der freilich gefasst wurde und dann aber nicht geviertelt, sondern vom König aus Respekt für seinen Mut reich beschenkt. Wie wir die heutigen oberen Zehntausend beeindrucken könnten, sodass sie uns etwas von ihrem Reichtum abgeben, darüber streitet die Wissenschaft noch. Bis ein entsprechendes Paper veröffentlicht ist, bleibt es vorerst dabei, dass wir den Reichen etwas von unserem Geld geben, damit sie versuchen können, uns zu beeindrucken, wie die Rita weiß:

> *Lieber Ombudsmann! Die Hochzeit von William und Kate hat dreißig Millionen Euro gekostet. Das meiste davon Steuergeld. Wieso regt sich da keiner drüber auf?*

Also, liebe Rita, selbstverständlich hat sich da jemand drüber aufgeregt. Diese Menschen haben aber keinen so guten Draht zur britischen Yellow Press wie die Royals bzw. nur einen sehr einseitigen zu Zeitungen wie »News of the World«, die oft besser wissen als sie selbst, wo sich ihre Kinder gerade aufhalten. Zurück zu William und Kate: Wegen dreißig Millionen Euro protestieren doch wohl wirklich nur Kleingeister. Das ist ja so gut wie nichts! So viel hat die letzte Jacht von Google-Gründer Larry Page gekostet. So viel hat NBC Conan O'Brien gezahlt, damit er keine Witze mehr macht. So viel stellt die EU als Katastrophenhilfe für Pakistan zur Verfügung, also wirklich gar nichts. Für dreißig Millionen wurde zum Beispiel kürzlich die Eurotherme Aquapulco in Bad Schallerbach ausgebaut, das entspricht in etwa dem, was Bewährungshilfeorganisationen in Österreich jährlich an Budget zur Verfügung steht.

Das ist wohl wirklich nicht der Rede wert. Und vor allem kein Grund zur Aufregung. Servus!

Sigi Stangl, Schuldnerberater:
»Das Ende der Fahnenstange«

Liebe Leserin! Lieber Leser!

FM4 Ombudsmann: Angekommen beim Buchstaben S möchte ich dir meinen, ich darf sagen, alten Kumpel, den Schuldnerberater Sigi Stangl vorstellen.

Sigi Stangl: Ob du es darfst, darüber entscheiden noch die Instanzen, aber du kannst es, bitte weiter.

FM4 Ombudsmann: Sigi, du kennst dich ja mit Geld aus, vor allem wenn es Menschen nicht mehr haben – wie sollen die Menschen das Problem lösen?

Sigi Stangl: Von welchem Problem sprichst du, bitte sag es.

FM4 Ombudsmann: Es gibt seit Jahren eine Krise, die Menschen haben zu wenig Geld, aber keine Nationalbank zu Hause, jetzt können sie selber keines drucken.

Sigi Stangl: Doch, fälschen, das ist eine Möglichkeit zu Geld zu kommen, aber sie ist kompliziert und aufwendig, bitte weiter.

FM4 Ombudsmann: Aha, welche gibt es noch?

Sigi Stangl: In der Schuldnerberater-Fachhochschule lernen wir von drei Möglichkeiten, soll ich sie aufzählen, dann sag Ja.

FM4 Ombudsmann: Ja.

Sigi Stangl: Erstens Standortsubventionen, zweitens Firmenumgründungen und drittens Banküberfall. Hast du es gewusst?

FM4 Ombudsmann: Äh …

Sigi Stangl: Ja oder nein?

FM4 Ombudsmann: Jein.

Sigi Stangl: Soll ich weggehen, dann sag Ja.

FM4 Ombudsmann: Nein!

Sigi Stangl: Die ersten beiden Möglichkeiten, Standortsubventionen und Firmenumgründungen, gelten pro forma als legal,
sind aber hochkriminelle Angelegenheiten, bitte weiter.

FM4 Ombudsmann: Und Überfall nicht?

Sigi Stangl: Schon, aber da braucht man niemanden zu kennen
in Wirtschaft, Politik oder Finanz, Banküberfall ist quasi eine
Ich-AG.

FM4 Ombudsmann: Und wie geht das?

Sigi Stangl: Eine Waffe nehmen, in eine Bank gehen, den Kassie-
rer bedrohen, die Herausgabe des Geldes erzwingen und un-
erkannt entkommen. Ende der Fahnenstange, bitte sag's auch
du.

FM4 Ombudsmann: Ende der Fahnenstange.

Sigi Stangl: Am besten, man übt einen Überfall vorher, damit
dann alle Handgriffe sitzen.

FM4 Ombudsmann: Aha, und wo?

Sigi Stangl: In einer Bad Bank.

FM4 Ombudsmann: Bad Bank?

Sigi Stangl: Jawohl, dort gibt es mehr als genug Geld, es ist aber
grad nicht da, und wenn man was mitnimmt, freuen sich alle.

FM4 Ombudsmann: Die Zeit um Weihnachten ist für viele die
stillste im Jahr, aber für dich, als Schuldnerberater, ist es die
Zeit der Aufbautrainings …

Sigi Stangl: Wenn du noch etwas sagen willst, dann sag es, ich
habe meine Zeit nicht gestohlen, sondern nur geborgt, und
jetzt verkaufe ich sie teuer, im Moment an dich, bitte weiter.

FM4 Ombudsmann: Wenn der Advent vor der Tür steht, und da
haben Menschen vielleicht bereits Schulden …

Sigi Stangl: Das ist so, da gibt es Untersuchungen, was glaubst du
welche, bitte sag es.

FM4 Ombudsmann: …

Sigi Stangl: Dann sage ich es, es sind Untersuchungen, die das

Adventverhalten umsatzsteuerpflichtiger Mehrzeller überprüft haben, mit Diagrammen, und am Ende gibt es ein Glossar.

FM4 Ombudsmann: Lieber Sigi, wenn nach Weihnachten vermehrt Menschen zu dir kommen in die Schuldnerberatung…

Sigi Stangl: Das machen sie, teilweise zu zweit, teilweise ist auch schon einer gestorben, bitte weiter.

FM4 Ombudsmann: Und diese Menschen können sich aufgrund von internationaler Geldvernichtung durch regulären Börsenbetrieb den Advent nicht mehr leisten, geschweige denn Weihnachten.

Sigi Stangl: Du willst wissen, was ich ihnen rate, damit sie sich nicht ausgestoßen fühlen aus der Konsumgesellschaft, ist es das?

FM4 Ombudsmann: Äh…

Sigi Stangl: Damit sie sich in der stillsten Zeit des Jahres nicht mit Entleibungsgedanken befassen, sondern den Hauptwohnsitz mit Reisigtand und anderem Mist schmücken, willst du das wissen, dann sag Ja.

FM4 Ombudsmann: Äh, ja.

Sigi Stangl: Ich sag es dir. Ich sage es aber auch laut, weil es ist ein guter Rat.

FM4 Ombudsmann: Aha?

Sigi Stangl: Ich rate diesen Menschen, werdet Atheisten, dadurch entfällt Weihnachten. Ende der Fahnenstange. Bitte sag es auch du.

FM4 Ombudsmann: Ende der Fahnenstange.

Sigi Stangl: So ist es, ganz einfach, Armut kann ganz einfach sein.

– S –

Schlager

Liebe Hörerin! Lieber Hörer!

Dipl.-Ing. Peter P. lässt was fragen …

Geschätzter Ombudsmann! Mangels ausreichender Emp-
fangsmöglichkeit in unserem Kellerlabor bin ich immer wie-
der dazu gezwungen, statt FM4 die diversen Stationen der
Landesstudios zu konsumieren. Dabei habe ich neben leichten
Kopfschmerzen auch folgende Textzeile eines alten Schlagers
aufgefangen: »Lady Sunshine und Mr. Moon, können nichts
dagegen tun, dass sie sich nie am Himmel trafen, denn wenn
sie aufgeht, geht er schlafen.« Nun ist es aber doch so, dass ich
schon des Öfteren den Mond am helllichten Tag gesehen habe.
Dazu meine Frage: Darf Schlager lügen, noch dazu im öffent-
lichen Rundfunk, der doch dem Bildungsauftrag verbunden
sein sollte? Herzlich! Dein Peter

Lieber Dipl. Ing. Petzi. 1962, als Conny Froboess »Lady Sunshine
und Mr. Moon« interpretierte, waren die Deutschen es vom letzten Weltenringen noch gewöhnt, offizielle Mitteilungen auch in
Schlagerform zu erhalten. So wie einst Zarah Leander per Volks-
empfänger ausrichten ließ: »Ich weiß, es wird einmal ein Wunder
geschehen!«, weil der Endsieg nicht mehr so sicher war und viele
Männer und Söhne an der Ostfront gerade ihre irdische Lauf-
bahn beendeten, was dem Führer so nicht recht sein konnte.

Ebenso handelt es sich auch bei Lady Sunshine und Mr. Moon

weniger um eine astronomische Mangelinformation als vielmehr um eine Aufforderung, gefälligst das Wirtschaftswunder zu genießen und nicht den haushoch verlorenen Weltkriegen nachzuweinen und der damit vergebenen Möglichkeit, eine Weltraummacht zu werden. Denn dass es mit Wernher von Braun dann ausgerechnet ein Deutscher war, der die Amerikaner auf den Mond gebracht hat, das war so natürlich nicht angedacht worden 1933.

Ja, so ist das oft mit Schlagern.

Was mich aber persönlich noch mehr interessiert: Was genau bedeutet eine mangelhaft ausreichende »Empfangsmöglichkeit in einem Kellerlabor«, von der du schreibst? In einem Land, das wie das unsere erst letzten Sommer diesbezüglich weltweit Aufsehen erregen konnte und im Weiteren dem ORF Quotenhits von nie dagewesener Reichweite bescherte? Gerade von einem Akademiker hätte ich das nicht erwartet! Servus.

Schriftsteller

Liebe Hörerin! Lieber Hörer!

Der Lukas ringt mit seiner Existenz:

> *Lieber Ombudsmann! Ich möchte Schriftsteller werden. Aber je länger ich mit dem Wunsch rumrenne, lese, zuhöre und notiere, desto klarer wird mir, dass alles schon vorher mal geschrieben worden ist. Was soll ausgerechnet ich da noch tun?*

Lieber Lukas, vor allem junge, oft männliche Künstler wollen Ungesagtes sagen, Ungesungenes singen, Ungemaltes malen und Unbegreifliches ... also du verstehst, was ich meine. Diese Entjungferungsmystik steckt ganz tief drin in der christlichen Kunst. Sätze, die schon gesagt sind, Bilder, die schon gemalt sind, Musik, die schon komponiert wurde, turnen viele Künstler ab. Gleichzeitig sind ihre Köpfe natürlich voll davon, weil es war ja immer schon alles schon einmal da. Und seit es das Internet gibt, sind alle alten Meister und alle jungen Wilden immer gleichzeitig überall gegenwärtig. Aber kein Mensch kann für immer in der Gegenwart leben. Wir brauchen unsere Geschichte. Sie verhilft uns zu einem Bewusstsein für vorher, nachher, für Abnutzung und Entstehung. Schließlich geht im Leben alles immer unweigerlich den Bach runter und gleichzeitig bergauf. Es ist ein Strudel mit brüchigem Teig.

Zurück zum Internet. Stichwort Global Village. Die Welt ist ein Dorf, und in einem Dorf nimmt oft jeder an, dass jeder andere alles nur zu seinem eigenen Vorteil tut. Dieses argwöhnische Denken nennen wir Provinzialismus. Im Gegensatz dazu erlaubt die Metropole die Vermutung, dass es noch viel mehr gibt, und das gibt es auch, und es entwickelt sich ständig nach vorn und zurück. Je größer das Dorf, desto länger dauert es, bis man jeden kennt und sich ganz sicher sein kann, dass man gerade einen eigenen Gedanken hatte und nicht den des Nachbarn. Ängstlich zieht man seine Gardinen zu und merkt bald: Was soll ein Mensch allein schon tun? Lieber Lukas, ich bin sicher, es ist ein guter Start, wenn er sich erst mal jemand zweites sucht. Servus!

Schuldenbremse

Liebe Hörerin! Lieber Hörer!

Seit dem Zusammenbruch der Spekulantenschmiede Lehman Brothers lässt die sogenannte Wirtschaft die Menschen nicht mehr aus dem Würgegriff …

Lieber Ombudsmann! Dauernd liest man bei uns von einer Schuldenbremse, die noch nicht in der Verfassung ist, und neuerdings auch von einem Ost-Korsett. Was bitte sind das für Dinger? Cheers Mäx

Lieber Markus, es handelt sich um Fantasiebegriffe aus dem Politikmarketingbereich, die den Menschen kurz vor Weihnachten ein wenig Hoffnung machen sollen. Der Advent ist ja traditionell die Zeit, in der Einkaufen nicht nur bedeutet, Dinge des Bedarfs zu erschwingen, sondern Einkaufen im Advent bedeutet Gutes tun und ist seit geraumer Zeit Bürgerpflicht. Dass Einkaufen in der Weihnachtszeit nicht Verfassungsrang hat, liegt vermutlich nur daran, dass die Menschen es ohnedies tun und vermutlich aus Trotz unterließen, müssten sie es. Was die Schuldenbremse betrifft, so wurde sie schon im späten 20. Jahrhundert erfunden und ist quasi ein technisches Detail der Konjunkturlokomotive, die sich offenbar in der Remise befindet.

Das Ost-Korsett hingegen dürfte den Herren, die sich momentan häufig treffen, um ökonomische Belange zu besprechen, eher beim Chillen in der Halbwelt eingefallen sein, als sie einen beschwerlichen Arbeitstag gewohnheitsmäßig in einem Laufhaus für gehobene Ansprüche in der Wiener Innenstadt ausklingen haben lassen. Lieber Mäx, letztlich dienen diese blumigen Begriffe aber nur dazu, dass nicht von Ausbeutung und Umverteilung gesprochen werden muss, und deshalb brauchst du sie dir auch nicht zu merken. Servus.

Schwalbe

Liebe Hörerin! Lieber Hörer!

Love sucks. Hofft zumindest der Patrick.

> *Lieber Ombudsmann! Ich renne jetzt seit fast acht Monaten einem extremst schnuckeligen Typen nach. Am Samstag waren wir auf der Party einer Freundin. Es war unfassbar öde, wir haben uns in den Hobbyraum verzogen, und er hat mir einen geblasen. Jetzt bin ich natürlich extremst verwirrt. War das jetzt eine einmalige Spaß-G'schicht oder will er mehr? Soll ich ihm meine Gefühle beichten? Was meinst du? Alles Liebe, Patrick*

Lieber Patrick, endgültig kann das wohl nur der schnuckelige Typ selbst beantworten, zumal ich zur Tatzeit nicht in jenem Hobbyraum zugegen war und auch sonst nie. Ich sehe mich als Außenstehender also außerstande, eine rechtsverbindliche Auskunft bezüglich der Tatmotive deines Schwarms abzugeben. Zu lückenhaft sind deine Ausführungen bezüglich des Geschehens im Hobbyraum.

Sollte er nämlich seine Glasbläserpfeife hervorgeholt und dir einen Dekanter oder einen Drei-Liter-Weizenbier-Humpen geblasen haben, würde ich dringend empfehlen, dies, wenn überhaupt, nur als äußerst ungelenken Hinweis auf seine tiefe Zuneigung zu interpretieren. Und seien die Werkstücke noch so liebevoll ausgeführt. Zu ähnlicher Zurückhaltung würde ich dich anhalten, sollte er dir auf seinem Alphorn einen Waidmannsabschied geblasen haben.

Und selbst, wenn es im Hobbyraum zu jenem Phänomen gekommen sein sollte, das die einschlägige Fachliteratur als Fellatio kennt, würde ich davon nicht ableiten, dass er zu wahrhafter zwischenmenschlicher Zuneigung überhaupt in der Lage ist. Immerhin wissen wir auch von Flughunden und diversen Primaten, dass sie Oralverkehr betreiben. Ja, also, lieber Patrick, wenn du mich fragst: Ein Baum ist noch kein Wald, ein Tropfen Honig macht das Meer nicht süß, eine Schwalbe macht noch keinen Sommer, oder wie der Brite sagt: One swallow does not make a summer. Servus!

Seele

Liebe Hörerin! Lieber Hörer!
tonimaroni meldet sich mit einem Vorgeschmack auf sein Wochenende:

> *Beim Kaffeetrinken im Büro haben wir uns letztens gefragt: Wenn man sich die Seele aus dem Leib kotzen kann, wie kommt sie dann wieder rein? gglg, tonimaroni*

Liebe oder lieber tonimaroni, ich möchte nicht zu hart urteilen, aber täuscht der Eindruck grundlegend, in deiner Tasse wäre noch etwas anderes gewesen als Kaffee? Offenbar hast du dich in berechtigter Sorge um deinen Ruf im Büro dafür entschieden, ein Leben zu führen, in dem du voller Schuldgefühl Kaffee nennst, was eigentlich, also ohne dich verleumden zu wollen, sagen wir, Schnaps ist.

Obacht!

Durch dein Versteckspiel verleihst du der Substanz, es kann auch Bier oder Wein sein, eine mystische Dimension. Und wenn du dann wieder einmal versuchst, jene mystifizierte Substanz zwar in großen Mengen herunterzustürzen, aber zu ignorieren, dass sie in Verbindung mit deinem Körper reagiert, dann wirst du in der Einsamkeit der Wirtshaustoilette eventuell tatsächlich kurz den Eindruck nicht loswerden, deine Seele sei aus dir ausgetreten, und dann wird dir als einzige Erlösung erscheinen, gleich wieder viel nachzufüllen. Die einen nennen es Seelenwanderung, die anderen Alkoholismus. Liebe oder lieber tonimaroni, als öffentlich-rechtlicher Rundfunk rate ich von beidem ausdrücklich ab und wünsche uns allen ein möglichst trockenes Herbstwochenende.

Servus!

Seelsorge

Liebe Hörerin! Lieber Hörer!
3wholewaiting33 wundert sich über komische Ängste im 21. Jahrhundert…

> *Lieber Ombudsmann! Warum haben katholische Bischöfe so viel Angst vor Homosexualität? Wenn ihr Gott alles erschaffen hat, dann wohl auch die Schwulen. Soweit ich mich erinnere, müssen Christen zu allem, was ihr Schöpfer gemacht hat, danke sagen und nicht: Das machst du mir noch einmal, so kann man das nicht abgeben! Was meinst du? Deine 3wholewaiting33*

Liebe 3wholewaiting33, du kennst das von den Mathematikhausaufgaben, eine Gleichung kann nur dann aufgehen, wenn du die richtigen Variablen einsetzt. Es ist nämlich überhaupt nicht ihre eigene Angst, die viele kirchliche Würdenträger zur Homosexuellenächtung treibt, die übrigens nicht nur bei Christen vorkommt, sondern eigentlich in allen Weltreligionen und rückständigen Ideologien überhaupt. Die Seelsorge für eine Gruppe von Glaubensbrüdern und -schwestern setzt nämlich erstens das Bestehen einer solchen Gruppe überhaupt voraus, und am leichtesten bildet sich eine Gruppe, indem sich eine Mehrheit darauf einigt, dass eine Minderheit nicht mittun darf. Warum auch immer, das ist dann nicht weiter wichtig.

Und zweitens hängt die öffentliche Schwulenfeindlichkeit katholischer Würdenträger mit der Struktur von Sklaven- und Erlösungsreligionen generell zusammen. Erfolgreiche Weltreligionen funktionieren nur als straff geführte Diktaturen. Das heißt, nur wer Befehlen gehorcht, hat auch ein Anrecht auf Erlösung. Und um Befehlen überhaupt gehorchen zu können, muss sie zuvor jemand geben. Und zwar jemand mit Autorität. Und die meiste Autorität erringt man damit, dass man nachhaltig Dinge durchsetzt, die eigentlich kompletter Unsinn sind.

Wenn du diese beiden Parameter in deine Gleichung einsetzt, wirst du sehen, die Rechnung geht leicht auf. Weil: dass katholische Bischöfe Angst vor Homosexualität haben, ist natürlich Quatsch! Viele Bischöfe sind ja selber schwul und zwar sehr gerne. Das weiß heute jedes Kind. Servus.

Sehnenscheidenentzündung

Liebe Hörerin! Lieber Hörer!

Markus Prassl taumelt am Rande der Sehnenscheidenentzündung …

> *ola, i hab ja net allzu viele fragen an das leben, aber die paar, die i hab, sind doch richtig hartnäckig, und zwar: Warum bekomm i keine gscheite Freundin? oder is zu viel wichsen ungesund? gracias*

Lieber Maxi! Die erste Frage lässt sich anhand der vorliegenden Quellenlage nicht eindeutig beantworten. Einsamkeit scheint ja nicht das Problem zu sein, denn nach deinem Dafürhalten nicht so gscheite Freundinnen scheinst du ja zu bekommen. Zumindest geht das aus deiner Post so hervor. Nachdem sich aber aus deinen wenigen Zeilen kein Weltbild destillieren lässt, kann ich die Parameter, was denn für dich eine gescheite Freundin sei, nicht festlegen und also gar nichts beauskunften.

Die zweite Frage hingegen ist eindeutig mit Ja zu beantworten. Zu viel Masturbation ist zweifelsfrei ungesund, weil ein Zuviel per definitionem nicht zuträglich ist.

Wenn du dich also gerne nachhaltig paaren möchtest, und danach klingt deine Frage, dann empfehle ich als Sofortmaßnahmen den Blick in den Spiegel, den Gang unter die Dusche und das Upgrade der Genderstandards auf das 21. Jahrhundert. Wenn du das alles im Rahmen des Herkommens harmonisierst, dann bildest du fürs Erste eine ausreichend große Schnittmenge mit der Gegenwart, um gute Chancen auf die Erfüllung deiner Wünsche zu haben. Wenn es trotzdem nicht gelingt, dann liegt es an was anderem, dann müssen wir eine individuelle Lösung finden, das kostet dann aber extra. Servus.

Seligsprechung

Liebe Hörerin! Lieber Hörer!
SteckdoseOne sucht Rat in einer Glaubensfrage:

> *Lieber Ombudsmann! Was glaubst du, wer wird zuerst selig gesprochen, Jörg Haider oder Michael Jackson? Shout Outs, SteckdoseOne*

Jaha, lieber oder liebe SteckdoseOne, du darfst natürlich im privaten Rahmen beide von dir ins Treffen geführten Kandidaten selig sprechen, soviel du willst. Genauso, wie du jederzeit beschließen kannst, einen Zwergrettich anzubeten, weil er ein bisschen geformt ist wie das Mühlviertel. Wenn du aber darauf bestehst, dass ein von katholischen Kardinälen gewählter Papst eines deiner Idole seligsprechen soll, dann wirst du nicht umhinkommen, entweder ein Schisma zu riskieren, dich als Gegenpapst ausrufen zu lassen und die Regeln grundlegend zu ändern, oder du lässt bei der zuständigen Stelle im Vatikan ein Wunder eines der beiden Herren melden und bestätigen. Ich fürchte allerdings, ein paar kommunale Wahlsiege trotz offensichtlichen Qualifikationsmangels bzw. die Seelenverwandtschaft mit einem Schimpansen werden nicht als Wunder anerkannt werden. Interessant finde ich aber, dass du gerade Jörg Haider und Michael Jackson in einem Atemzug nennst. Abgesehen vom rustikal-pädagogischen Elternhaus, dem Reizthema Hautfarbe, der nachgesagten Vorliebe für das Gefügigmachen junger Männer durch Alkohol und einem vorzeitigen Ableben infolge von Suchtmittelüberdosen haben die beiden Herren doch wirklich kaum etwas gemeinsam. Manchmal weiß ich wirklich nicht, was im Kopf von euch jungen Leuten vor sich geht. Servus!

Sexarbeit

Liebe Hörerin! Lieber Hörer!

Der Ferdinand ist einem engmaschigen Netzwerk von Medien und Politik auf der Spur. Sein diesbezügliches Unbehagen artikuliert er mit folgenden, um Ausgleich bemühten Worten:

> *Ihr Drecksbagage, ihr schamlose! Eure selbstgefällige Inzucht gefährdet die Demokratie. Kann man überhaupt noch Journalist oder Politiker werden, ohne dass man zur Hure wird?*

Lieber Ferdinand, auch wenn die roten Lampen an unseren Sendestudios eventuell etwas anderes vermuten lassen, gerade im Hörfunk gibt es durchaus Beispiele für unabhängigen, den öffentlich-rechtlichen Prinzipien verpflichteten Journalismus. Am Mikrofon derzeit etwa für dich erneut dein FM4 Ombudsmann, der zivilrechtlich natürlich sich selbst gehört und nicht dir und sich also lediglich im Rahmen der Rundfunkgebühren zeitlich begrenzt an dich vermietet, was allerdings keine Aufforderung zu Handlungen im Sinne der Prostitution darstellen soll. Ganz im Gegenteil: Die gebende und empfangende Rolle sind im Rundfunkgesetz klar festgeschrieben.

Wobei ich außer Streit stelle, dass auch der Beruf des Sexarbeiters oder der Sexarbeiterin durchaus Anerkennung verdient und eine arbeitsrechtliche Besserstellung dieser Berufsgruppe überfällig ist. Zugegeben, Sexarbeit krönt wohl eher nur im Ausnahmefall als lang ersehnter Gipfel märchenhafte Erfolgsgeschichten. Wer sich als Kandidat für die Spitze sieht, muss aber oft deutlich mehr feilbieten als den eigenen Körper. Da werden nicht selten zusätzlich noch die eigenen Überzeugungen in die Waagschale geworfen. Moralische Urteile diesbezüglich maße ich mir nicht an, deine Wortwahl, lieber Ferdinand, scheint mir aber jedenfalls unangemessen zu sein. Immerhin steht fest: Ob Edelkurtisane oder Spitzenkandidat, jeder Mensch verdient ein Mindestmaß an Respekt. Schönes Wochenende und servus.

Souverän

Liebe Hörerin! Lieber Hörer!

In der Demokratie ist das Volk der Souverän. Zum Beispiel Skeletor21:

Lieber Ombudsmann! Vor zwei Wochen bin ich von zuhause ausgezogen, und jetzt ist in meiner neuen Wohnung über-

all schmutziges Geschirr. Die Spüle ist längst voll, auf dem Schreibtisch stehen drei angebrauchte Gläser und auch das Nachtkastel ist angeramscht mit dreckigen Tellern. Ich habe sogar schon grausliches Besteck hinter der Couch entdeckt. Langsam engt mich das ganz schön ein. Wie soll ich darauf reagieren? Liebe Grüße, Skeletor21

Liebe oder lieber Skeletor21. Was du gerade erlebst, ist vor dir schon vielen widerfahren, als sie von zu Hause ausgezogen sind. Bei der ersten Wohnungsbegehung mit dem Makler achtet man oft nicht darauf, ob die Fenster gut isoliert sind, ob der Fußboden stabil ist, ob die Leitungen klug verlegt sind, und ja, man übersieht das viele dreckige Geschirr.

Jetzt, wo du schon einmal eingezogen ist, bleibt dir wenig, als eine friedliche, von aufrichtiger Wertschätzung veredelte Koexistenz mit dem Grind anzustreben. Doch Obacht, speckige Teller und schmierige Tassen sind sehr empfindlich. Wann immer du einer begegnest, ziehe artig deinen Hut und grüße respektvoll. Auf keinen Fall solltest du das äußerst feinfühlige Porzellan daran erinnern, dass es grauslich aussieht und ihm ein zunehmendes Müffeln entströmt.

Wenn der widerliche Schimmelgeruch schon so überwältigend ist, dass du kaum noch einzuatmen wagst, empfehle ich dir Folgendes: Mach die Wohnungstüre weit auf und versteck dich in einem Schuhschrank. Wenn du Glück hast, kommen dann die Heinzelmännchen und erledigen alles Weitere. Ich sage aber gleich dazu, in unserer heutigen Zeit ist es mit einem gewissen Risiko verbunden, die Wohnungstüre einfach offen zu lassen. Nicht alle Menschen, die dann hereinkommen, sind so freundlich und tragen dein ekelerregendes Zeug davon. Es kann durchaus vorkommen, dass manch dunkle Gestalt dann bei dir staubsaugt, schamlos deine Toilette putzt oder rücksichtslos deine alten Verwandten pflegt. Tja, liebe oder lieber Skeletor21, viel Glück auf deinem Weg in die Selbstständigkeit, viel Gesundheit, Segen und servus!

Sparen

Liebe Hörerin! Lieber Hörer!

Ein gewisser Patrick blickt besorgt auf die Haushaltspolitik:

> *Lieber Ombudsmann! Wieso geben die Politiker immer noch Geld aus, obwohl wir Schulden haben. Man kann doch nicht mehr ausgeben, als man einnimmt!*

Lieber Patrick, ich weiß nicht, wer euch Jungen das eingeredet hat. Selbstverständlich kann man mehr ausgeben, als man ein nimmt! Sonst wären Streptokokkeninfektionen bei uns immer noch ein Todesurteil, Erwerbslose würden reihenweise verhungern, und nur die Reichen könnten im Winter ihre ganze Wohnung heizen.

Menschen, die Ökonomie seriös betreiben, sehen im Sparen kein Allheilmittel, sondern vielmehr ein ideologisches Schlagwort, mit dem man minderbemittelte Bürgerinnen und Bürger immer wieder auf den Untertanenstatus zurückschrauben kann. Vor allem bei uns im Norden, wo wir kalte, entbehrungsreiche Winter gewöhnt sind, in denen wir voller Sehnsucht auf den Sommer warten. Diese tief in uns verwurzelte Dauersehnsucht nützen die Dümmeren unter den Mächtigen zu ihrem vermeintlichen Vorteil aus.

Der Papst sagt dir, das Leben ist eine Prüfung. Wenn du bestehst, kommt nachher das Paradies. In Hollywood heißt das: Vom Tellerwäscher zum Millionär. Und die Regierung schützt uns nicht vor derlei perfiden Strategien, sondern die legt noch einen drauf: Sparen, Sparen, Sparen, dann gibt's irgendwann eine Steuerreform. Aber das Paradies gibt es überhaupt nicht, man wird bestenfalls Tellerwäscher-Abteilungsleiter, und Sparen, das bedeutet, dass man denen, die sich am wenigsten wehren können, ihren Teil an der volkswirtschaftlichen Gesamtleistung wegnimmt und ihn umverteilt zu denen, die jemanden bezahlen können, der sich für sie wehrt.

Zum Glück kommen hin und wieder auch schlauere Menschen in die Nähe der Macht, die wissen, dass es auch für sie besser ist, wenn wir alle gemeinsam mehr ausgeben, als wir einnehmen. Weil die Pest kennt keine Standesdünkel. Servus!

Speichel

Die stillste Zeit des Jahres ist wieder angebrochen. Manch einer wird sagen: Recht geschieht ihr! Und ich versichere dir: Mit ein bisschen gutem Willen kannst du deine Stube christkindlfrei halten. Wer sich allerdings schwerer wird aussperren lassen als pädagogisch unterfütterte Sagengestalten, ist deine Verwandtschaft. Suppenkultur68 freut sich schon:

Lieber Ombudsmann! Wahhh! Jetzt ist es bald wieder so weit. Ich muss über Weihnachten mit meiner beschissenen Familie zu meinen Großeltern fahren. Die sind eigentlich eh okay, bis auf eine Angewohnheit: Meine Oma spuckt in der Kirche manchmal ohne Vorwarnung auf ihr Taschentuch und wischt mir einen Fleck aus dem Gesicht. Ich finde das sooo grauslich. Wie kann ich verhindern, dass die das immer macht? Frohes Fest, Suppenkultur68

Liebe oder lieber Suppenkultur68, ich glaube, wenn man deine Oma stoppen wollte, müsste man sie wohl erschießen. Nein, das war nur Spaß! Ich hab schon von einer Rumkugel gekostet heute. Bitte sag es nicht weiter, sonst schraubt noch jemand an meinen Winterreifen herum.

Im Ernst. Deine Großmutter mag dich offensichtlich sehr gerne, und sie will dir das auch körperlich zeigen. Dass sie das nur kann, indem sie dir in einem Kultgebäude mit einem Stofffetzen ihren Speichel ins Gesicht reibt, ist naturgemäß einigermaßen unerquicklich für dich, allerdings sehe ich wenig Möglichkeit zur Abhilfe.

Die Generation deiner Oma hat eine durch und durch körperfeindliche Erziehung genossen. Eine schlichte Umarmung würde in ihr wohl eine unbewältigbare Menge verdrängter Empfindungsmöglichkeiten freisetzen, ein Infarkt wäre unumgänglich.

Wenn also keine Aussicht auf ein lohnendes Erbteil besteht, rate ich dir, lass dich von deiner Großmutter ordentlich einspeicheln und sei froh, dass sie als Requisit der Nähe ein Taschentuch verwendet und keinen Stock. Schöne Feiertage und servus!

Stau

Liebe Hörerin! Lieber Hörer!

Solltest du gerade dabei sein, dein großes Geschäft abzuwickeln, indem du das goldene Ende der Nahrungskette verabschiedest und der Gesellschaft etwas zurückgibst bzw. einen Braunbären zurück in die freie Wildbahn entlässt – du verstehst –, dann warne ich davor, dir ausgerechnet in diesem Moment vorzustellen, der Geruchssinn sei nichts anderes als ein Geschmackssinn über die Nasenschleimhäute. Widrigenfalls könntest du dich angegriffen fühlen durch die sehr plastischen Worte, mit denen gabelbissenjunkie seine oder ihre Nachricht beginnt:

Scheiße! Scheiße! Scheiße! Warum ist wieder so ein Stau? lg,
gabelbissenjunkie

Liebe oder lieber gabelbissenjunkie, du kennst bestimmt das
Spiel »Blickduell«. Zwei Menschen sitzen sich gegenüber, blicken
sich in die Augen und versuchen, den jeweils anderen zum Lachen zu bringen, während sie selbst sich mit allen Mitteln das-
selbe verkneifen. Es gewinnt, wer nicht lachen muss. Genauso
funktioniert die Gesellschaft, in der wir leben. Ohne Rücksicht
auf Verluste versuchen wir, ein Ziel zu erreichen, und sei es noch
so absurd. Wir investieren unsere gesamte Kraft in Arbeit, deren
Zweck uns nie ganz klar wird. Dabei zerstören wir unter anderem unseren Körper und sein Immunsystem. In den sogenannten Übergangszeiten sind wir besonders anfällig, werden krank
und können keine drei Schritte mehr zu Fuß gehen. Weil wir das
Duell aber nicht verlieren wollen, gönnen wir uns keine Auszeit,
sondern ein Auto. So bleiben wir mobil, leistungsfähig und dem
Ziel auf den Fersen. Weil wir aber sehr viele sind, kommt es erst
recht zu Verkehrshemmungen. Liebe oder lieber gabelbissenjunkie, wenn du diesem Teufelskreis entrinnen willst, schwing dich
auf dein Rad, fahr am Stau vorbei in den Park, ergebe dich dem
Lächeln, zieh es bis zu den Ohrläppchen und denk dir »Juhu, ich
habe verloren!«. Aber als Allererstes wäschst du dir den Mund
einmal ordentlich mit Seife aus. Servus!

Sternsinger

Liebe Hörerin! Lieber Hörer!
Bei princealbert haben die Sternsinger schon angeläutet…

> *Lieber Ombudsmann! Wer hat eigentlich die Idee mit dem*
> *Sternsingen gehabt? Und kann man in dieses Business einstei-*
> *gen? Singen tu ich zwar ziemlich mies. Aber mit Computern*
> *kenne ich mich aus, und das Geld würde ich wirklich drin-*
> *gend brauchen. Cheers, princealbert*

Lieber princealbert, das Monopol im Sternsingen liegt noch nicht
sehr lange bei der katholischen Kirche. Seinerzeit haben die Kinder das noch auf eigene Rechnung und zu ihren eigenen Gunsten
betrieben, bis nach dem Krieg die Kirche das Geschäft übernommen und die Kinder de facto enteignet hat. Historisch gesehen
haben wir es also mit einer feindlichen Übernahme zu tun. Bei
der derzeit vorherrschenden Wirtschaftsideologie wirst du bestimmt schnell Partner für den Versuch finden, auf dem Gebiet
des Dreikönigssingens wieder für mehr Marktliberalisierung zu
sorgen. Spenden an die Heiligen Drei Könige sind mittlerweile
sogar steuerlich absetzbar! Kratz also zügig all deine hard und
soft skills zusammen und programmiere eine Internetplattform,
wo sich jeder seine ganz persönlichen Sternsinger per Mausklick
zusammenstellen kann. Zum Beispiel zwei kleine Chinesen,
einen Hund und einmal Käse extra. Die kommen dann vorbei,
singen einem was vor und man spendet. Und bei einer Bestellung
ab dreißig Euro gibt es eine Fanta oder ein Sprite gratis dazu. Ein
astreines Geschäftsmodell, für das du als mutiger Jungunterneh-
mer zweifellos eine Start-up-Förderung zugesprochen bekommen wirst. Glück auf und servus!

Stille

Diesmal, liebe Hörerin, lieber Hörer, brauchen wir eine konzentrierte, unaufgeregte Stimmung, in der wir kurz vergessen können, dass alles immer knallig sein muss. Ich möchte den Hokuspokus heute ein wenig zurückfahren, weil die Carina sich mit einer sehr ernsten und ein bisschen traurigen Frage an mich wendet – und »ich«, das bist auch du, meine liebe Hörerin, mein lieber Hörer, denn was wäre ich ohne dich? Ganz genau genommen wendet sich die Carina als Hörerin also an sich selbst. Und das ist gut so. Weil, wie man in den Wald ruft, so schallt es auch heraus ...

Lieber Ombudsmann! Bei mir daheim ist es immer so still. Was soll ich nur tun? Carina

Nun, Carina, dein Problem wirkt momentan vielleicht überlebensgroß und unerträglich, es ist aber in Wahrheit ganz leicht lösbar. Nämlich so: Wenn es dir daheim wieder einmal zu ruhig wird, bedecke deinen Fußboden lückenlos mit scharfkantigen Glassplittern, und du wirst sehen: Nur ein kleiner Schritt und die bedrückende Stille ist gebrochen. Wenn du abends dann alle deine Wunden versorgt hast, deck dich mit einem Haufen gebrauchtem Geschenkpapier zu und leg einen laufenden Schlagbohrer auf dein Nachtkästchen. So kann die grauenvolle Lautlosigkeit dich nicht um den Schlaf bringen. Liebe Carina, ich könnte jetzt stundenlang so weitermachen, aber du hast längst bemerkt: Gegen Stille im Eigenheim sind jede Menge Kräuter gewachsen.

Es gibt eigentlich nur einen Kapitalfehler, der aber immer wieder gemacht wird: Lass bloß keinen anderen Menschen zu dir in die Wohnung! Eine Stille, die zwischen zwei Personen steht, kann nur mit ungleich höherem Aufwand beseitigt werden. Servus.

– T –

Tag der Arbeit

Liebe Hörerin! Lieber Hörer!

Freundschaft! Ja, heute ist es schon wieder soweit. Ein Hoch auf den 1. Mai!

Die meisten von euch werden jetzt übernächtigt von ihrem Personal Computer aufgeschreckt sein und dabei die Power-Points und Grafiken von drei Wochen gelöscht haben. Das tut mir aufrichtig leid. Nein, dein Ombudsmann ist nirgendwo dagegengerannt und auch kein bisschen andritschkert. Heute ist der Tag der Arbeit!

Arbeit, das war früher einmal total in. Da haben die Menschen nichts anderes gehabt als ihre körperliche und geistige Leistungsfähigkeit, und die haben sie denjenigen Leuten gegeben, denen die technischen und stofflichen Komponenten gehört haben, mit denen man etwas herstellen kann. Im Gegenzug haben die sogenannten Arbeiter genau so viel Geld bekommen, dass sie nicht verhungern mussten und ihre Leistungsfähigkeit gerade noch weiter zur Verfügung stellen konnten. Und immer so weiter und so weiter. Tagein, tagaus. Wie du richtig bemerkst, war das eine extrem langweilige Zeit, und es war außerdem schmutzig und kalt. Erst als ein Journalist aus Rheinland-Pfalz namens Marx da draufgekommen ist, hat sich so einiges geändert – bis es so war, wie du es heute kennst, also viel spannender und aufregender.

Heute tust du ununterbrochen alles Mögliche. Egal, ob du es kannst oder nicht, und du bekommst dafür von irgendwem einen beliebigen Geldbetrag – oder auch nicht. Und das wollen wir heute feiern, indem wir an verschiedenen dicken Männern auf einem geschmückten Podest vorbeispazieren, uns eine Fahne umhängen und uns vor eine Country&Western-Bühne stellen. Ich hoffe, auch du bist dabei. Ein Hoch auf den 1. Mai!

Tagesgeschäft

Liebe Hörerin! Lieber Hörer!
Den Olaf und seine Freunde beschäftigt schon länger folgende Frage:

> *Warum gehen Frauen niemals alleine aufs Klo? Liebe Grüße, Olaf*

Lieber Olaf, da muss ich vorher ein wenig meine Mitte suchen, denn diese Frage verlässt nahezu mit Überlichtgeschwindigkeit die Grenzen meines intellektuellen Universums.

So. Also, dass Frauen immer gemeinsam aufs Klo gehen, ist ein Sachverhalt, den schon viele, wenn nicht alle, sogenannte Comedians derart unnachahmlich beamtshandelt haben, dass man sich beim Zuschauen denkt, wenn das das eigene Kind wär, würde man nichts mehr mit ihm zu tun haben wollen.

In Tat und Wahrheit trügt der Schein. Die Zahlen, die der Gleichbehandlungsgerichtshof in Straßburg regelmäßig veröffentlicht, sprechen eine andere Sprache. Nur 9,3 Prozent aller Frauen weltweit gehen regelmäßig nicht allein auf die Toilette. Das Phänomen des gemeinsamen Abortbesuches lässt sich nämlich hauptsächlich abends in Ausgehlokalen beobachten, und wenn Frauen gemeinsam die Sanitäranlagen aufsuchen, so hat das zumeist zwei Gründe: Entweder sie haben nur ein Schmink-Set dabei und wollen sich aber alle schminken, oder sie beratschlagen, ob sie mit dem brotfaden Langeweiler am Tisch noch länger ihre Lebenszeit totschlagen wollen oder stattdessen nicht lieber doch etwas Vernünftigeres unternehmen.

So ist das in echt, lieber Olaf, die synchrone Exilierung des Primärharns ist nur Scharade. Servus!

Tierliebe

Liebe Hörerin! Lieber Hörer!
Bevor die Tiere endgültig in den Winterschlaf gleiten, möchte ich noch die Frage von der Uschi aus Kematen beantworten …

> *Lieber Ombudsmann! Magst du eigentlich Tiere? Liebe Grüße Uschi*

Liebe Uschi! Ja, natürlich mache ich jetzt nicht den Fehler, im öffentlich-rechtlichen Rundfunk des tierliebsten Landes der Welt zu sagen: »Äh, ja, natürlich mag ich Tiere, am besten gut durch.«

Selbstverständlich liebe ich Tiere, auf meine ganz spezielle Weise sogar. Obwohl es einem nicht alle Tiere leicht machen. Keas etwa, neuseeländische Bergpapageien, können Schafe ermorden, und das tun sie auch, essen sie aber dann nicht auf. Sie setzen sich im Dunkeln auf schlafende Schafe und picken ihnen in den Nackenspeck. Die Schmerzen und der Schreck treiben die Schafe in den Wahnsinn, sie rennen los, stürzen irgendwann in den Abgrund und brechen sich das Genick. Damit du dir ein Bild machen kannst: Das ist so ähnlich, wie wenn dir in der Schule ein Mitschüler während eine Diavortrages in Geo solange mit dem Zirkel in den Hintern sticht, bis du den Medienraum nicht durch die Tür verlässt.

Du bemerkst, Tierliebe ist nichts Natürliches, Tierliebe muss in der Praxis natürlich gelernt werden, weil man es mit äußerst durchschaubaren, käuflichen und charakterlosen Kreaturen zu tun hat. Wer ihnen Futter gibt, den achten und lieben sie, und wenn der Futtergeber wechselt, dann geben die meisten Tiere ihre anfängliche Loyalität auf. Diese Abscheu, liebe Uschi, die eine derartige Unterwürfigkeit hervorruft, ist die Basis meiner Tierliebe, eine ehrliche Liebe, die dadurch umso dauerhafter sein kann.

Servus!

Tool

Liebe Hörerin! Lieber Hörer!

Gerne stehe ich nicht nur zur Verfügung, um mit dir gemeinsam den Widrigkeiten des Lebens zu begegnen, ich bin auch Ansprechperson für sämtliche Beschwerden den Radiosender FM4 betreffend. mosquitokillah aus dem Internet bringt eine ebensolche vor ...

> *Hallo Ombudsmann! Warum werden auf FM4 keine Lieder von Tool gespielt? Ich bitte um Beantwortung dieser Frage. Danke im Voraus und Grüße aus der Steiermark! LG mosquitokillah*

Nun, lieber mosquitokillah, ich habe in der hauseigenen Musikredaktion nachgefragt und muss dich in einem Punkt gleich widerlegen. Laut Auskunft der Musikcomputer Ederer, Fliegl und Wagner wird die Musik deiner Lieblingsband auf Radio FM4 sehr wohl gespielt, allerdings eher selten. Wie kommt das?, wirst du dich fragen. Immerhin ist der Heavy Metal dieser Formation sehr gelungen! Ich möchte mich der Antwort mithilfe folgenden Bildes annähern: Radio FM4 ist wie ein Kuchen für Musikschaffende. Jedes Mal, wenn ein sogenannter Song oder Track abgespielt wird, bekommt der Besitzer der jeweiligen Urheberrechte ein Stück von diesem Kuchen, ein bisschen Geld. Damit dieser Vorgang für alle Beteiligten gerecht abgewickelt werden kann, hat man sich auf eine Länge von circa drei Minuten pro Kuchenteil geeinigt.

Die Lieder der Band Tool sprengen diesen Rahmen jedoch deutlich. Jeder Einsatz würde zu Ungunsten etwa eines Songs der vorbildlich portionierten Sportfreunde Stiller gehen, die somit kein Geld bekämen und das Musikmachen mangels wirtschaftlicher Rentabilität einstellen müssten. Ob das wünschenswert wäre und warum deine Lieblinge aus Los Angeles sich weiterhin dem Musikschaffen widmen, obwohl sie weniger naschen dürfen, wage ich nicht zu beurteilen. Servus!

Totmannschalter

Liebe Hörerin! Lieber Hörer!
Emule fürchtet sich vor der Tramway...

> *Lieber Ombudsmann! Ich habe neulich in der Straßenbahn gesehen, dass beim Fahrer immer wieder ein gelber Schalter namens »Totmann« aufleuchtet!? Ist das ein Schalter, mit dem der Fahrer, wie ein Bösewicht bei James Bond, Menschen auf Knopfdruck umbringen kann? Ich fürchte mich jetzt immer ein bisschen in der Straßenbahn.*

Liebe oder lieber Emule! Die Zahl der von Straßenbahnfahrern mittels Fernsteuerung um die Ecke gebrachten Zivilpersonen hält sich in sehr engen Grenzen, sie liegt bei null. Der Totmannschalter macht vielmehr das, was sein Name nahelegt: Er prüft, ob ein Mann tot ist. Oder zumindest nicht mehr vollkommen am Leben. Er spielt etwa an den zahlreichen Stationen des weltberühm-

ten Wiener Silvesterpfads mit all seinen Nervengift ausschenken-
den Gastronomen eine nicht unbedeutende Rolle und wird von
der Stadt gratis verteilt.

Nein, das war natürlich nur ein kleiner Spaß. Vielmehr ist es
so, dass, wenn der Fahrer eines Straßenbahnzuges nicht in regelmäßigen Abständen ein Lebenszeichen von sich gibt, das System
von seiner Handlungsunfähigkeit ausgeht und eine Zwangsbremsung einleitet. Das ist durchaus sinnvoll, außer vielleicht, wenn
der Zug dadurch auf einer Kreuzung zum Stehen kommt, auf die
ein anderer Zug, bei dem gerade die Bremsen versagen, mit Voll-
gas zurast, während unterirdisch im selben Moment eine Gas-
leitung platzt.

Ja, liebe oder lieber Emule, mit dem Totmannschalter ist es
also ein wenig wie in einer Beziehung, wo ein Partner den anderen in regelmäßigen Abständen fragt, ob er ihn noch liebe.

Wenn dann der Gefragte kein entsprechendes Signal gibt,
kommt es meist auch zu einer Zwangsbremsung.

Servus!

Traditionsvereine

Liebe Hörerin! Lieber Hörer!

Wer hat den heutigen Todestag unserer Kaiserin Maria Theresia
nicht mit ein paar dankbaren Momenten des stillen Gebets begonnen? Zum Beispiel der Maximilian aus Imst!

Lieber Ombudsmann! Andauernd marschieren bei uns in Ti-
rol die kaisertreuen Traditionsvereine auf. Dabei ist das doch
verboten. Wie kann das sein?

Lieber Max, streng juristisch betrachtet bist du natürlich im
Recht. Jedes Kind kennt den Paragrafen 246 StGB: »Wer eine

Verbindung gründet, deren Zweck es ist, auf gesetzwidrige Weise die in der Verfassung festgelegte Staatsform zu erschüttern, ist mit einer Freiheitsstrafe von 6 Monaten bis zu 5 Jahren zu bestrafen.« Streng realistisch betrachtet ist der Österreicher wiederum seit Jahrtausenden auf Untertan programmiert und gewöhnt sich nur langsam und widerwillig an die Demokratie.

Ich erinnere mich noch gut an den Sommer, da war das Begräbnis von diesem rechtskonservativen deutschen Politiker, und sie haben in der U-Bahn durchgesagt: »Wegen des Begräbnisses von Otto Habsburg kommt es zu Verzögerungen.« Prinzipiell ist das eine einwandfreie Tatsachenfeststellung, aber ich weiß noch, wie ich mir damals gedacht habe, eigentlich komisch: Wenn die Menschen gegen den Mafiaparagrafen, gegen die Vorratsdatenspeicherung oder für freie Bildung auf die Straße gehen, dann sagt der U-Bahn Fahrer nicht dazu, warum genau es zu einer Verzögerung kommt.

Du bemerkst, lieber Max, der ehemalige Adel genießt in Österreich nach wie vor hohes Ansehen, und das bringt gewisse Sonderrechte mit sich. Wenn ein monarchistischer Traditionsverein bis an die Zähne bewaffnet irgendwo aufmarschiert, dann läuft das unter Volkskultur. Aber was los wäre, wenn der republikanische Klub beim nächsten Lichtermeer mit der Kalaschnikow antritt, das will man sich gar nicht vorstellen. Sondern zum Beispiel lieber ein malerisches Tiroler Bergpanorama. Herrlich! Servus.

Tschüs

Liebe Hörerin! Lieber Hörer!

Kaleidoskopje333 mag gewisse Ausdrücke nicht so gerne:

> *Lieber Ombudsmann! Ich finde, Tschüs ist eines der hässlichsten Wörter, die es gibt! Warum verwenden es so viele Leute und was könnte man stattdessen sagen?*

Nun, Kaleidoskopje333, eine nicht unbeträchtliche Anzahl von Menschen erwartet von Gott nicht mehr, als dass er sich aus ihrem Privatleben heraushält. Sie treten aus der jeweiligen Religionsgemeinschaft aus, bei der sie im Säuglingsalter von ihren Eltern angemeldet wurden, besuchen immer seltener die entsprechende mystische Kultveranstaltung und sagen dann eben auch nicht mehr »Pfiat Gott!«, sondern etwas anderes. Dass sie in der Folge zahlreichen Irrtümern aufsitzen und sich beispielsweise in Richtung »tschüs« umorientieren – ein Wort, das sich direkt vom heute noch in weiten Teilen Norddeutschlands gebräuchlichen atschüs und damit vom französischen adieu, also »Pfiat Gott«, ableiten lässt –, liegt wohl weniger in einer Verneigung vor Baruch de Spinozas Immanenz (also der Anwesenheit Gottes in der Welt als Ursache aller Wirkungen) begründet als vielmehr in der Tatsache, dass viele Leute einfach zu faul sind, sich ordentlich zu informieren, und dann einfach irgendeinen Mist daherreden.

Liebe oder lieber Kaleidoskopje333, ich selbst habe vor Jahren bereits meine Spekulationen hinsichtlich einer transzendenten Macht, die unser Leben lenkt, eingestellt und existiere seither in der Überzeugung, der Mensch sei ein Sklave seiner Triebe. Insofern vermeide auch ich das tiefreligiöse »tschüs« und verabschiede mich gewöhnlich mit einem aufgeklärten servus!

– U –

U-Bahn

Liebe Hörerin! Lieber Hörer!

Hurra, eine neue Woche mit dir und deinen faszinierenden Fragen beginnt. Mein Körper ist ein Freudenhaus. Er versteht es kaum, all das Glück zu fassen, das ihm innewohnt. Als Erster darf RobinsonCruiser …

Lieber Ombudsmann! Wie kommt es, dass die meisten Menschen in der U-Bahn immer schon aufstehen, wenn die Station durchgesagt wird, und nicht erst beim Ankommen? Big Up, RobinsonCruiser

Tja, seit die Ausstiegsrichtung bei jeder Station angezeigt wird, macht es nur mehr halb so viel Spaß, die Aufhüpfer zu beobachten. Das fehlt mir wirklich. Mich hat seinerzeit jedes Mal Verzückung durchwirkt, wenn diese Leute den Türhebel in entschlossener Bereitschaft fest umklammert, die Nasenspitze am Türfenster reibend, auf der falschen Ausstiegsseite in die Station eingefahren sind. Ja ja, sic transit gloria mundi. Vielleicht sollte man das kurz erklären für die vielen, vielen Menschen, die uns aus den Bundesländern zugeschaltet sind. Renate, Herbert, U-Bahn, das ist wie ein Zug, nur unter der Erde. Wie das funktioniert und ob es dort nicht sehr heiß ist und dunkel oder ob man dabei schmutzig wird und viele Maulwürfe trifft, das erkläre ich euch gern ein andermal.

Die Tatsache jedenfalls, lieber RobinsonCruiser, dass viele

Fahrgäste sich bereits von ihren Sitzen erheben, wenn die Stationsdurchsage ertönt, hängt unmittelbar damit zusammen, dass wir es hierzulande gewöhnt sind, Informationen jeglicher Art nicht als kritisch zu prüfende Bercicherung freier Entscheidungsprozesse wahrzunehmen, sondern als gehorsamst und unverzüglich auszuführende Befehle. Das ist historisch so gewachsen und drückt sich nicht zuletzt darin aus, dass in Supermärkten kaum gefeilscht wird. Es schlägt sich überdies in den Wahlergebnissen nieder. Bitte zurücktreten, Zug fährt ein. Servus.

Universum

Liebe Hörerin! Lieber Hörer!

Heute ist die Valerie dran:

> *Lieber Ombudsmann! Was ist das Universum? Valerie*

Liebe Valli, es gibt Spaßvögel – wir nennen sie Wissenschaftler –, die behaupten, es handle sich beim Universum um einen geheimnisvollen Raum, der irgendwann einmal plötzlich da war, einfach so, und sich seither unaufhaltsam in alle Richtungen ausdehnt. Er ist durchzogen von riesigen blasenartigen Hohlräumen, umspannt von Fasern, unendlich groß und voller dunkler Materie, dunklen Energien. Na ja, lassen wir das. Natürlich denken sich das die Wissenschaftler nur aus, weil ihnen ein Leben als Steuerberater zu langweilig wäre. Selbstverständlich existiert das Universum in Wirklichkeit nur auf dem Papier. Genauso, wie die Wissenschaft selbst nur auf dem Papier existiert. In unserer erfahrbaren Wirklichkeit gibt es keine Wissenschaft, sondern nur Wissenschaftler, Wissenschaftler und Augenblicke im Leben von Wissenschaftlern. Es sind Menschen, tastende Versuche, üble Nächte, bitterer Geschmack im Mund, ein außergewöhnlich luzider Nachmittag. Und man kann es wirklich lustig mit ihnen haben!

Auch Radio FM4 bietet unter dem Namen »Science Busters«, zu Deutsch: »Die Wissenschafts-Lausbuben«, einen Zerstreuungsservice mit selbsternannten Topwissenschaftlern an für alle, die wieder einmal fünfe gerade sein lassen wollen, weil wir schlagen uns doch sowieso schon unser ganzes Leben mit dem mühsamen Versuch herum, uns uns selbst zu erklären. Da kann es nicht schaden, wenn wir hin und wieder ein paar originelle Zeichensysteme vorgeführt bekommen, mit denen man so manchen trüben Regentag herumbringen kann. Natürlich erklären diese Zeichensysteme nicht wirklich etwas. Es gibt ja nicht einmal ein einziges Zeichensystem, das zumindest sich selbst lückenlos erklären kann. Diese trockenen, seriösen Dinge bleiben halt immer an mir hängen. Na ja, einer muss ja seriös bleiben in dieser Funfactory von Welt. Pffff, Universum, so ein Tinnef. Servus!

Unplugged

Liebe Hörerin! Lieber Hörer!

Heute wird es nach Einbruch der Dunkelheit in der beliebten Sendung Homebase um Musik ohne Stromzufuhr gehen. Unter der Überschrift »Best of Acoustic Sessions«, eine Wortschöpfungsmodalität, für die wir dem 20. Jahrhundert alles andere als dankbar sein müssen, steht das Phänomen »unplugged« im Mittelpunkt des Interesses. Diese Form von Unterhaltungsmusik will sich allerdings von den traditionellen Unplugged-Vorkommnissen wie Platzkonzert oder Hausmusik ein wenig unterscheiden. Toi toi toi!

Dein Ombudsmann selbst hat mit Unplugged-Musizieren in seinem Leben nur gute Erfahrungen gemacht. Nämlich sicherheitshalber nur eine. Mit der Gitarre meines Neffen und einer nur leger geprobten akustischen Version von »Hells Bells« ist es mir vor Jahren auf Anhieb gelungen, die Katze unseres Nachbarn, die wir für eine Woche zur Pflege übernommen hatten, so nachhaltig unter unser Sofa zu verscheuchen, dass die Woche ohne weitere Vorkommnisse und Verpflichtungen absolviert werden konnte.

Dass es bei dem einen Gig blieb, hängt ursächlich damit zusammen, dass unser Nachbar, als ihm von meiner Session Kunde zugetragen wurde (und er seines merklich abgemagerten Stubentigers gewahr wurde), das wehrlose Instrument mit Salzsäure und Bergschuhen gespielt hat, was dessen Klangkörper über die Grenzen seiner Belastbarkeit hinausführte.

Ja, Musik, die Sprache der Welt, die alle Menschen verbindet… In diesem Sinne schönes Wochenende und servus!

Unterhaltung

Liebe Hörerin! Lieber Hörer!

Mag. (FH) Bernhard Wolkmann schreibt mir einen Brief:

> *Lieber Ombudsmann. Allerorten spricht man von bevorstehenden Sparpaketen und Sozialabbau. Und was macht der ORF? Er plant eine 7. Staffel Dancing Stars. Eine Sendung über reiche Menschen, die Gesellschaftstänze lernen. Zur besten Sendezeit! Wie ist so etwas möglich?*

S. g. Mag. (FH) Wolkmann, für das Phänomen, das Sie zwar zu beschreiben, aber offenbar nicht einzuordnen vermögen, existiert ein Begriff, den auch Sie bestimmt schon einmal gehört haben: Unterhaltung.

Allerdings setzen sich, anders als beim klassischen Dialog, bei Dancing Stars nicht zwei Menschen zusammen und der eine sagt etwas und der andere antwortet. Bei dieser speziellen Form der Unterhaltung sagt nur der eine etwas oder, um konkret zu bleiben, tanzt etwas, und der andere, der Zuschauer, kann zwar durchaus etwas dazu sagen, doch der eine, der, der tanzt, wird ihn nicht verstehen, denn er ist im Fernseher. Und weil das der Zuschauer schon weiß, bleibt er lieber stumm, um sich nicht vor seinen Angehörigen zu blamieren.

Selbstredend, s. g. Mag. (FH) Wolkmann, gäbe es momentan dringlichere Themen, über die man um 20 Uhr 15 einen Fernsehbeitrag bringen könnte, als Standard und Lateintänze. Aber würde unsere Welt von aufklärerischen Unterhaltungen geprägt und nicht vom Spektakel, dann hieße die Wiener U-Bahnstation ja auch nicht »Gumpendorfer Straße, Raimund Theater«, sondern »Gumpendorfer Straße, Aidshilfe-Haus«. Cha-Cha-Cha und servus!

Urheberrecht

Liebe Hörerin! Lieber Hörer!
Wo habe ich den Brief vom Mirko? Da.

> *Lieber Ombudsmann! Ich habe beim BE-Test von meinem Sitznachbarn abgeschaut. Mein Lehrer hat mir zur Strafe ein Referat über das Urheberrecht in der Kunst aufgebrummt. Was soll ich tun?*

Lieber Mirko, ich wusste gar nicht, dass heute noch gestraft wird in der Schule. Schick mir bitte ein Foto von deinem Lehrer. Der muss ja schon mindestens hundertfünfzig Jahre alt sein, und ich interessiere mich sehr für biologische Kuriositäten. Folgende zwei Totschlagargumente gegen das Urheberrecht in der Kunst fallen mir spontan ein:

Argument 1: Die abendländische Kultur wäre deutlich ärmer, wenn es bei den alten Griechen schon ein Urheberrecht gegeben hätte. Die Mythen, auf denen unsere gesamte humanistische Gedankenwelt und Literatur basieren, konnten sich nur deshalb so verfeinern, weil sie über Jahrhunderte hinweg von verschiedenen Menschen verschieden weitererzählt worden sind.

Argument 2: Adolf Hitler hat einen Großteil seines Vermögens gemacht, indem er sich für jede Briefmarke, für jedes Plakat, für jeden Merchandising-Artikel, auf dem sein Gesicht drauf war, Tantiemen hat auszahlen lassen. Für »Mein Kampf« sowieso. Der hat so lange Geld gescheffelt, wie es irgendwie gegangen ist. Erst zehn Tage nach seinem 56. Geburtstag hat er seine Schaffensperiode endgültig beendet. Man kann also sagen: Die deutsche Jugend wurde sinnlos an die Kanonen verfüttert, weil der GröFaZ nicht auf seine Geburtstagsgeschenke verzichten wollte. Und als er dann gerade dabei war, sein letztes Werk zu vollenden (das Schüttbild »Führerhirn auf Bunkerwand«), hat er sich ganz kurz vor dem Abdrücken, die Pistole schon an der Schläfe, noch einmal seine Tantiemenabrechnungen in den Führerbunker bringen lassen: Es war nicht umsonst.

Alles Gute für dein Referat und servus!

Urinal

Liebe Hörerin! Lieber Hörer!

mvausg aus dem Internet beschert uns ein Thema, welches wir aufgrund diskursiver Konstruktionen eventuell als ungustiös empfinden. Dein Ombudsmann schreckt nicht davor zurück, es trotzdem zuzulassen. Immerhin hat man nur ein Leben…

Mit letzten Kräften wende ich mich an dich, da ich einfach nirgends eine Antwort auf meine Frage bekomme, welche mich schon mein Leben lang quält: Und zwar ist dir sicher schon einmal aufgefallen, wenn du dein kleines Geschäft in ein Urinal oder auch Pissbecken verrichtet hast, dass sich da knapp über der Wasserlinie ein kleines Löchlein in der Keramik befindet. Wozu dient es?? Mal ehrlich, das weiß einfach keiner. mfg, mvausg

Nun, mal ganz ehrlich: Ich weiß es. Obwohl ich vorausschicken muss, dass ich niemals das Pissoir benutze, da ich es für protzig halte, seine Vorzüge offensiv zur Schau zu stellen, und außerdem will ich ja die Herren neben mir nicht in Verlegenheit bringen. Aus purer Neugierde, ob 32,6 Zentimeter normal sind, habe ich in meiner Jugendzeit das eine oder andere Mal mein kleines Geschäft am Urinal verrichtet, mittlerweile weiß ich um meine Sonderstellung und benutze aus Mitgefühl gerne die verschließbaren Abteiltoiletten.

Tja, liebe oder lieber mvausg, das von dir angesprochene Löchlein dient einem simplen Zweck. Es handelt sich um eine Art Sicherheitsabfluss. Manchmal, wenn es wieder etwas länger dauert, also hypothetisch gesprochen, bis der gewünschte Fluss unter einem Schmerz einsetzt, als gelte es, ein brennendes Streichholz über die Harnröhre zu gebären – also so stell ich mir das vor –, und sich unterdessen die Spülung mehrmals einschaltet, kann das Becken trotzdem nicht überlaufen, und man hat zumindest keine nassen Schuhe, wenn man nach vierzig Minuten auf der Toilette zurück an den Tisch kommt und die verzichtbaren Kommentare des Schwagers in Empfang nimmt. So wurde es mir zumindest berichtet. Servus!

Urning 2.0

Liebe Hörerin! Lieber Hörer!

Der Dagobert findet, dass sich auch Wörter emanzipieren können, und schreibt:

> *Lieber Ombudsmann! Bei uns in der Klasse haben wir heute im Kreis diskutiert, ob es okay ist, zu was schwul zu sagen, wenn man es nicht so gut findet, oder ob das schwulenfeindlich ist. Wir sagen manchmal schon schwul in der Klasse, aber das hat mit Schwulen nichts mehr zu tun, das ist halt ein Wort. Wie Proll oder so.*

Lieber Dagobert, gerne nehme ich den heutigen internationalen Tag gegen Homophobie zum Anlass, dir deine Frage zu beantworten. Wie du bestimmt vermutest, ist die Einführung desselben eher nicht nur deshalb notwendig geworden, weil die Verwendung des Eigenschaftswortes schwul in den sogenannten Nullerjahren als Schmähung auch bei uns seinen Weg mitten ins Herz der einkommensstärkeren Schichten mit urban-alternativer Schlagseite gefunden hat, und auch nicht, um Priester und Ordensleute vor gesellschaftlicher Ächtung zu schützen, die gleichgeschlechtliche Schutzbefohlene jahrelang sexuell ausgebeutet haben, sondern vor allem weil in vielen Ländern der Erde Homosexualität noch immer als Krankheit gilt, als Verirrung, die den Geboten diverser imaginierter Gottheiten widersprechen soll, und nicht selten baumelt deshalb ein junger Mann, etwa im Nahen Osten, vom Kranausleger, weil ihm der Nachbarssohn besser gefallen hat als die Tochter desselben angrenzenden Anwesens. Wenn du nun glaubst, lieber Dagobert, das Wort schwul habe seine Bedeutung gewechselt und könne wertfrei verwendet werden, dann frage einmal in deinem Verwandten- und Bekannten-

kreis herum, wie viele Paare, die Kinder haben, sich dereinst gewünscht haben, der Nachwuchs möge nicht nur als Junge in die
Welt treten, sondern vor allem schwul, wenn möglich als richtige
Schwester, wie mitunter gesagt wird. Du wirst sehen, lieber Dagi,
so etwas kommt auch im Jahr 2013, vermutlich weltweit, praktisch kaum vor. Viele würden vielleicht sogar antworten, dann
noch lieber einen Neger, und gar nicht verstehen können, warum
ihre Kinderbücher plötzlich so gemein zu ihnen sind. Servus!

– V –

Valentinstag

Liebe Hörerin! Lieber Hörer!

Einmal mehr begehen wir heute das Fest des Heiligen Valentin von Terni, jenes mutigen katholischen Priesters, der im dritten Jahrhundert nach Christus verliebte Paare vermählt hat, deren Heirat nach damaligen Wertvorstellungen als ungehörig oder gar widernatürlich galt. Ja, auch ein blindes Huhn findet einmal ein Korn …

> *Lieber Herr FM4 Ombudsmann, ich gehe seit zwei Wochen mit meiner Klassenkollegin Maria. Ich finde sie sehr nett, aber letztens hat sie so komisch hergegriffen. Wie kann ich ihr mitteilen, dass ich das nicht will, ohne sie zu verlieren? Vielen Dank, Kevin*

Lieber Kevin, ich kann gut nachvollziehen, dass du erschrocken bist, als die Maria dich berührt hat. Ich schlage aber vor, dass du das jetzt nicht überbewertest. Vielleicht hast du nur Dreck auf der Wange gehabt, oder sie wollte aus dem Regal hinter dir ihre Geo-Sachen herausnehmen und du hast eine unglückliche Ausweichbewegung gemacht, sodass sie an dich rangekommen ist. Keine Angst: Das muss jetzt nicht zur Gewohnheit werden.

Es hat vor knapp zweitausendfünfhundert Jahren zwar einmal einen Griechen gegeben, der hat gesagt: Die Berührung ist der Grundstein, und davon ausgehend können zwei Menschen erst die weiteren Stufen der Liebe erreichen bis hin zur höchsten Ebene, der rein geistigen Zuneigung. Der Typ, der das behauptet hat, ist aber schon lange tot und hat Facebook noch nicht gekannt. Wenn dir die Maria wirklich etwas bedeutet und du sie nicht verlieren willst, obwohl sie manchmal hergreift, dann schließ mit ihr einen Nichtangriffspakt. Am besten unter notarieller Aufsicht. So bist du rechtlich abgesichert, falls sie womöglich dann doch einmal eine Umarmung will, und eurer trauten Zweisamkeit mit dem gebührlichen Abstand steht nichts mehr im Wege. Erquicklichen Valentinstag allen Turteltauben und servus!

Vampire

Liebe Hörerin! Lieber Hörer!
twilightsöhnchen steht vor einer wichtigen persönlichen Entscheidung und möchte, dass diese in einer Öffentlichkeit von dreihunderttausend Menschen verhandelt wird. Sein Wunsch sei mir Befehl...

> *Cherio! Mit meiner Freundin passt alles total gut. Wir sind drei Jahre zusammen, ich hab sie lieb, aber trotzdem bin ich noch unsicher wegen der Zukunft. Wie kann ich wissen, ob sie die Frau fürs Leben ist? Bitte hilf mir! twilightsöhnchen*

Lieber twilightsöhnchen! Offenbar war sie die letzten drei Jahre ja sehr wohl die Frau fürs Leben. Ob sie auch die Frau fürs Leben ab Donnerstag 14 Uhr 30 sein könnte, hängt ganz davon ab, was du morgen um halb drei vorhast und wie sehr sich das mit ihren Plänen vereinbaren lässt. Man wird sehen. Vorausgesetzt natürlich, bis morgen halb drei fährt kein Linienautobus über einen von euch drüber. Was wiederum ginge, wäre, dass der Linienautobus euch zur selben Zeit überfährt. Das ist aber wirklich unwahrscheinlich, oder? Oder so. Genau: Nur du wirst überfahren, kehrst als Vampir wieder, saugst ihr Blut aus, weil sie aber ein Sonntagskind ist, zerfällst du zu Staub, und sie rutscht auf dir aus und bricht sich das Genick. Dann wäret ihr beide gleichzeitig gestorben und bis an euer Lebensende … – Wobei: Dann kann man genau genommen nicht mehr sagen, dass sie die Richtige für dein Leben gewesen wäre, weil sie es ja beendet hätte.

Der Tipp von mir für dich daher, lieber twilightsöhnchen: Entscheidet doch von Fall zu Fall, ob ihr etwas Lebenszeit gemeinsam verbringen wollt, und versucht, euch möglichst gleichzeitig oder besser gar nicht in Vampire zu verwandeln. Servus!

Vegetarier

Liebe Hörerin! Lieber Hörer!
Der Huber Michael blickt über seinen Tellerrand:

> *Sehr geehrter Herr Ombudsmann. Warum gibt es eigentlich so viele Vegetarier? Warum verbietet die niemand, die essen ja meinem Essen das Essen weg! Viele Grüße Michael*

Lieber Michi! Lass mich dir zuvörderst gleich die Angst vor dem Verhungern nehmen. Als offenbar dem Fleische Zugeneigter musst du dir absolut keine Sorgen machen. Ein großer Teil von dem, was dein Essen isst, wird von Kleinbauern in sogenannten Entwicklungsländern hergestellt, und keiner deiner vegetarischen Freunde würde so etwas freiwillig zu sich nehmen. Nicht einmal der Kleinbauer selbst. Weil er aber weiß, dass du sehr großen Hunger hast und für die Herstellung von einem Kilogramm tierischen Proteins bis zu zehn Kilogramm pflanzlichen Proteins vonnöten sind, ist er so zuvorkommend und holzt weite Teile seines Waldbestandes ab, um auf den entstehenden Flächen etwas anbauen zu können. Natürlich kann er auf diese Weise sich selbst nicht mehr so gut versorgen und muss sich daher seine eigenen Nahrungsmittel im Geschäft kaufen. Dafür braucht er Geld. – Du hast es bereits erraten: Dieses Geld verdient er mit dem Anbau von Essen für dein Essen.

Lieber Michi, du kannst also beruhigt sein. Dein Schnitzel ist langfristig abgesichert. Bleibt die Frage, warum gibt es so viele Vegetarier? Nun, da ich nicht jeden einzeln fragen kann, bleibt mir nur zu raten: Wahrscheinlich schmeckt ihnen Fleisch nicht so... Ich vermute ja schon lange, dass das einfach verwöhnte Einzelkinder sind. Servus!

Verblödung, vollkommene

Liebe Hörerin! Lieber Hörer!
Passend zum heutigen Höhepunkt der närrischen Zeit fragt Gschnasimwald91...

Wie lange dauert es noch, bis wir alle vollkommen verblöden?

Liebe oder lieber Gschnasimwald! Eine sehr, sehr schwierige Frage. Vor allem die exakte Uhrzeit ist kaum festzumachen. Nachdem ich aber keine Schwierigkeiten kenne, sondern nur Herausforderungen, möchte ich dennoch versuchen, dir in einem Satz zu antworten:

Geht man von Blödheit im Sinne des althochdeutschen Wortursprunges blodi für schwach oder kraftlos aus und führt diesen zusammen mit der momentan gängigsten Bedeutungszuschreibung für Schwäche, nämlich einer Funktionsstörung im Sinne einer Unverwertbarkeit für jenen Prozess, in dessen Verlauf im Zusammenspiel von scheinaufklärerischen Entwicklungen wie Web 2.0 und global operierenden Kommunikationsunternehmen der Begriff der Wahrheit schleichend ersetzt wird durch die Idee von unbegrenztem Wachstum und unbedingter Wertschöpfung, so wird man – angesichts der Tatsache, dass der Sinn unseres Daseins mehr und mehr am Grad der Verfügbarkeit ebendieser in zunehmendem Maße vom menschlichen Körper nicht mehr bewältigbaren ständigen Funktionstüchtigkeit gemessen wird –, ja, so muss man schnell zu der Überzeugung gelangen, dass es nicht mehr lange dauern kann, bis deine Befürchtung, lieber Gschnasimwald91, Wahrheit wird und wir alle vollkommen verblöden.

Alaf!

Verstehen

Liebe Hörerin! Lieber Hörer!

Beinahe wäre es ein beschwerdefreier Montagmorgen geworden. Die Moni aus Wattens ist zwar erst elf, aber sie bewahrt uns vor diesem undemokratischen Schicksal …

> *Lieber Herr Ombudsmann! Warum geben die Reichen nicht einfach mehr von ihrem vielen Geld für die anderen her? Ich verstehe das nicht. Liebe Grüße, deine Moni*

Liebe Moni, grundsätzlich wundert mich nicht, dass du das nicht verstehst. Und ich würde dir auch nicht raten, es weiter zu versuchen. Eine englische Vokabel für verstehen ist nämlich nicht zufällig *to understand*, also unterstehen. Denn etwas verstehen bedeutet immer auch, sich irgendwem oder irgendeinem sogenannten Wissen zu unterwerfen.

Ein Hund versteht, dass er sich hinsetzen soll, wenn wir »Platz!« rufen. Wir Menschen sind, im Gegensatz zum Hund, in der Lage zu entscheiden, wem wir gehorchen wollen. Wesentlich beeinflusst wird unsere Entscheidung von der Angst und von der Vernunft. Vernunft bedeutet, dass wir uns um das bemühen, was gut ist für uns, also das, wovon möglichst viele möglichst gleichmäßig profitieren. Das wird dir jeder seriöse Wissenschaftler bestätigen.

Viele Reiche entscheiden sich dieser Tage leider gegen die Vernunft und für den Glauben, der ihnen sagt, dass das eigentlich Gute ist, wenn jeder Mensch danach strebt, seine eigene, persönliche Situation zu verbessern. Dieser Glaube wird zwar seit geraumer Zeit mit sehr viel Budget beworben, vernünftiger wird er dadurch aber nicht. Freiwillig etwas hergeben, das empfinden diese Hohepriester des Egoismus als Dummheit und Schwäche. Darum wird es wohl nicht anders gehen, als dass wir ihnen einen Teil von ihrem Geld wegnehmen. Das nennt man dann Säkularisierung, und es ist gar nicht schwer zu verstehen. Servus!

Vierschanzentournee

Liebe Hörerin! Lieber Hörer!
Prodomodomo findet seinen persönlichen K-Punkt nicht:

> *Lieber Ombudsmann! Mein Freund hat versucht, es mir zu erklären, aber ich verstehe es überhaupt nicht: Warum gibt es die Vierschanzentournee? Deine Prodomodomo*

Liebe Prodomodomo, der geht weeeiiiiiit hinunter …

Ja. Das ist ganz leicht zu erklären. Vorkommnisse, bei denen ungewöhnlich kostümierte Menschen eigenartige Dinge tun, gibt es das ganze Jahr über, aber normalerweise haben die meisten von uns etwas anderes zu tun, als sich darum zu kümmern.

Deshalb fallen derartige Jahreshauptversammlungen wie der Weihnachtssegen auf dem Petersplatz, die Neujahrsansprache des Bundespräsidenten oder eben die Vierschanzentournee der Berufsskispringer in ruhigeren Zeiten eher auf.

In Wirklichkeit, und damit komme ich zum Trost für dich, sind diese Special-interest-Veranstaltungen praktisch bedeutungslos und sofort wieder vergessen, sobald das normale Leben erneut Fahrt aufnimmt. Wenn du an meinen Worten zweifelst, so versuche dich nur daran zu erinnern, welches Wetter vor zwei Jahren beim Springen in Oberstdorf geherrscht hat oder in wie vielen Sprachen der Papst 2003 versucht hat, die Welt zu segnen.

Servus!

Vorratsdatenspeicherung

Liebe Hörerin! Lieber Hörer!

Magst du eine Keksi? Nichts leichter als das:

> *Hallo lieber Ombudsmann! Was soll das mit der Vorratsdatenspeicherung? Wir haben doch gar nichts gemacht und werden behandelt wie Verbrecher!!! ES REICHT!!! Ich will das alles nicht! Ganz liebe Grüße, deine Keksi*

Liebe Keksi, Gesetz ist Gesetz. Paragraf 53, Absatz 3b des Sicherheitspolizeigesetzes zum Beispiel erlaubt die Abfrage von Mobilfunkteilnahme-Erkennungen und den Einsatz von IMSI-Catchern, also Geräten zur Feststellung des Aufenthaltsorts einer gefährdeten Person, etwa wenn diese von einer Lawine verschüttet wird. Zu diesem Zweck bräuchte man die Vorratsdatenspeicherung also nicht zusätzlich einzuführen. Und zu einer Steigerung der Mehraufklärungen im Bereich Kinderpornografie trägt schon der Abbau von Beamten in diesem Bereich wenig bei. Wie das Beispiel Deutschland zeigt, ist die Vorratsdatenspeicherung aber auch wenig hilfreich. Nahezu sämtliche Expertisen bescheinigen den aktuellen diesbezüglichen Gesetzesnovellen Menschenrechtswidrigkeit und/oder Verfassungswidrigkeit bzw. dass damit dem Datenmissbrauch Tür und Tor geöffnet werde. Weshalb soll im Parlament dennoch eine Mehrheit dafür hergestellt werden, Telekommunikationsunternehmen zu verpflichten, ohne Anfangsverdacht oder konkrete Gefahr zu speichern, wann du mit wem, wie lange, von wo aus und über welchen Dienst kommuniziert hast? Immerhin ist uns Menschen, deren Tun da registriert und für den Zugriff durch die Exekutive aufbereitet werden soll, nicht mehr vorzuwerfen, als dass wir Handy und Internet benutzen. Nun, ich denke, genau darum geht es, liebe Keksi: Wien darf nicht Kairo werden. Servus!

– W –

Währungsreform

Liebe Hörerin! Lieber Hörer!

Die Martha hat ein Problem mit dem Schenken. Sie schreibt:

> *Lieber Ombudsmann! Ich möchte meiner Nichte, sie ist 13,*
> *gerne Geld schenken zu Weihnachten. Aber: Ich habe ge-*
> *hört, dass in Deutschland die Bundesregierung bereits wieder*
> *die DM 2 drucken lässt, hat es da noch einen Sinn, Euro zu*
> *schenken? Danke, deine Martha*

Liebe Martha, es gibt eine relativ einfache Methode zu prüfen, wie es um eine Währung steht. Es wird das Geld der Welt nämlich nur von sehr wenigen Firmen gedruckt, weil das Papier auch nicht einfach jedermann in der Papeterie kaufen kann. Woher weiß man, welches Geld wie lange wie viel wert sein wird?

Ganz einfach, liebe Martha. Wenn etwa in den Achtzigerjahren des vorigen Jahrhunderts in Afrika einer putschen wollte, dann hat er vorher in einer Geld-Druckerei angerufen und sinngemäß gesagt: »Guten Tag, ich werde in zwei Wochen der neue Diktator von dem und dem Land sein, und dafür brauche ich eine neue Währung mit meinem Bild drauf. Ich schick euch das Passfoto innerhalb der nächsten Stunde, geht sich das mit dem Drucken zeitmäßig aus oder muss ich den Staatsstreich verschieben?«

Und wenn man – als Journalist – in der Druckerei einen von den Druckern persönlich gekannt hat, einen Whistleblower sozusagen, dann hat der andeuten können, was sich weltpolitisch in den nächsten zwei bis drei Wochen tun wird.

Liebe Martha, für dich heißt das konkret, finde entweder eine Druckerei, die für viele Länder der Welt Geld druckt, freunde dich mit dem Personal dort an und frage, was sie gerade für Devisen drucken. Oder schenke deiner Nichte einfach was anderes, es ist ja nur Weihnachten. Servus!

Wasser

Liebe Hörerin! Lieber Hörer!

Der Ingo ist schwer im Stress ...

> *Hello Ombudsmann! Am Mittwoch muss ich eine Präsentation zum Thema »Wasser sparen« vor extrem hohen Herren halten. Es geht um viel Geld, die Zahlen und alles andere habe ich, aber mir fällt kein guter Einstieg ein. Hast du eine Idee?*

Meine Herren, Ludwig XIV. hat sich in seinem ganzen Leben nur drei Mal gewaschen. Trotzdem war er erfolgreich im Job und bei den Frauen. Wie knapp muss das Wasser noch werden, damit wir unserer Haut, unserem Geldbeutel und der Umwelt zuliebe endlich aufhören mit dem Dauerduschen?! Ja, es stimmt: So ein Vollbad entspannt. Aber warmes Wasser hilft nur vermeintlich gegen soziale Kälte. Auch ich habe mich lange selbst betrogen. Aber Einsamkeit bekämpfen, indem ich mich allein daheim in einer Nasszelle einsperre? Damit ist jetzt Schluss. Heute fehlt mir jedes Verständnis für Egomanen, die über steigende Mietpreise klagen, sich gleichzeitig aber ein ganzes Zimmer fürs Pritscheln leisten. Es gibt sieben Milliarden Menschen auf der Welt, Wohnraum ist knapp. Badezimmer war gestern. Willkommen im Zeitalter des Kulturbeutels.

Lieber Ingo, natürlich hinkt das bis zum Gehtnichtmehr. Ludwig XIV. hat sich regelmäßig gewaschen. Sonst hätte er seine zweiundsiebzig Jahre Regentschaft kaum erlebt. Vielleicht hat er sich nicht mehr als drei Mal in seinem Leben selber gewaschen. Seine Exkremente haben ja auch die Dienstboten sofort weggetragen, aus hygienischen Gründen. Aber bei so einer Präsentation geht es ja um viel Geld und nicht um historische Tatsachen. Und wenn du behauptest, dass man trotzdem Frauen für sich interessieren kann, obwohl man stinkt, dann wachen die hohen Herren wahrscheinlich auf. Vielleicht wird sich das in deren Leben sogar widerspiegeln. Die kommen ja oft nur Frauen näher, die dafür bezahlt werden, dass sie sich nicht beschweren. Servus!

Weihrauch

Liebe Hörerin! Lieber Hörer!
Psychoaktive Substanzen beschäftigen die Menschen in allen Lebensaltern…

> *Lieber Ombudsmann! Meine Freundin sagt, Weihrauch macht geil, das sei wissenschaftlich erwiesen. Demnächst kommen wieder die Sternsinger, und ich will dann nicht mit einem Ständer dastehen. Lügt meine Freundin? Soll ich sie deshalb verlassen? Dein Roland*

Lieber Roli, wie der Weihrauch in den Ruch gelangt ist, die Gonaden zum Tanzen zu bringen, lässt sich nicht genau sagen. Hauptsächlich löst Weihrauch nämlich Husten aus, eventuell Atemnot, wenn man allergisch ist oder Asthma hat. Aphrodisiakum ist er jedenfalls keines, außer man spricht auf Husten sexuell an.

In der Kirche wird Weihrauch vor allem deshalb verwendet, weil die heute an Theatern zur Effekthascherei üblichen Nebelmaschinen früher noch nicht erfunden waren. Da musste man in Kathedralen statt Lichtorgeln und Diskokugeln auch bunte Fensterscheiben und einen Sonnenauf- oder -untergang verwenden. Weihrauch war sehr, sehr teuer, und indem er in der Kirche verheizt wurde, hat man den Gläubigen damit gesagt: Schaut her, unser Chef ist so reich, dass wir den Weihrauch einfach zum Spaß verbrennen können!

Vor den Sternsingern brauchst du dich allerdings nicht zu fürchten, die Sternsinger sind nicht für deine Erregung zuständig. Wenn deine Freundin dir also kurz vor dem Besuch der Heiligen Drei Könige steckt, dass Weihrauch Lust wecke, dann lügt sie nicht, sondern dann handelt es sich um einen Wink nicht mit dem Zaunpfahl, sondern mit dem Zaun selber. In die Bubensprache übersetzt heißt es: Wasch dich, putz dir die Zähne und lege Kondome bereit, denn wenn die Sternsinger wieder weg sind, geht's rund. Lieber Roli, sollte das bei euch was Ernstes sein, wäre es eine schöne Geste, würdet ihr dann eure Kinder Caspar + Melchior + Balthasar nennen. Servus.

Wellness

Liebe Hörerin! Lieber Hörer!

Fünfundsechzig Prozent der Bevölkerung sehen ein, dass es in der Weihnachtszeit kalt und dunkel sein muss. Immerhin 42,3 Prozent sagen noch, ja, auch zu Silvester haben Frost, Schnee und die ganze andere Deko noch ihren Charme. Aber immer mehr, vor allem junge Menschen fragen sich heute: Wozu muss es nach den Feiertagen noch monatelang weitergehen mit dem Winter? Das ist reine Schikane! Die Ingrid ist auch unzufrieden, aber…

… mein Freund meint, es hilft gegen die Winterdepression, wenn wir ein Wochenende Wellnessen fahren. Stimmt das?

Nun, liebe Ingrid, bitte sag es nicht weiter, aber ich war selbst erst unlängst mit meiner Ilse in einer Therme. Und ich muss sagen, dort lässt es sich aushalten. Also, wenn man sich leichttut damit, alles um sich herum auszublenden. Man muss schon damit zurechtkommen, wenn junge Frauen von ihren Zukünftigen untergetaucht werden, um Hilfe schreien und der Wohlfühlcoach sie darauf aufmerksam macht: »Fräulein, wir befinden uns im Ruhebereich.« Und dann ist ein Herr zu uns ins FKK-Solebecken geklettert, wo ich mir gedacht habe: Der Hodensack braucht einen guten Steuerberater, weil er macht sich gerade selbstständig! Da leidest du schon mit. Jeden Moment steigt er sich drauf! Gut, so etwas ignoriert man leichter als chauvinistische Systemgewalt, aber dann hat er seinen Kollegen, der schon bei uns im Becken war, derart schwungvoll mit dem Hitlergruß begrüßt, dass dem die Hoden beinahe ins Gesicht geklatscht sind. Für ihre kompromisslose Performance haben die beiden von der Untergetauchten und ihrem Zukünftigen aber nicht Entrüstung geerntet, sondern ein mildes Grinsen. Und der Wohlfühlcoach war auch zufrieden. Weil es war ja völlig ruhig. Bis auf das Klatschen.

Also, liebe Ingrid, ganzheitliche Heilung sollte man sich nicht erwarten von Wellness, aber wenn man sich für ausgefallene Dekoideen und Bakterienkulturen interessiert, dann ist man in der Therme sicher richtig. Schönen Aufenthalt und servus!

Weltfrieden

Liebe Hörerin! Lieber Hörer!

Das Wochenende steht schon in den Startlöchern. Der Bernd möchte nur noch schnell wissen:

> *Wieso ist es so schwierig, den Weltfrieden herzustellen? LG, Bernd*

Lieber Bernd, du kennst vielleicht folgende Situation: An einem Samstagnachmittag hast du dein Lebensglück in eine Filiale jenes multinationalen Einrichtungskonzerns begleitet, der seine Preise seit Jahrzehnten erfolgreich durch gezielte Steuerhinterziehung und Kundentäuschung tief hält, was Einzelhandel und Handwerk nachhaltig ausradiert hat, und wieder zurück hast du dich in die Situation versetzt, einen spottbilligen Schuhkasten namens »Schuhkasten« selbst zusammenzusetzen. Leider ist die Bauanleitung wenig hilfreich und weiß darüber hinaus von drei Schrauben zu berichten, die sich nach nüchterner Betrachtung als dem Reich der Mythen zuzuordnen entpuppen.

Voilà: Der häusliche Frieden gerät in Lebensgefahr.

Nun, der Weltfrieden besteht aus wesentlich mehr Teilen als ein Schuhkasten und hat eine sehr lange Bauanleitung bzw. ist sie so lang, dass es sie gar nicht gibt, weil der Verfasser immer schon verstirbt, bevor sie annähernd fertig wird, und die Nachfolger müssen immer erst alles noch einmal überarbeiten, bevor sie weitermachen können, und sterben dann auch irgendwann. Leider. Ich denke also, lieber Bernd, mit dem Weltfrieden wird es noch so lange dauern, bis die Mediziner endlich eine Pille erfunden haben, die dem wohlhabendsten Teil der Erdbevölkerung eine Lebenserwartung von über sechshundert Jahren beschert. Wenn dir bis dahin dennoch etwas auffällt, was den Weltfrieden verhindert, wende dich bitte an die Zuständigen und lass deine Wut nicht an deinem Lebensglück aus. Schönes Wochenende und servus!

Weltmännertag

Liebe Hörerin! Lieber Hörer!

Auf Allerheiligen und Allerseelen folgt traditionell Allerhasen oder, wie es im Jägerlatein so schön heißt: Der Weltmännertag.

Gorbatschowinist fragt passend:

Lieber Ombudsmann, warum haben Männer eigentlich Brüste, Brusthaare und Brustwarzen?

Liebe oder lieber Gorbatschowinist! Wenn wir von Männern sprechen, müssen wir besonders sensibel sein. Immerhin beschäftigen wir uns mit Vertretern der Spezies Homo sapiens, die aufgrund ungünstiger Begleitumstände im Embryonalstadium keine richtigen Frauen geworden sind, sondern eben nur Männer.

Bruchstückhaft entwickelte Merkmale des weiblichen Körpers sind dennoch vorhanden. Darunter Brüste samt Warzen. Soweit, so logisch. Wozu aber das Brusthaar? Nun, die Natur ist unsere Mutter. Und als solche sorgt sie sich um unser Seelenheil. Sie will uns Männern ersparen, dass wir ein Leben lang jeden Morgen im Badezimmerspiegel durch die Rudimente der potenziellen Weiblichkeit an unsere Existenz als zurückgebliebene Frau erinnert werden. Nur deshalb hat uns Mutter Natur ein Fell geschenkt, das unsere Unvollendetheit diskret kaschiert. Auch wenn heutzutage eine lebhafte Männerbewegung »Steh zu dir!« proklamiert und das Rasieren der Brustbehaarung als maskulinistisches Statement propagiert. Nun ja, ich bin der Meinung, jeder Mann soll selbst entscheiden, wie er sich wohlfühlt. Einen aufregenden Weltmännertag und servus!

Weltpapageientag

Gestern war wieder einmal Weltpapageientag. Und Fucksiflucksi 77 bittet mich aus gegebenem Anlass...

> *Kannst du bitte den Weltpapageientag zum Anlass nehmen, die Menschen zu ermahnen, dass sie besser auf ihre Haustiervögel aufpassen! Weil noch immer viel passiert. Danke. Dein Fucksiflucksi 77*

Ja, das kann man sich gar nicht mehr vorstellen, wenn man mit einer Playstation aufgewachsen ist oder mit einer Wii, dass es einmal ein großes Hallo bedeutet hat, wenn der Vater mit einem Kanari nach Hause gekommen ist. Aber weil der Mensch gerne Untertanen hat, vor allem machtlose, leben in Haushalten im deutschsprachigen Raum nach wie vor weit mehr als zehn Millionen Ziervögel. Manchmal aber nicht besonders lange.

Denn manche Vogelhalter lassen ihren Hansi in der Küche fliegen, wenn die Kochplatten noch heiß sind; flugs riecht es streng, und der gefiederte Freund ist Biomüll. Oder jemand lässt den Putzeimer im Raum stehen, was zur Beweisführung taugt, dass Polly ein sehr schlechter Schwimmer ist...

Wer also das Leben seines Ziervogels verlängern will, der sollte Obacht walten lassen. Andererseits sind in Fernsehsendungen, wo Schadenfreude Trumpf ist, Filme, in denen Tiere sich anhauen oder ausrutschen, sehr beliebt. Da gibt es mitunter auch wertvolle Gutscheine zu gewinnen oder sogar Geld. Wer also seine Handycam gezückt hat, während der Familien-Wellensittich auf den befeuerten Herd zufliegt, muss sich unter Umständen rasch entscheiden, ob er einschreitet im Sinne Franz von Assisis oder ob er draufhält, gewinnt, mit dem Geld einen neuen Wellensittich kaufen geht und mit dem Rest einen heben. Ja, lieber Fucksiflucksi 77, das Leben ist voller Entscheidungen. Servus!

Weltuntergang

Liebe Hörerin! Lieber Hörer!
Sexyhexi21 ist skeptisch ...

> *Oh, du guter Ombudsmann, bitte hilf mir. Ich liebe meinen Freund sehr, und wir sind eigentlich urglücklich. Aber er glaubt mir nicht, dass die Welt bald untergeht. Mein Kumpel Mike meint, ich soll mich sofort von ihm trennen. Was meinst du, soll ich meinen Freund wegen so einer Lappalie abschießen? Peace, sexyhexi21*

Liebe oder lieber sexyhexi21, der Weltuntergang könnte sich mittelfristig als gravierender Einschnitt herausstellen. Dennoch rate ich von unüberlegten Schnellschüssen ausdrücklich ab. Es empfiehlt sich im Übrigen generell, in zwischenmenschlichen Beziehungen von Schüssen jeder Art Abstand zu nehmen. Die Wahrscheinlichkeit, dass sich der Planet Erde schon morgen um 4 Uhr 30 urplötzlich verformt, zu einer Scheibe verflacht, den pervertierten Polkappen radioaktive Strahlenblitze entweichen und wir alle sowie alles, was uns umgibt, noch vor dem Frühstück spurlos in einem mausdreckgroßen schwarzen Loch verschwunden sind, ist nämlich tatsächlich um einiges größer als die Wahrscheinlichkeit, dass du schnell wieder jemanden findest, den du lieben willst, mit dem du »urglücklich« sein kannst und der dir hilft, dich mit deinem unabwendbaren Schicksal abzufinden und die allerletzten Tage der Menschheit sinnvoll zu nützen. Servus!

Weltverbesserer

Liebe Hörerin! Lieber Hörer!

Der Hubert hat große Pläne mit seinen Weihnachtsgeschenken:

Ich habe mir immer schon eine Panflöte gewünscht. In diesem Jahr haben sie mir meine Eltern endlich unter den Baum gelegt. Jetzt werde ich Künstler und singe aber nicht über Herzschmerz oder sonstigen Mist, sondern verbessere die Welt. Wie schwierig wird das?

Lieber Hubert, die Panflöte ist unbestritten eines der erhabensten Instrumente, die der Mensch jemals erschaffen hat. Ich freue mich persönlich sehr auf deine Songs. Ob du mit deinem Gesang die Welt wirst verbessern können? Nun, auch ein Künstler ist letztendlich nur ein Mensch aus Fleisch und Blut, bzw. um genau zu sein: aus sechzig bis siebzig Prozent Wasser, zwanzig Prozent Proteinen, fünfzehn Prozent Fetten, fünf Prozent Mineralien und anorganischen Stoffen. Diesem Zellhaufen ist eine relativ knapp bemessene Zeit auf Erden beschieden, in der er sich weiterbilden, das eine oder andere Gespräch führen und hin und wieder nachdenken kann. Andererseits muss er aber auch essen, schlafen, trinken, atmen, Körperpflege betreiben, Wäsche waschen, staubsaugen und Panflöte üben.

So ein Menschenleben reicht also eher nicht aus, um die Welt in ihrer Gesamtheit kennenzulernen, geschweige denn dafür, jeden einzelnen Menschenkollegen und jede Menschenkollegin zu befragen, wie ihnen die Welt eher behagen würde. Natürlich kannst du als Künstler trotzdem versuchen, die Welt zu verbessern. Allerdings nur in deinem eigenen, unzureichend recherchierten Sinne. Und wenn du die Welt zum Beispiel besser fändest, wenn alle Menschen Sauerkraut essen würden, weil das enthält Vitamin C und stärkt damit das Immunsystem, und die Elke hört deinen Sauerkrautsong und fängt an zu essen, obwohl sie keine Milchsäure verträgt, dann hast du zwar die Welt verbessert, die Elke hingegen hat starken Durchfall. Und wer kann abschätzen, wie viele Menschen an Laktoseintoleranz leiden?!

Du merkst, lieber Hubert, leicht wird es nicht, als Künstler die Welt zu verbessern. Aber nicht einmal halb so schwer wie gleichzeitig Panflöte spielen und singen. Gutes Gelingen bei beidem und servus!

WikiLeaks

Liebe Hörerin! Lieber Hörer!

Das Internet ist für meine Generation oft wie eine Art Adventskalender mit viel zu vielen Fenstern und ohne Erlösung. Doktorbrausefrosch wendet sich dennoch an mich …

Lieber Ombudsmann! Was können wir aus WikiLeaks lernen?
Schönen Tag noch, Doktorbrausefrosch

Liebe oder lieber Doktorbrausefrosch, erst habe ich ja gedacht: *Wiki leaks*, hm, die sollen doch den armen Wiki in Ruhe lassen, das geht doch niemanden außer seine Unterflake etwas an, ob der leakt oder nicht … – Halten wir einen Moment inne und geben wir dieser tadellosen Pointe von Weltrang den Raum, den sie verdient.

Nun, eine Erkenntnis, die wir der Informationsplattform WikiLeaks verdanken, könnte sein, dass Diskussionen unter den Parametern »gefällt mir«/»gefällt mir nicht« zwar meist zu befriedigenden, nur selten jedoch zu sinnvollen Ergebnissen kommen und dass es ratsam ist, sich nicht blindlings an jenen Informationen zu orientieren, die einem aus den sogenannten

Leitmedien zugetragen werden. Das ist kein neues Wissen im engeren Sinn, aber es kann nicht schaden, wenn man es hin und wieder auffrischt.

Persönlich bin ich der Auffassung, dass man als Demokrat Aufdeckungsjournalismus und alles, was ihn begünstigt, begrüßen sollte. Skeptisch bleibe ich dennoch, weil der ideologische Unterbau des Projekts WikiLeaks schon auch zur Gründung einer neuen Religionsgemeinschaft taugen würde, die die heilige Transparenz und deren Propheten, das Google-Auto, anbetet.

Interessant zu beobachten ist auf jeden Fall, wer sich in dieser Diskussion wie positioniert. Wenn etwa große Kreditkartenunternehmen Spenden an eine nicht verurteilte Organisation unterbinden, Tierpornokonsum und Fundraising für Vorfeldorganisationen des Ku-Klux-Klan jedoch problemlos abwickeln, dann kann man daraus auf jeden Fall einiges lernen. Servus!

Wir-Gefühl

Liebe Hörerin! Lieber Hörer!
Die Stefanie Kaindlstorfer plagt sich mit einem der unangenehmsten Auswüchse des Nationalstaates, dem Patriotismus.

> *Lieber Ombudsmann, warum sprechen Sport-Moderatoren bei Länderspielen dauernd davon, wie WIR gespielt haben und wie WIR ein Tor geschossen haben? Ich meinerseits habe nichts davon getan und verweilte durchgängig in der passiven Rolle des Betrachters. Hochachtungsvoll, eine treue Hörerin*

Liebe Steffi, gerade als Bewohnerin eines reichen Landes muss dir der Vorteil eines Wir-Gefühls doch umgehend einleuchten. Die in deinem Reisepass eingetragene Staatsbürgerschaft verschafft dir Privilegien, die dich weit über den Großteil der restlichen Weltbevölkerung erheben. Und ein Wir gibt es nur da, wo es auch ein Nicht-Wir gibt. Nur so lassen sich die grausamen Fremdengesetze der Ersten Welt verstehen und annehmen. Fernsehübertragungen von Arbeitszeiten von Fußballnationalmannschaften gibt es also nicht deshalb, weil es nichts Interessanteres zu übertragen gäbe, im Gegenteil. Um aber den wohlhabenden Menschen der Erde, die dazu neigen, diesen Umstand ihren persönlichen Fähigkeiten als herausragendes Individuum zuzuschreiben, in Erinnerung zu rufen, dass nur dieses Wir sie von den Anhaltelagern beispielsweise in Nordafrika fernhält, wird es ab und zu, auch im Fernseher, betont. Etwa wenn ein von ärmeren Menschen genähter Lederfußball nach einem Flächendurchtritt in den Maschen baumelt.

Sei also nicht kindisch, sondern spring jubelnd vom Sofa, wenn wir ein Tor geschossen haben, es fällt dir kein Stein aus der Krone. Und wenn doch, dann sei froh, dass du eine Krone hast und dass du es dir leisten kannst, den Stein vom Juwelier wieder fachkundig einsetzen zu lassen, und dass du nicht stattdessen ausgepeitscht wirst, weil du versucht hast, ihn aus der Mine zu schmuggeln.

Servus.

Wissen

Liebe Hörerin! Lieber Hörer!

FCWinterkirsche fragt:

> *Lieber Ombudsmann. Ich habe gehört, du fährst auf deinen Dienstreisen durch ganz Europa und beantwortest live vor Publikum Fragen. Aber was gibt es denn heutzutage überhaupt noch zu wissen? Peace, FCWinterkirsche*

Liebe oder lieber FCWinterkirsche, das ist keine sehr neue Frage. Die hat man sich immer wieder einmal gestellt. In Mitteleuropa zum Beispiel schon um das Jahr 600 des gregorianischen Kalenders: *Was gibt es denn heutzutage überhaupt noch zu wissen?* Man wusste ja bereits alles. Zum Beispiel wusste man sicher, dass Frauen minderwertig sind, weil sie mehr Wasser enthalten als Männer. File closed. Die Folge dieser resignativen Haltung waren Epidemien, Seuchen und fast tausend Jahre völlige Verblödung. So etwas Ähnliches also, wie es der Hitler vorgehabt hat.

Zugegeben, es ist kein sonderlich neues Wissen, dass Wissen oft dadurch entsteht, dass Menschen mit privilegierter Position in einer Gesellschaft ihre Meinungen unter gewaltigem Einsatz ideellen und materiellen Kapitals zu Wahrheiten umtaufen. Und wir wissen heute auch, dass dieses Zeug, also dieses Wissen, nicht mehr ausschließlich von weißen, mitteleuropäischen Männern hergestellt wird, die wahlweise Kutten oder Uniformen tragen. Wir wissen, dass das die größte Errungenschaft der letzten siebzig Jahre ist, vielleicht sogar die einzige, und viele sind der Meinung, sogar das sei nur Ergebniskosmetik.

Wenn ich es recht bedenke, falle ich im Rahmen meiner Dienstreisen regelmäßig weit hinter diese Errungenschaft zurück. Vielleicht lasse ich ab sofort die Kutte einfach weg. Aber ob das schon reicht? Ich fürchte, da muss ich noch einmal ein bisschen feilen. Wir sehen uns demnächst in einem Theater in deiner Nähe. So viel weiß ich sicher. Servus!

World Economic Forum

Liebe Hörerin! Lieber Hörer!

Ab morgen tagt das sogenannte World Economic Forum in Wien. FetteKatzeImSchnee ist damit gar nicht einverstanden:

Zwei Tage lang diskutieren die größten Verbrecher der Welt in Wien, wie sie ihre Verbrechen noch schlauer verüben können. Warum soll ich dafür zahlen, dass ein paar Wirtschaftshooligans und Kapitalrandalierer unbehelligt mitten in meiner Heimatstadt ihr Unwesen treiben können?

Liebe FetteKatzeImSchnee, ich bin gar nicht einverstanden mit deiner Wortwahl. Erst einmal ist jeder Fremde ein Gast. Und wenn dieser Gast sich entschieden hat, in unsere wunderschöne Hauptstadt zu kommen, um die wichtigen Wirtschaftsthemen unserer Zeit zu diskutieren, dann ist er mit demselben Respekt zu empfangen wie jeder andere auch. Und es geht nicht an, dass man irgendjemanden als Verbrecher, Hooligan oder Randalierer vorverurteilt. In einer Demokratie muss man auch die Argumente derer aushalten, mit denen man vielleicht nicht so einverstanden ist, und sich dann eine Meinung bilden.

Aber du befindest dich mit deinen Vorverurteilungen ja in bester Gesellschaft, liebe FetteKatzeImSchnee. Das offizielle Österreich tut sein Möglichstes, um den Weltwirtschaftsgipfel zu verhindern. Sogar Grenzkontrollen werden kurzfristig wieder eingeführt, um die Mitglieder des Weltwirtschaftsforums aus Österreich fernzuhalten, und sollte es doch der eine oder andere – wie du sagst – WEF-»Randalierer« nach Österreich schaffen, dann steht in der Rossauer Kaserne eine sogenannte Festnahmestraße bereit, wo mutmaßliche Wirtschaftsverbrecher sofort verurteilt und eingesperrt werden können. Auch vonseiten der Sicherheitskräfte ist im Vorfeld bereits die Rede von Wasserwerfern, die bereitstünden, auch die Sondereinheit zur Bekämpfung des organisierten Verbrechens und des Terrorismus soll ausrücken, was ich wirklich für übertrieben halte. Gut, Wirtschaftsverbrecher, geschenkt, da kenne ich mich zu wenig aus, aber »Organisiertes Verbrechen und Terrorismus« – das klingt ja fast, als wollten die Sicherheitskräfte die Teilnehmer am Weltwirtschaftsforum absichtlich provozieren, und wenn andauernd von bevorstehenden Krawallen die Rede ist, bekommt man fast das Gefühl, die freuen sich schon.

Liebe Polizei, liebes Innenministerium, liebe FetteKatzeImSchnee: Kritik an den herrschenden Verhältnissen ja, Gewalt nein. Das ist meine klare Meinung als Staatsbürger, servus!

Wundern

Liebe Hörerin! Lieber Hörer!
Der Hupo aus Völkermarkt steht staunend vor einem paranormalen Phänomen ...

> *Lieber Ombudsmann, mein Cousin Truppe ist schon 17 und ein echt lässiger Typ und erzählt mir immer die besten Sachen. Letztens hat er zum Beispiel erzählt, dass er sich an drei Montagen hintereinander um genau 7 in der Früh den Kopf am Türstock von der Kellertür angehaut hat. Ich mein, das wundert mich schon, wie das möglich ist. Wundert dich das nicht? Cheers, Hupo*

Machen wir es kurz, lieber Hupo, ich kann gut nachvollziehen, wovon du berichtest. Allzu selten ist uns das Vergnügen beschert, von einem Problem erfüllt durch Gärten zu lustwandeln, das selbst gebastelte Geschenk des Intellekts für einen Moment nicht an Nahrungsaufnahme und Arterhalt verschwendend. Dabei kann die Begegnung mit einem nicht auf Anhieb sich erschließenden Gegenstand weit erfrischender wirken als ein ausgiebiges Vollbad in mit Eiswürfeln versetzter Eselsmilch.

Allein, lieber Hupo, ich wundere mich niemals unter meinem Niveau. 1972 habe ich mich einmal darüber gewundert, dass

James Joyce, der sich im *Ulysses*, seinem großen, alles erneuernden Roman über die menschlichen Möglichkeiten, stark an der *Odyssee* orientiert, parallel zu deren Autor Homer im Alter erblindete. 1996 hab ich mich noch einmal gewundert, nämlich wie die Lachse Westkanadas nach Jahren des Einzelgängerdaseins im offenen Meer ihren Weg zurück zur Stätte ihrer Geburt finden, um dort für Nachwuchs zu sorgen. Natürlich kann man sich auch darüber wundern, dass ein naher Verwandter mit einem plötzlichen Wachstumsschub nicht zurechtkommt oder dass er nach dem Wochenende etwas neben sich steht oder auch darüber, was er montagmorgens im Keller tut. Bitte sei mir aber nicht böse, wenn ich mich da nicht mitwundere. Das musst du schon mit deinem Cousin Truppe klären. Der ist aber offenbar ohnehin ein lässiger Typ. Kopf hoch und servus!

Wertvolle Menschen 3
Ewald Hercule Edbrustner:
»Die Menschen suchen das Einfache«

Hallo, meine Lieben!

Ich bin's, der Ewald Hercule. Ich bin ein Kindergartenkollege von eurem Ombudsmann. Wir haben damals am Bach Fröschen Zigaretten in den Mund gesteckt, bis sie geplatzt sind. Das waren noch Kindheitserinnerungen! Aber wo sind die Menschen heute? Viele sind weg von ihren Wurzeln! Dabei sind die Wurzeln so wichtig, noch unter dem Stamm drunter sind die, in der Erde drinnen, wo wir alle herkommen.

Aber die Menschen haben Stress und sind wieder auf der Suche nach dem Einfachen. Das glauben manche nicht. Die glauben, die Leute suchen eher das Komplizierte, das aber gut funktioniert, wenig kostet und lange hält, damit man auf eBay später noch einen guten Preis dafür bekommt. Aber ich weiß es besser: Die suchen das Einfache und wollen zurück zu ihren Wurzeln! Und ich weiß auch den Weg dorthin, und ich gehe mit den Menschen zu den Wurzeln, damit sie wieder dort sind, dann.

Die Begleitung zu den Wurzeln hinunter ist die Basis meiner Arbeit als Ernährungs- und Erziehungscoach. Ist das gratis? Natürlich nicht. Ist es teuer? Es muss einem schon etwas wert sein. Denn ich führe zwar zu den Wurzeln, möchte aber nicht von ihnen leben. Das ist mein Job. Ich will, dass die Menschen sich wohlfühlen. Zumindest, wenn ich sie sehe. Denn Menschen, die jammern, sind meistens kein schöner Anblick. Den will ich nicht haben! Wirklich nicht.

Ich behandle grundsätzlich nur Menschen, die gut ausschauen und keinerlei Gewichtsprobleme haben. Erstens, weil die Ernährungsberatung sowieso eine verlogene Branche ist von vorne bis hinten – also ich könnte euch da G'schichteln erzählen! Und zweitens ist die Arbeit mit schönen, schlanken Menschen für mich als Ernährungscoach auch wesentlich einfacher.

Wenn ihr jetzt einwendet, Menschen ohne Ernährungs- und Gewichtsprobleme brauchen doch keine Ernährungsberatung!, dann sage ich als Profi: beraten kann man jede und jeden, solange sie es zahlen. Der unbestrittene Vorteil bei mir ist: Wer einmal bezahlt hat, braucht von mir aus nicht zuzuhören. Man kann, meinetwegen, kein Problem, aber es ändert garantiert nichts!

Tja! Warum treffen wir uns hier, fragt ihr euch, meine Lieben.

Wir befinden uns hier auf dem Grund und Boden der Buchstaben X und Y. Der Erich ist zwar sehr eingebildet, aber natürlich fällt ihm zu diesen Buchstaben auch nicht mehr ein als Y-Chromosom, Xaver und Xenophobie, und das war dem Verlag zu peinlich. Ich hingegen kann den Platz locker mit internationalem Erziehungs- und Ernährungscoaching füllen. Ganz so einfach mache ich es euch allerdings nicht, denn guter Rat muss zwar nicht teuer sein, aber mir ist es lieber so.

Deshalb habe ich die folgenden Erziehungs- und Ernährungstipps, die unverzüglich zu einem besseren Leben führen und die nur ich kenne, mit Zitronensaft auf die Seiten geschrieben. Ihr müsst also die Seiten bügeln, dann erscheinen die Buchstaben. Und dann ist alles ein Anagramm, und den Schlüssel hab ich verschluckt, weil er war mit Steno geschrieben auf Luftpostpapier, und das hat nur sehr wenige Kalorien.

Viel Spaß beim Bodystyling!

Euer Ewald Hercule Edbrustner

– Z –

Zeitumstellung

Liebe Hörerin! Lieber Hörer!

In der Nacht von Samstag auf Sonntag wird die Uhrzeit um eine Stunde nach hinten gestellt. Das ist sehr einfach zu merken, trotzdem bekomme ich jedes Jahr folgende Frage herein:

> *Lieber Ombudsmann! Stellt man die Uhr vor oder zurück bei der Winterzeit, ich merk mir das nie. Peace, Machobirne69*

Liebe Machobirne69, es ist wirklich ein Kinderspiel, aber weil auch meine Ilse ab und zu fragt, habe ich folgendes Gedicht geschrieben, Obacht:

> *Sommerzeit und Winterzeit,*
> *wie soll ich das behalten?*
> *Es wussten schon die Alten,*
> *ganz einfach, nicht vermaledeit,*
> *das O im Sommer heißt nach vOrn,*
> *das im Winter, äh, hinter*
> *Wer das nicht weiß, dem zieh die Ohrn…*

… ja, und der letzte Vers behandelt dann ein intimes Erlebnis meiner Ilse und mir, das geht dich nichts an. Jedenfalls habe ich dieses Gedicht in Klarsichtfolie eingeschweißt und hänge es vor den Zeitumstellungen bei uns in der Toilette innen an die Türe. Meine Ilse fragt seitdem praktisch nie mehr, wohin man die Uh-

ren stellen muss, und die Folie kann man problemlos mit hochprozentigem Alkohol von den Abortbakterien befreien und sie
dann das restliche Jahr als Tisch-Set verwenden, als Tellerunter-
lage, um das Tischtuch zu schonen. Eine schöne Idee, die durch
die einmalige Vermählung von Nutzen und Eleganz besticht, und
sollten sich meine Bücher schlechter als erwartet verkaufen, dann
wird dieser Geniestreich der Didaktik auf dem freien Markt der
Ideen gewisslich einen respektablen Preis erzielen und uns finanziell bis ans Lebensende sorgenfrei halten. Liebe Machobirne69,
so einfach wäre es oft, und wir machen es uns so schwer. Schönes
Wochenende und servus.

Zentralperspektive

Liebe Hörerin! Lieber Hörer!
Kontakterbse94 fehlt der Durchblick …

> *Lieber Ombudsmann! Ich möchte gerne mein Abi in Kunst*
> *machen. Meine Mama ist dagegen. Sie glaubt, ich mache das*
> *nur, weil ich faul bin und keine Perspektive habe. Grüße aus*
> *Regensburg, Kontakterbse94*

Liebe oder lieber Kontakterbse94. Wenn du ein fauler Mensch
wärest, hättest du dir kaum die Mühe gemacht und deine Frage
mühsam verschriftlicht an ombudsmann.fm4@orf.at gerichtet,
sondern einfach per Gedankenpost an semsem jonko, den Gott
der Frage. Dafür braucht man gar nichts können. Ein weiterer
Schwachpunkt in der Argumentation deiner Mutter (die ich an
dieser Stelle herzlich grüßen möchte, sie ist offenbar eine ausgesprochen warmherzige Frau): Wenn sie will, dass du etwas über
die Perspektive lernst, dann sollte sie dein Interesse für die Kunst
eher fördern. Unser gesamtes Denken im sogenannten Westen

ist nämlich geprägt von der Idee der Zentralperspektive: Projektionsstrahlen schneiden sich in einem Punkt, Geraden werden als Geraden abgebildet, parallele Geraden des Raumes schneiden sich im Bild in einem gemeinsamen Fluchtpunkt. Das hat ein arabischer Mathematiker entwickelt als Lichttheorie, und vierhundert Jahre später haben sie dann in Florenz so getan, als hätten sie es erfunden als Theorie, die Bilder aussehen lässt wie echt. Der Trick dabei ist, dass unser Blick simuliert wird, als wäre es der einzig mögliche. Aber die Details soll dir dein Kunst-Prof erklären. Die Zentralperspektive wurde, teilweise mit Waffengewalt, von höchster Stelle als Standard durchgesetzt, und seither gehen wir durch die Welt und glauben sicherheitshalber, die ist so, wie wir sie sehen. Wir akzeptieren nur das, was so tut, als wäre es unsere Perspektive. Die mächtigste Zeitung in Deutschland heißt ja auch nicht Neuigkeiten, sondern Bild, und in der Schweiz ein bisschen ehrlicher: Blick. Aber nur in Österreich steht drauf, was damit wirklich gemeint ist: Krone. Bei uns heißt das Schulfach auch nicht Kunst, sondern aufrichtiger: Bildnerische Erziehung. Servus!

Michael Leon
Exit Goa

Mitchel macht das, wovon Viele träumen: Er steigt aus. Er bucht einen One-Way-Flug ins indische Goa, wo sich vom ersten Tag an alles so anfühlt, wie man es von einer Existenz in Freiheit erwartet. Doch offenbar nutzt sich sogar Freiheit ab und schon bald beginnt der Mythos des neuen Lebens zu bröckeln. Voller Selbstironie schreibt Michael Leon über seine Erlebnisse in Indien.

Ein unglaublich komischer und schonungslos ehrlicher Roman über die Höhen und Tiefen des Aussteigens!

„Wissen Sie, ich verfüge über etwas ganz besonders Wertvolles, etwas, das der liebe Gott vielen anderen nicht geschenkt hat: keine Moral! Ganz im Ernst. Wer auch immer dachte, ich sei ein Mensch mit guten Vorsätzen und ernsthafter Reuefähigkeit, sah sich in mir getäuscht. Ich besitze weder das eine noch das andere. Denn wenn man zwischen einem zufriedenen Zuhause – hübsche Freundin, guter Job, anständiges Gehalt – und blauem Dunst in Form von Sex, Drugs & Rock'n' Roll zu entscheiden hat, was wählt man? Ist doch klar! Ich meine, irgendwann ist es klar. Aber es braucht schon seine Zeit, in der man sich ziert und grübelt und rechnet."

200 Seiten | 978-3-7076-0499-3 | Softcover: 16,90 € | e-Book: 9,99 €

www.czernin-verlag.com

Um die ganze Welt des
GOLDMANN-*Sachbuch*-Programms
kennenzulernen, besuchen Sie uns doch
im Internet unter:

www.goldmann-verlag.de

Dort können Sie
    nach weiteren interessanten Büchern *stöbern*,
    Näheres über unsere *Autoren* erfahren,
    in *Leseproben* blättern, alle *Termine* zu Lesungen und
    Events finden und den *Newsletter* mit interessanten
    Neuigkeiten, Gewinnspielen etc. abonnieren.

Ein *Gesamtverzeichnis* aller Goldmann Bücher finden
Sie dort ebenfalls.

Sehen Sie sich auch unsere *Videos* auf YouTube an und
werden Sie ein *Facebook*-Fan des Goldmann Verlags!

www.goldmann-verlag.de
www.facebook.com/goldmannverlag

 **GOLDMANN**
Lesen erleben